Le Libéralisme

par

l'abbé J. Huignard

LE LIBÉRALISME

EN MATIÈRE POLITIQUE ET RELIGIEUSE

CHATILLON-SUR-SEINE. — IMPRIMERIE E. CORNILLAC

LE

LIBÉRALISME

EN MATIÈRE POLITIQUE ET RELIGIEUSE

PAR

L'ABBÉ F. HUIGNARD

CURÉ DE CAMPAGNE

Facit indignatio versus
(JUVÉNAL.)

PARIS

FÉCHOZ, LIBRAIRE-ÉDITEUR

5, RUE DES SAINTS-PÈRES, 5.

1876

LETTRE DE MONSEIGNEUR MERMILLOD

Versailles, le 20 août 1875.

MONSIEUR LE CURÉ,

Vous venez de me communiquer, pendant la retraite ecclésiastique, les épreuves de votre volume sur le *Libéralisme en matière politique et religieuse.*

Les pages que j'ai parcourues et l'approbation que vous avez reçue de votre pieux et savant évêque me permettent de vous féliciter et de vous dire que votre publication sera utile à l'Église et aux âmes.

Recevez, Monsieur le curé, l'assurance de mon affectueux dévouement en N. S.

GASPARD,

Évêque d'Hébron, vicaire apostolique de Genève.

Monseigneur,

Parmi quelques assertions hardies, mais dont aucune n'est contraire à la foi et à la saine morale, cet ouvrage renferme une foule d'observations, de propositions et de tableaux d'une réalité frappante sur les dangers que court la société moderne et sur les moyens de les combattre. Le tout est rédigé d'un style piquant, imagé et capable de faire impression sur les esprits qui se préoccupent de la situation morale et politique de la société. Nous croyons ce livre appelé à faire beaucoup de bien, et nous prions Monseigneur de vouloir bien en autoriser la publication.

BERTRAND,
Chanoine.

Versailles, le 18 août 1875.

Vu, approuvé et permis d'imprimer.

† PIERRE,
Évêque de Versailles.

AVANT-PROPOS

LIBERTÉ, ÉGALITÉ, FRATERNITÉ !!!

Voilà trois mots célèbres qui me font toujours tristement sourire quand je les vois écrits ou gravés sur les murs et sur le frontispice de nos monuments publics. — Que d'inconséquences ils ont fait naître, que d'ambitions, me dis-je, ils ont patronnées! que de mensonges ils ont revêtus! que d'erreurs, que d'utopies ils ont engendrées! que de têtes ils ont fait tourner!... On peut et on doit le dire, toutes les infamies et tous les crimes ont été commis sous le couvert de ces trois grandes choses.

Sous l'illustre Commune de Paris, n'étaient-ils pas gravés sur la prison de Mazas, d'où, à la faveur des *frères et amis*, les criminels s'étaient envolés et où, de par la tourbe souveraine, étaient enfermés les magistrats, les prêtres et l'archevêque de la capitale de la

France? Voilà de la *liberté*, de la *fraternité* et de l'*égalité*, ou je ne m'y connais pas..... Evidemment, en présence de ces faits, nous ne pouvons révoquer en doute les élans du *progrès*, et de la civilisation. Et n'allez pas, mesdames, vous aviser de dire au boulevardier qu'il n'est pas libre de marcher sur vos robes, car il vous en cuirait. Vous pourriez, par suite de la moindre imprudence, le porter à vous montrer par certains gestes et propos, à lui particuliers, qu'il veut user largement de sa *liberté*. Votre *liberté* à vous, mesdames, serait de prendre une voiture pour échapper à ses insultes ou d'appeler à votre secours un agent de police, cet homme qui n'entend rien à la vraie *liberté*.

LE LIBÉRALISME

EN MATIÈRE POLITIQUE ET RELIGIEUSE

Concupiscite ergo sermones meos, diligite illos, et habebitis disciplinam. (Sap. VI. 12.)

Ayez donc un désir ardent pour mes paroles ; aimez-les, et vous posséderez la paix.

CHAPITRE Ier

ORIGINE DE LA LIBERTÉ

Je n'ai pas besoin de prévenir le lecteur qu'il est ici question de la *liberté* révolutionnaire ou du *libéralisme*. La *liberté* proprement dite date de la création ; elle est le don le plus dangereux et le plus précieux tout à la fois que Dieu ait fait à l'homme. La *liberté* sociale, la vraie *liberté* n'est connue que depuis Jésus-Christ, qui est venu régénérer l'humanité réduite à l'esclavage et appauvrie par le vice et l'erreur. On parle sans cesse de *liberté* et de *libéralisme*. Or, il est évident, pour tout homme éclairé, qu'il n'y a qu'une *liberté*, grande, belle, générale, qui est la même au nord et au midi, à l'orient et à l'occident, et que cette *liberté* s'appelle la *liberté* chrétienne, c'est-à-dire celle qui a réhabilité tous les humains. Elle n'est le propre d'aucun pays, d'aucun peuple, ni la résultante des forces plus ou moins grandes d'une nation, mais le secret du Christianisme. Qui le niera devant l'histoire ? Qu'on se rappelle Lycurgue et ses lois, Rome et ses armées, Athènes et ses quatre cent mille esclaves.

Généralement, on date l'ère de la *liberté* révolutionnaire de 93. Sans nul doute on fait erreur, car cette pauvre déesse n'est pas sortie du giron de la Révolution, mais bien du cerveau malade d'un homme qui, en proclamant l'indépendance de l'esprit humain, a proclamé les principes fondamentaux de cette liberté qui est l'autorisation ou la tolérance permanente du crime.

Luther donne le signal de la révolte, et bientôt l'Europe est en proie aux dissensions les plus désastreuses. Le sens moral voulant s'élever tombe et s'affaisse. Une partie de l'Allemagne est subjuguée. L'Ile des Saints, la Suisse et la Hollande subissent les plus terribles épreuves. Alors l'Eglise inspirée réunit un concile à Trente, et oppose ainsi, à l'avance, à la guerre de Trente ans et à ses déplorables résultats, le bouclier de sa doctrine.

Un moment, on croit l'hérésie terrassée et vaincue. Mais non ; le traité de Westphalie et ses honteuses clauses doivent donner suite aux doctrines et aux maximes perverses de Luther, faciliter l'avénement du XVIIIe siècle et consacrer l'union infâme de l'hérésie et de la philosophie d'où sortira la Révolution. Aussi cette dernière s'impose-t-elle aussitôt et se donne-t-elle pour mission de mettre l'Eglise hors la loi. C'est pourquoi, et telles sont les lois de la logique, on veut aujourd'hui y mettre Dieu lui-même. Les grands maux ont de grandes causes, et il leur faut ou de grands préservatifs, ou de puissants remèdes. Dieu, dans sa prévoyante sagesse, suscita le célèbre concile de Trente qui devait lancer l'anathème contre les dissidents.

Dans sa perspicacité, cette majestueuse assemblée voyait l'Eglise hors la loi, les évêques à genoux devant les princes, l'Université secondée dans ses erreurs par les prélats, le Parlement intervenant dans les affaires religieuses, le Jansénisme faisant à son tour irruption dans la capitale des Gaules, l'Eglise avilie par une politique de *libéralisme* dangereux, et les rois voulant lui faire la loi et la réduire à la servitude. Elle voyait tous ces désordres, et c'est pourquoi elle statua de la manière la plus positive sur tant de points importants et en particulier sur la nécessité de la discipline ecclésiastique. Elle comprenait que plusieurs siècles auraient à souffrir des principes de Luther qui, en déifiant la raison humaine, ouvrait la voie au XVIIIe siècle et inspirait l'auteur des *Lettres philosophiques* ainsi que la célèbre *Déclaration des droits de l'homme*.

Le mal touchait alors à son paroxysme, et la démocratie inspirée de l'esprit sceptique et voltairien, et des doctrines luthériennes, devait immédiatement chercher, dans ses coupables folies et dans ses rêves sanglants, à renverser Dieu et son Eglise. Nous savons si elle entra dans cette voie, et jusqu'où elle y marcha. Elle fit un dogme de la Liberté! mais, grand Dieu, quelle liberté!!!

Aux grands maux les grands remèdes. Aussi, en face des principes révolutionnaires et impies, et en prévision de leurs effroyables conséquences, l'Eglise toujours vigilante et ferme, a-t-elle, par la sage décision du concile du Vatican, flétri et condamné toutes les erreurs de notre époque qui ont leur source dans les principes luthériens et démagogiques. Ses sages décisions préviendront certainement toutes dissensions intestines. Vous rejetez ces décrets, messieurs les libéraux, vous riez de l'*Encyclique* et du *Syllabus*, messieurs les libres-penseurs, vous accusez l'Eglise de ténacité, de supercherie et d'intolérance? Vous êtes dans votre rôle. Mais sachez-le bien, l'Eglise ne faillira point à sa mission; jamais elle ne sympathisera avec le *libéralisme*, pas plus qu'avec l'athéisme, le positivisme et le matérialisme dont vous êtes les grands-prêtres. Vous comptez criminellement, on le sait, avec M. de Bismarck, sur la fin de Pie IX, et vous espérez bien en tirer profit, soit en gratifiant le Saint-Siége d'un homme de votre choix et de votre bord, soit, si vous le pouviez, en enterrant l'Eglise et jusqu'à son souvenir; ce qui vous irait mieux encore. Vous oubliez la célèbre parole de Bossuet : *On ne prescrit pas contre le droit.* Vous oubliez que le Pape ne meurt pas et que saint Pierre vit toujours. « La terre et la mer sont au Seigneur, dit M. Louis Veuillot, une seule barque est assurée de ne pas faire naufrage. Pierre est le seul souverain qui gardera sa couronne. » Vous oubliez la garantie que nous tenons du maître : « Les portes de l'enfer ne prévaudront jamais. — *Non prævalebunt* ! et ces paroles de l'Apôtre aux Éphésiens : l'œuvre du ministère et l'assemblage des saints et l'édification du corps du Christ se continueront jusqu'à ce que nous soyons tous parvenus à la perfection d'icelui, c'est-à-dire que le nombre des élus de Dieu soit accompli et que l'Église soit achevée. » Et un jour, comme Julien l'Apostat, vous ses fidèles imitateurs, vous crierez dans un élan de désespoir : *Vicisti*. Tu as vaincu ! — Oui, nous vous vaincrons. Oui, nous vous terrasserons par la loyauté de nos combats, par la virginité inaltérable de notre doctrine et par la force constante de notre charité.

Comme Luther, vous rejetez tout frein, toute morale, toute pudeur et toute loi, et comme lui vous posez et préconisez les principes de cette *liberté* coupable, qui, vous le savez bien, n'est autre chose que le désordre. Vous marchez sur les pas de Luther, de Calvin, de Voltaire, de J. J. Rousseau et de la Constituante. Ah! nous le voyons avec une peine immense, l'erreur, comme l'a dit M. Louis Veuillot « a son unité » dans ses formes multiples ; elle est toujours la révolte » de la raison et de la volonté de l'homme contre la » raison et la volonté de Dieu. » La vérité, il est vrai, et c'est notre consolation, demeure : *Verbum Dei manet in æternum*. Si l'homme est mensonge, Dieu est vérité. *Est autem Deus verax*. (Saint Paul aux Romains.)

Ce n'est donc pas la *liberté* qui ne se retrouvera que lorsque ces hommes dont parle Fénelon, qui, franchissant toutes bornes, devaient apprendre à douter de tout, seront terrassés. Or les hommes dont veut parler le savant archevêque de Cambrai, qui, de son regard d'aigle, les aperçoit dans l'avenir, prosélytes soumis et empressés de Luther, sont les hommes qui ont donné naissance au XVIIIe siècle, préparé la Révolution, fait l'éducation des bourreaux et désigné les victimes au nom même de la *Liberté*. Ceux qui se déclarent les précepteurs du XIXe siècle n'auront certainement pas d'autres enseignements, d'autres principes ; et, en raison du progrès, leurs néophytes feront mieux que leurs devanciers de 93. Ils tiendront à honneur de surpasser les Couthon, les Marat et les Robespierre.

J'exagère, me dites-vous ? Non, je n'exagère pas, malheureusement ! Et vous en auriez depuis longtemps la certitude mathématique si la Providence toujours miséricordieuse, n'avait, il y a quatre ans, renfermé le monstre révolutionnaire dans l'enceinte relativement fort restreinte de la capitale.

L'esprit d'erreur a poursuivi sous toutes les formes son œuvre abominable. Les terres les plus incultes, grâce à l'activité prodigieuse du progrès, sont défrichées, la semence est abondante et ne peut manquer d'être féconde. A bientôt la moisson sous le beau ciel de la *Liberté*, à l'ombre des institutions de la Commune. Oui, messieurs les *conservateurs libéraux* qui transigez avec le mal, et qui invitez à ce contrat coupable le Roi, l'Eglise et Dieu lui-même, à bientôt ! La logique des choses est plus forte que tous les paradoxes et que toutes les armées réunies.

Qu'on ne s'étonne donc plus des dangers que recouvre le manteau de nos gouvernements libéraux. Le mal est greffé sur l'hérésie; c'est à Dieu qu'il en veut !

Négation de Dieu, négation de toute autorité, et par suite licence et anarchie.

Une marée redoutable et furibonde monte, monte toujours. C'est une masse de misérables portés par les désirs les plus âpres et par les convoitises les plus désordonnées. Cette marée toujours plus houleuse se précipite avec une vitesse doublée à chaque heure, à chaque minute sous le souffle puissant des vents de la haine et de la vengeance. Elle se jouera de tous les efforts humains; elle renversera tous les obstacles, excepté toutefois celui qu'elle désire avant tout renverser. Tu n'iras pas plus loin ! tu ne prévaudras pas ! — Cette parole souveraine, elle l'entendra de nouveau, et elle se retirera emportant mille débris dans ses flots découragés. Du fond de l'abîme retentira ce seul mot : *Vicisti !!* Tu as vaincu !!

Prenez-y garde, hommes du progrès, cette marée qui semble porter triomphalement votre barque, se repliera bientôt sur elle-même, enlaçant dans ses plis et dans ses vagues irritées, et la barque, et les passagers, et le pilote lui-même. Vous restera-t-il une seule planche de salut?... D'ailleurs on ne saurait naviguer en sécurité sans boussole. Où est votre boussole, messieurs les conservateurs? A quel magnétisme obéit son aiguille? — Au magnétisme révolutionnaire. Et où prétendez-vous arriver lorsque pas un de vous ne pointe vers le même but?

N'importe! vous vous refusez à comprendre la force incalculable de cette marée immense, et tandis que les hommes qu'elle pousse en avant contre les derniers remparts des principes sociaux s'entendent, s'organisent et se coagulent, s'il m'est permis d'user de cette expression, vous, prétendus conservateurs dont je n'incrimine pas le moins du monde les intentions, mais dont je condamne l'obstination aveugle, vous donnez des dîners, des soirées et des bals, dernière ressource du commerce parisien. — Aussi est-il florissant!

QU'EST-CE QUE LA LIBERTÉ ?

Avant de répondre à cette question, je dois prévenir le lecteur qu'en raison de l'abus dont ce grand mot est l'objet, je me crois obligé de descendre dans les plus minutieux détails, afin de réfuter même ces opinions fastidieuses qui circulent partout. J'ai beau écouter les discours des *libéraux* de première classe et lire certaines de leurs élucubrations, je ne trouve rien de positif, rien de sérieux, et ils me laissent perpétuellement ignorant de ce qu'ils entendent par *liberté*. Aussi lorsque j'aurai donné une définition élevée et sérieuse de la *liberté*, je me promets de leur dire sans passion, mû uniquement par l'amour de la vérité et par la nécessité des temps, comment ils comprennent cette sainte chose.

« *La liberté, c'est le mouvement sans entraves de la volonté dans le bien.* » (P. Félix.) Admirable définition qu'il n'est pas possible de contredire !

La *liberté*, c'est le *mouvement*. A tout propos on nous accuse de réaction, d'affection pour l'ancien régime et d'hostilité envers le progrès. A tout instant on nous dit : vous ne comprenez pas la *liberté* ; vous êtes en opposition avec l'esprit moderne, vous entravez la marche précipitée du siècle, vous êtes d'une autre époque, vous voulez ne pas avancer, vous êtes stationnaires, retirez-vous !... — Accusations injustes, pures calomnies, vous voyez bien, puisque par *liberté* nous entendons le mouvement, et le mouvement *sans entraves*, c'est-à-dire le règne, le triomphe et l'avénement complet indiscutable, indiscuté de la liberté. *De la volonté*. Et ainsi nous confions la garde de cette arche sainte, à la faculté principale de l'homme, à celle qui est mère de toutes les autres, et qui est essentiellement active et agissante. *Dans le bien*. Voilà en effet le milieu légitime dans lequel doit se mouvoir la volonté humaine. Aller plus loin, c'est tomber dans la licence, c'est-à-dire dans la corruption même de la *liberté*. Par ce dernier mot : *le bien*, le savant orateur a su prévenir tous les écarts de la *liberté* et toutes les hardiesses de l'indépendance.

Ainsi comprise, ainsi expliquée, ainsi soumise au dogme du bien, la *liberté* ferait nécessairement le bonheur de la société, et tout homme devrait être *libéral*. Mais sous l'influence des passions et de l'ignorance, on défigure la *liberté*. Oui, nous sommes condamnés à voir constamment les odieux travestissements de cette belle et sainte chose, et il faut bien le dire, pour beaucoup de *libéraux* et pour la plèbe en général, la *liberté* c'est :

Les Tuileries sans monarque,
L'Hôtel de Ville sans préfet,
Les forts sans troupes,
Les rues sans sergents de ville.

La *liberté?* c'est le monopole de la tourbe révolutionnaire.

Qu'est-ce encore ? — C'est :

L'ostracisme du catholicisme, comme l'a si bien prouvé M. Challemel-Lacour dans son discours du 4 décembre 1874 à l'Assemblée Nationale.

La fermeture des églises ou leur destruction.

L'incarcération du noble, du magistrat et du prêtre catholique. — (Le ministre protestant ne sera jamais inquiété ; la Révolution connaît les siens).

L'impudeur du vice.

Le mal libre!!! . . . .

Application exacte des principes et des enseignements que la société doit aux écrivains du jour, et au gouvernement de l'Empire qui les a patronnés et entretenus.

Qu'est-ce encore?

Pour nos petits commerçants... la *liberté?* — C'est de pouvoir protester contre les gouvernements quels qu'ils soient. Leurs pères étaient calmes et paisibles, mais ignorants. Ils faisaient honnêtement leurs affaires, mais ils n'avaient pas l'insigne honneur d'appartenir au siècle du *progrès*. Allons donc! (pour employer cette noble et riche expression à un certain côté de la Chambre) eux les fils du XIXe siècle se laisser mener? Non! ils feront plutôt une révolution! Ils courront aux armes, sûrs à l'avance, les puissants raisonneurs, les disciples intelligents du *progrès*, qu'ils resteront par suite de leurs démonstrations par trop libérales, sans travail, sans commerce, et que la plupart d'entre eux seront forcés de traiter amiablement avec leurs créanciers, sinon de mettre la clef sous la porte. Mais en vertu de la *liberté, ils auront donné une leçon au pouvoir.*

Me trouvant un jour avec un républicain renforcé, homme de la susdite catégorie, je remarquai immédiatement une antipathie prononcée pour tout ce qui ressemble à l'ombre même de l'autorité. Il criait violemment contre les autocrates, et réclamait autocratement le régime de la *liberté*. Car, ne l'oublions jamais, rien de plus autocrate que le parvenu révolutionnaire.

Je crûs devoir lui faire observer qu'en France, la République étant infailliblement l'anarchie, nous ne pouvions malheureusement compter sur la *liberté*, l'anarchie en étant la négation formelle

— Comment ! me dit-il; cela est faux !

Et se laissant emporter sur les ailes d'un saint courroux, il parla longuement, m'insulta, et crut en donnant à sa voix une ampleur de timbale fêlée, me prouver que j'avais tort et qu'il avait raison. Il termina la thèse qu'il n'avait pu commencer par ces mots omnipotents : Quant à moi, je ne saurais vivre sous un autre régime que celui de la *liberté* — et c'est le seul possible à notre époque.

Lorsque cette sorte d'indignation sainte fut passée :

— Fort bien, lui dis-je, mais, monsieur, qu'entendez-vous par *liberté* ? Je crains de ne pas bien vous comprendre.

— Ce que j'entends par *liberté*... ? Par *liberté*... j'entends... j'entends...

— Oui, qu'entendez-vous ?

— J'entends que les curés restent dans leurs églises, se mêlent de ce qui les regarde, et se marient comme tout le monde.

— Donc, mon brave homme (cette expression, je m'en aperçus un peu tard, froissa mon contradicteur) pour nous prêtres, vous ne voulez pas de *liberté* ?

— Mais si, mais si ! (comme M. Challemel-Lacour qui

a mis la *République française* dans l'impossibilité de traduire son émotion profonde et son ravissement intellectuel.)

— Comment, mais si ! Et voilà que, parce que je suis prêtre, vous voulez m'empêcher de m'occuper des affaires de mon pays ? Ne suis-je pas citoyen comme vous ? Ne suis-je pas électeur et éligible comme vous ? n'ai-je pas les mêmes intérêts que vous, même matériellement parlant ? Ne payai-je pas une cote personnelle et des contributions ? Et puis, pourquoi vouloir m'imposer le mariage, lorsque, dans aucun pays, la loi n'y contraint personne, et que la population parisienne entre autres compte trois dixièmes de célibataires ?

— Mais, reprend notre républicain, le pasteur protestant se marie, et la société n'en souffre pas ; de plus, le mariage met cette Église à l'abri de nombreux scandales.

— Il n'y a aucune parité entre le prêtre catholique et le pasteur protestant. Ceux qui assimilent le mariage du ministre protestant au mariage éventuel du prêtre, sont en opposition et avec la loi de l'Eglise et avec celle de l'Etat. En réclamant sans cesse le mariage du prêtre catholique, ils demandent tout simplement à l'Etat de modifier sa jurisprudence civile et à l'Eglise de changer et de retrancher ses canons. Ils demandent, sous le couvert de la liberté, l'anarchie dans l'Eglise, et la décadence de son clergé. Ceux qui ont quelques notions d'histoire ne le nieront pas.

Ce n'est réellement qu'en 1525 en effet que la Réforme est faite. C'est l'époque du mariage de Luther. Alors seulement tout croule. La confession est abolie ; le mystère sacré de nos autels est sacrilégement amoindri, et remplacé par les froides et ternes formules de la Cène ; la prière pour les morts, cette prière si belle, si touchante et si consolante a cessé ; le culte de la Vierge, des anges, des saints, de leurs images et de leurs reliques est proscrit ; toute la grandeur, toute la beauté, toute la majesté du culte disparaît sous l'aspect froid et glacial de la sèche et insipide liturgie du protestantisme. Plus d'autel, plus de pontife, plus rien ! Le prêtre était tombé au niveau des simples mortels ; le ministre était à jamais perdu dans la foule.

Ce qui m'étonne, je l'avoue, c'est que ceux-là qui parlent en faveur du mariage des prêtres, soient ceux qui luttent avec le plus d'acharnement contre la prépotence de Rome, qui s'irritent à la moindre immixtion du sacerdoce dans les affaires civiles, et qui voudraient nous condamner à ne parler que de Dieu, à nous mettre hors de la société, et à nous emprisonner dans nos églises et dans nos sacristies. En verité ils sont bien inconséquents. Eh quoi ! que demandez-vous là ? vous vous abusez étrangement, car vous, qui redoutez notre influence, vous devriez au moins comprendre que le mariage nous ouvrirait la plus large des portes, le chemin le plus direct à l'invasion dans le domaine des affaires temporelles dont vous cherchez, par tous les moyens, à nous éloigner.

Quant aux scandales, vous vous abusez non moins profondément.

— Comment! mais dans l'Eglise protestante il n'y en a pas! — et ils font peu de bruit.

— Je vous répondrai qu'ils font peu de bruit parce que la presse à scandales est amie du protestantisme comme de la Révolution. J'ajouterai qu'il n'y a pas de scandales dans l'Église réformée, parce qu'il y en a trop, parce qu'ils sont fréquents et généraux; des taches nombreuses passent inaperçues sur un habit souillé : une seule se remarque sur un vêtement bien blanc.

Du reste, il est un fait incontestable, c'est que la chasteté conjugale est un difficile devoir. Au point de vue des mœurs, le mariage, hélas! n'est pas un état exempt de tout danger. Bien loin de mettre à l'abri des passions, il expose à des périls très-graves que connaissent fort bien les personnes sérieuses et expérimentées, et qui rendent cet état non-seulement moins parfait, mais encore moins heureux que le célibat du prêtre et la continence du chrétien. Tel est l'enseignement formel du concile de Trente contre Luther.

Quid juvat hoc templis nostros inducere mores
O curvæ in terras animæ et cœlestium inanes.

A quoi bon, dirons-nous avec le poëte, introduire dans nos temples le désordre et la corruption de nos mœurs, ô âmes basses et terrestres, vides de tout sentiment élevé! — Vos efforts seront toujours vains et nous vous répondrons toujours : *Non possumus!* Nous ne pouvons pas! nous ne céderons pas! nous ne transigerons pas!!

Mais mettons cette question toute personnelle de côté, et veuillez me dire ce que vous entendez encore par *liberté.*

— J'entends, reprit-il, que tous ces fainéants de sergents de ville disparaissent ainsi que les gendarmes; tous ces hommes ne sont bons qu'à exciter le peuple, à causer des émeutes et à entraver le commerce et les affaires.

— Comment! vous refusez au gouvernement des moyens jugés nécessaires à toutes les époques et aux honnêtes gens des garanties contre les voleurs? Vous n'y songez pas, monsieur. Pourquoi éliminer ces paisibles surveillants qu'on a vus sous tous les régimes?

— Pourquoi?... pourquoi?... parce que....

— Parce que, lui dis-je, ils vous gênent. Je croyais qu'ils ne gênaient que les malfaiteurs, les voleurs et les assassins. Je vous trouve en vérité bien inconséquent, car, j'en ai la certitude, vous auriez, comme tout le monde, recours à eux au besoin.

Notre républicain, on le devine, était pourpre, et quoique fort honnête au fond, je n'aurais point aimé le rencontrer dans de semblables dispositions par un beau soleil de Commune.

— Du reste, me dit-il, en s'éloignant, vous aurez beau faire, la République aura son tour. Il nous faut la séparation de l'Église et de l'État. (C'est en effet la marotte de tous les républicains.) Il faut que les évêques et les curés cessent de s'occuper de la politique et des affaires du pays.

Je ne connais point de phrase plus commune et de prétention plus niaise et plus sotte. Un homme de sens peut-il refuser au prêtre français, le premier éducateur de son pays, de s'occuper des affaires de son pays? Je prétends, moi, prêtre, posséder tous les priviléges que possède mon voisin; personne ne saurait me priver de ces droits sacrés. Voici à ce propos ce que résume dans les journaux libéraux M. Louis Veuillot, ce mordant et spirituel critique :

« Voilà des évêques, voilà toutes sortes de gens du » clergé qui font des brochures où ils parlent politique. » La Restauration ne l'aurait pas souffert, le gouver- » nement de Juillet l'endure. On permet à ces gens-là » de dire ce qu'ils pensent. Il n'y a plus de liberté. »

Non sum liber, non sum Apostolus, dirons-nous avec l'Apôtre, ne sommes-nous pas libres, ne sommes-nous pas les apôtres de Jésus-Christ? c'est-à-dire les propagateurs de la vérité, les défenseurs et les gardiens de la Loi?

Et lorsque la politique est anticatholique et athée, lorsque, sous l'influence de cette politique, la société est travaillée par un mal qui la mine et par un doute qui la tue, nous n'aurions pas le droit et notre devoir ne serait pas de demander et d'insister pour qu'on rappelle un principe d'autorité et une règle de vertus patriotiques !...

Lorsque la France est tourmentée par un scepticisme déplorable, par des principes libéraux conçus hier, enfantés aujourd'hui, et par un enseignement révolutionnaire, nous n'aurions pas le droit d'en appeler au bon sens universel et à la foi des anciens jours !...

Eh quoi ! la presse impie nous met sans cesse en cause, le clergé européen est l'objet de ses sarcasmes et des brutalités de la politique de la force ; des congrégations tout entières sont à la merci des caprices draconiens ; l'Eglise est attaquée de toutes parts ; la foi semble en péril... et nous n'aurions pas le droit d'élever la voix ! Et nous n'aurions pas le droit de condamner les principes nouveaux qui ne sont autre chose que la protection de l'oppression !

Nous montrons à tous le bien et le mal, la vie et la mort, la bénédiction et la malédiction ; et comme autrefois Moïse aux Israélites, nous leur disons : choisissez la vie !

Pourra-t-on nous reprocher d'avoir été des chiens muets lorsqu'on a attaqué la maison de notre maître ? Pourra-t-on nous reprocher d'avoir tenu la lumière sous le boisseau alors que de toutes parts les ténèbres tendaient à s'épaissir ? à Dieu ne plaise !

Le *droit moderne* est la négation de la loi, et nous le

déclarons coupable. Le *libéralisme* est la destruction de l'autorité ainsi que l'affaiblissement des consciences, et nous le disons dangereux. Pour nous c'est le mal et la mort ; et voilà, pourquoi nous voulons en détourner l'humanité déjà tant éprouvée.

Le glorieux Pie IX dit au monde avec saint Paul : *Véritatem dico in Christo, non mentior, testimonium mihi perhibente conscientia mea in Spiritu sancto : quoniam tristitia mihi magna est, et continuus dolor cordi meo.* Je vous dis la vérité, je ne mens pas, ma conscience me rend ce témoignage par le Saint-Esprit, que je suis saisi de tristesse et que mon cœur est brisé par une douleur violente et continuelle. — (Saint Paul ad Rom. IX. v. 1 et 2.)

Oh ! oui, le saint Pontife est accablé sous le poids de la tristesse la plus profonde à l'aspect du désordre moral qui assaille toujours plus audacieusement les nations catholiques; et alors que lui-même est dépossédé au nom du *droit nouveau*, et que sa puissance semble diminuée et même anéantie, il dit au monde entier, avec une admirable énergie, toute la vérité, parce que sa charité redoute que l'ingratitude des hommes ne soit punie par le triomphe du mal et par de longs jours de grandes malédictions jusqu'à ce qu'enfin le règne de Dieu soit arrivé.

Ne peut-on encore lui appliquer avec justesse cette parole de saint Paul : *Tota die expandi manus meas ad populum non credentem et contradicentem.*

J'ai tendu mes bras durant tout le jour à ce peuple incrédule et rebelle à mes paroles. (Saint Paul ad Rom. x. ℣, 21.) Et l'Eglise tout entière depuis le plus oublié de ses ministres jusqu'au plus éminent de ses prélats n'a-t-elle pas le droit de la répéter?

Nous savons à quoi nous oblige notre glorieux ministère. Nous avons reçu le droit d'enseigner, et nous enseignons, suivant le conseil de l'apôtre, dans la vérité avec l'Esprit Saint. Nous ne rendons jamais le mal pour le mal, et nous ne voulons de la liberté que pour conduire par tous les moyens, les hommes à la vraie liberté des enfants de Dieu. *In libertatem gloriæ filiorum.* Nous nous efforçons constamment de vaincre le mal par le bien. Telle est notre devise! (Saint Paul ad Rom. XII. ℣. 21.)

On le sait, et pourtant les amis du *progrès*, les hommes *prudents*, sans tenir aucun compte de notre attitude, nous demandent un *catholicisme libéral*, seul capable, à leur point de vue, de trancher les difficultés actuelles. Nous en dirons un mot dans le chapitre suivant.

CHAPITRE II

CATHOLICISME LIBÉRAL

J'avais entendu, la veille, un gros personnage parisien soutenir la thèse du *catholicisme libéral* ou *catholicisme et liberté.* — Il est, m'avait-il dit, un problème fort difficile, nous le savons mes amis et moi, car vous êtes puissants, de la solution duquel dépend l'avenir, entendez-vous, monsieur l'abbé? — l'avenir de la nation française. Et pourtant, ajouta-t-il du ton le plus persuasif et de l'air le plus sympathique, vous, pauvres curés de campagne qui tremblez devant une crosse épiscopale, c'est à vous qu'il appartient de soutenir le parti *catholique libéral*; il y va de vos plus chers intérêts, et vous devez travailler avec nous contre cette implacable et aveugle réaction qui entrave tout. Il faut qu'au nom du Christ vienne s'unir celui de la *liberté*.

— Mais, monsieur, lui répondis-je, vous me surprenez étrangement, je dois l'avouer, vous commettez une erreur historique capitale. — Avant Jésus-Christ, en effet, il vous serait difficile, pour ne pas dire impossible, de me montrer sous quel gouvernement monarchique, oligarchique ou démocratique, on eût, non-seulement la connaissance mais l'idée de la *liberté*. De Rome à Athènes, d'Athènes à Corinthe, de l'Académie au Sénat, du Palais à l'Ergastrion, je ne découvre qu'esclavage. Partout, avant l'ère chrétienne le tyran jouit inhumainement de ses peuples, le maître de ses esclaves et l'homme de la dégradation de la femme.

La *liberté* est née du christianisme. Et c'est nous, ministres du Christ qui gênons votre *liberté !*... nous qui en avons doté le monde ! Du reste, comme on l'a fort souvent fait entendre de la tribune française, et plus souvent du haut de la chaire chrétienne, la vraie *liberté* est dans la loi. Elle est donc la propriété de Jésus-Christ et de son Eglise qui seuls ici-bas sont l'expression de l'ordre et du devoir. *Ubi spiritus Domini, ibi libertas,* dit saint Paul. Pas de loi, pas de *liberté!* L'une est le principe de l'autre. — Toutes deux sont connexes, inséparables. Si vous voulez de la *liberté* sans la loi, vous outragez la *liberté* elle-même. Où pouvez-vous, sans la religion chrétienne, concevoir une *liberté* vraie, une *liberté* qui soit autre chose que servitude barbare souillant les cœurs, abaissant les âmes et déprimant les consciences? En pouvons-nous douter en France? Ceux, qui après avoir fait retentir bien haut à nos oreilles les noms menteurs d'affranchissement et de *liberté*, ont usurpé l'autorité, se sont empressés d'imposer à la nation la plus civilisée le joug de la barbarie la plus sanglante. — Vous me comprenez, monsieur, et je me refuse à étudier plus scrupuleusement la divergence de nos opinions sur ces principes.

— Oh ! reprit mon contradicteur, peu m'importent tous vos raisonnements ; dans l'intérêt de l'Église elle-même, il nous faut la séparation de l'Eglise et de l'Etat. (Tout libéral en arrivera nécessairement à cette conclusion, et c'est ce qui démontre clairement la lutte qui existe et doit se continuer entre l'Eglise et la Révolution, entre la France et la Révolution. — On veut à tout prix séparer la Religion de l'Etat pour arriver au bouleversement.) L'état actuel des choses ne saurait sympathiser avec le mouvement, et favoriser la marche et le développement du progrès. Qu'on proclame la *liberté de conscience*, que l'Evangile affirme quelque part, la *liberté* de la papauté débarrassée des soucis terrestres et des intérêts temporels qui nuisent à sa considération et à sa perfection, l'épiscopat français se dressant comme un seul homme devant une puissance ultramontaine toujours envahissante, l'émancipation de vous tous pauvres employés à neuf cents francs de traitement annuel..... Tenez, ajouta-t-il, le gallicanisme a sa raison d'être, c'est la seule voie possible à notre époque et on y reviendra..... il le faut, si on ne veut dévier davantage et créer un schisme.

— Pour ce dernier point, répondis-je, faites-en votre deuil. *Roma locuta est, causa finita est.* Rome a parlé, la cause est entendue ! Nous y applaudissons tous et de tout cœur. Je dis tous, car les quelques écervelés, qui ont monté ménage en Suisse parmi les *libéraux* ou en

Hollande chez les *Vieux Catholiques*, ne sont pas plus dans l'Eglise universelle qu'une goutte d'eau dans l'Océan. Si, comme un seul homme, nous savons obéir et agir, c'est que notre discipline est sévère et juste, que nos statuts sont notre propre honneur, que notre code ne change pas, que nos armes sont parfaitement trempées, et que nous avons confiance dans nos vaillants généraux, nos saints évêques, qui ne reconnaîtront jamais d'autre chef que le Pape, vicaire de Jésus-Christ sur la terre. Notre soumission, voilà notre *liberté !*

Qu'entendent donc nos libéraux par *catholicisme libéral*. Nous l'avons indiqué. Qu'espèrent-ils ? Ils espèrent nous séparer de l'Eglise mère de toutes les églises et voir en France ce qu'on voit en Suisse et en Hollande, c'est-à-dire la corruption dans la doctrine et la dégradation dans les mœurs. Les ennemis de la patrie, MM. les libéraux, trouvent sans doute que la Réforme n'a pas fait assez de mal à la France, et ils n'oublient pas un instant que pour la démocratiser, il faut non-seulement la démonarchiser, mais encore la déchristianiser.

Ils nous demandent de douter ; ils nous invitent à rejeter avec eux la Primauté du Souverain Pontife, les décrets touchant l'Immaculée Conception et l'Infaillibilité du Pape. Ils nous prient de garder un silence prudent sur l'*Encyclique* et sur le *Syllabus*, et tout cela, ils le font avec un désintéressement, une charité et un zèle vraiment dignes d'un plus beau résultat. En un mot ils nous invitent au *libéralisme*, c'est-à-dire au relâchement moral et doctrinal.

Libéraux, qui avez lu religieusement Jean-Jacques Rousseau, relisez donc le chapitre VIII du *Contrat social*, et vous reconnaîtrez que vos pareils ou plutôt vos patrons et vos docteurs sont fort peu tolérants. « Sans pou-
» voir obliger personne à croire tous ces dogmes, le
» souverain pourra bannir de l'Etat quiconque ne les
» croira pas; il le bannira non comme impie, mais comme
» insociable ; que si quelqu'un, après avoir reconnu pu-
» bliquement ces mêmes dogmes, se conduit comme ne
» les croyant pas, qu'il soit puni de mort. »

Ainsi parlait Jean-Jacques Rousseau qui accusait d'intolérance l'Eglise catholique. Ainsi parleraient volontiers le Dieu-État et les libéraux qui l'inspirent. Tolérance, tolérance, crient-ils à l'Eglise !! Et en même temps ils la dépouillent de toute *liberté*. Il faut lire ce que nous lisons, voir ce que nous voyons, et entendre ce que nous entendons pour croire à ces inconséquences flagrantes..... L'Eglise *libérale*, ah ! ce serait la servante de la Révolution et l'esclave du Césarisme ou de la démagogie. Or l'Eglise catholique, qu'on ne l'oublie plus, est la gardienne de la vérité et l'épouse de Jésus-Christ.

Philosophes, politiques gouvernementaux et libéraux de tout ordre, prenez-en votre parti. Nous savons trop bien que le *libéralisme* en religion ressemble parfaitement au *libéralisme* en politique. Nous savons trop bien que l'émotion profonde qui s'est emparée de l'Europe est plus religieuse que politique. Nous savons trop bien que les révolutions ont pour habitude de créer des religions de leur goût. La Convention proclame l'*athéisme*, le Directoire invente la *théophilanthropie*, et les gouvernements révolutionnaires de juillet, de décembre, de septembre, etc., s'efforcent de rajeunir le *libéralisme*.

Aujourd'hui on demande ce que demandait le philosophisme du XVIIIe siècle, une religion qui soit tout autre que le *Catholicisme*. On hait de vieille date ce vieux mot qui résiste aux déclamateurs, aux doctrinaires, aux hérésiarques et à la force armée. Que ne peut-on l'affubler de l'épithète aussi pompeuse que ridicule et le qualifier de *libéral?* Il perdrait aussitôt de son autorité et de sa grandeur.

En vérité, on a lieu d'être surpris de l'acharnement avec lequel on s'efforce de nous entraîner vers un but dont nous nous éloignons de plus en plus. C'est sans doute la lutte suprême, mais terrible du désespoir. On ne saurait en effet ignorer l'union admirable qui existe plus que jamais dans l'Eglise universelle et en particulier dans l'épiscopat et le clergé français qui parle comme Pie IX, par Pie IX et avec Pie IX. Et d'un autre côté, ne sait-on pas que les germes mêmes des doctrines qu'on redoutait sont à jamais étouffés, et que le catholicisme, à cette heure où les persécutions sévissent, à cette heure où le chef de l'Eglise *n'a pas où re-*

poser sa tête, n'a jamais été plus beau, plus puissant et plus redouté? C'est lui qui sauvera la société et la civilisation en Europe; et loin de contracter une alliance coupable avec le *libéralisme*, c'est lui qui le tuera et qui tuera la Révolution !

Le grand pontificat de Pie IX, rempli de luttes et de travaux, et si fécond en vertu et en sainteté, rappelle par bien des côtés, en faisant la part de l'époque, le règne du grand pape Grégoire VII, avec cette différence qui est toute à notre avantage, que le clergé est profondément soumis et attaché à l'Eglise romaine.

Comme au XIe siècle, la grande plaie qui s'étend sur tout le corps social, vient d'une politique frauduleuse, jalouse de la puissance morale du Pontife romain. On le sait; et c'est alors que le *libéralisme* dit au clergé: faites des concessions! et c'est alors qu'il lui présente à signer un contrat humiliant et frauduleux. Tous les moyens, même politiques, sont mis en œuvre. En vérité si ce n'était puéril, ce serait odieux.

Que les gouvernements à poigne, qui, contre ce Souverain dépossédé, sentent toute la faiblesse de leurs armées, s'efforcent en exigeant des concessions, d'amoindrir l'Eglise; qu'ils cherchent par tous les moyens à diminuer cette puissance morale qui commande aux empires;

Que les gouvernements révolutionnaires qui lui réservent quelque persécution, et qui, forts des clameurs de l'opinion publique et des mensonges d'une presse avilie, répètent sur tous les tons que la Papauté comme puissance temporelle n'existe plus et que par là même elle ne saurait composer avec les autres puissances;

Que le modérantisme et l'hypocrisie adressent des supplications incessantes au Vatican, que la libre-pensée fasse entendre des plaidoyers éloquents en faveur d'une transaction; que tout cela se passe, nous n'en sommes nullement surpris.

Mais, que des gouvernements légitimes et des pays chrétiens, que des catholiques insistent pour nous attirer sur le terrain du *libéralisme*, nous ne saurions le comprendre car il n'y a pas, il n'y aura jamais de transaction possible avec la loi.

L'Eglise ne transigera donc jamais avec les fantaisistes qui songent à un *catholicisme libéral*. Elle suit une voie qui est celle de la vérité et sur laquelle le grand Apôtre lui-même a posé des jalons qui nous préserveront de tout écart. *Vigilate, state in fide, viriliter agite, confortamini.* Veillez soyez fermes dans la foi; agissez courageusement et soyez forts! (Ep. I. ad Cor. c. XVI.)

Pie IX, notre bien-aimé père, veille avec toute l'Eglise. Il entoure d'affectueuses sollicitudes son cher troupeau. Il en éloigne avec soin les loups ravisseurs et les faux pasteurs incapables de donner leur vie pour leurs brebis. Il veille afin que ce cher troupeau ne soit pas entraîné dans les pâturages empoisonnés de la presse impie et du révolutionarisme.

Il est là ferme dans la foi; il parle, il décrète, il agit.

Rien ne l'ébranle, ni l'ingratitude de ses enfants les plus affectionnés, ni les promesses, ni les menaces, ni les persécutions, ni le pseudo-libéralisme génevois, ni le césarisme prussien.

Quel est le Pontife qui mieux que Pie IX a compris ces paroles de l'Apôtre? quel est celui qui a agi avec plus de douceur et de fermeté tout à la fois? quel est celui qui s'est montré plus courageux en face des souffrances, plus intrépide dans le danger, plus humble dans le triomphe et plus perspicace dans les difficultés? A cette heure de tempête incessante et effroyable, quel est le bras qui mieux que le sien eût eu la force de tenir le gouvernail?

Quelque mauvaise que soit la situation, quelque graves que soient les circonstances et les événements, que MM. les politiques improvisés, que MM. les politiques raffinés le sachent bien, le Vatican, précisément parce qu'il condamne le *libéralisme*, est une puissance avec laquelle il est prudent et sage de compter. Napoléon Ier disait à l'un de ses généraux: traitez le Pape comme s'il disposait de deux cent mille hommes... et M. de Bismarck préférerait, cela n'est douteux pour personne, rencontrer les armées coalisées des puissances européennes plutôt que le bâton de Pierre. Il sait que ce bâton pulvérise les trônes qu'il frappe. Il sait que cette parole de Tertullien est toujours vraie : « le sang des martyrs est une semence de chrétiens. »

« La persécution, dit Bossuet, loin d'éteindre et d'affaiblir l'Eglise, en devait toujours augmenter la force et la gloire, de sorte que, par la suite des conseils de Dieu, il devait être réservé à celle de Dioclétien comme à la plus violente, d'élever l'Eglise au comble de la gloire. »

Les persécuteurs contemporains, quoique fort éloignés de Dioclétien, ne sauraient ignorer les châtiments qui l'ont atteint. De plus, ce qu'ils n'avouent pas, et ce qui au contraire aiguise leur tyrannie, ils savent fort bien que Pie IX a plus d'autorité que jamais, que la conscience honnête de l'univers est pour lui, que la force spirituelle est la première puissance dans le monde, et que cette force anime la grande majorité des intelligences et des volontés.

Si M. de Bismarck voulait creuser cette étude avec cet esprit incontestablement supérieur qui le caractérise, il verrait très-clairement que telles et telles puissances formidables disparaîtront tandis que la papauté demeurera : *tu es Petrus, et super hanc Petram ædificabo Ecclesiam meam, et portæ inferi non prævalebunt adversus eam.* Tu es Pierre et sur cette pierre je bâtirai mon Eglise et les portes de l'enfer ne prévaudront jamais contre elle.

CHAPITRE III

LIBERTÉ DE CONSCIENCE

On demande la *liberté de conscience.*

L'histoire peut répondre; elle est juge. Les suites du déplorable traité de Westphalie qui a répandu par toute l'Europe le brandon de la discorde allumé par Luther dans un coin de l'Allemagne, sont palpitantes de la plus désastreuse actualité. Il n'entre ni dans notre pensée ni dans notre plan de traiter cette matière *ex professo*, et pourtant nous essaierons d'apporter un peu d'ordre et de clarté dans la confusion d'idées et d'opinions qu'on y remarque.

L'étude du *libéralisme* peut être faite à un double point de vue : au point de vue *gouvernemental* et au point de vue *individuel.*

Et d'abord, au point de vue *gouvernemental*, il y a dans l'enseignement de l'Eglise une thèse doctrinale généralement et nécessairement admise par tous les fidèles, c'est que :

La vérité seule a empire sur les âmes, et que seule elle a droit THÉORIQUEMENT *au concours du gouvernement.*

Mais jusqu'à quel point le gouvernement est-il obligé

pratiquement de patronner la vérité et de combattre l'erreur? Ici les catholiques eux-mêmes divisés d'opinion se partagent en deux camps :

Les uns prétendent que la vérité ne doit réclamer que la *liberté* sans la refuser à l'erreur. Ils croient volontiers que le patronage trop accentué des gouvernements dans les temps actuels serait plus préjudiciable qu'utile au triomphe de la vérité.

L'Etat, évidemment, n'est pas tenu de défendre la vérité par les forces dont il dispose, lorsque cette protection serait de nature à empêcher sa mission générale à l'endroit de l'universalité des sujets. *Nemo ad impossibile tenetur*. D'un autre côté, il faut bien reconnaître que son ingérence même et son patronage pourraient présenter souvent autant d'inconvénients que d'avantages. L'histoire ne nous apprend-elle pas que les empereurs byzantins patronnant et défendant l'Eglise, voulaient le plus souvent réglementer la vérité? Et n'avons-nous pas vu deux fois dans ce siècle la religion appuyée d'une protection qui ne fut qu'un joug déguisé ou qu'une odieuse trahison?

Nous admettons donc qu'un souverain, sans pécher contre la religion et sans manquer aux lois d'une sage politique, puisse céder aux nécessités des circonstances et des temps qui dominent les lois elles-mêmes. Ce fut du reste sous la pression d'une de ces nécessités terribles que Henri IV consentit l'édit de Nantes, d'où dépendait incontestablement la pacification du royaume.

Nous admettons le *libéralisme* qui s'impose par les faits et nous reconnaissons la *liberté religieuse* telle que les événements l'ont faite en Europe. Mais nous n'admettrons jamais ce qu'on est convenu d'appeler le *libéralisme doctrinal*, qui consiste à accorder les mêmes droits et la même liberté à la vérité, à l'erreur, et à toute religion d'où qu'elle vienne, et qui réclame la *liberté* illimitée de la conscience, des cultes, de la pensée, de la parole, de l'apostolat sous toutes ses formes Du reste, Rome s'est prononcée sur ce point éminemment important, en condamnant dans l'*Encyclique* comme dans le *Syllabus* cette audacieuse proposition du *libéralisme doctrinal* et de l'*esprit moderne*.

La liberté de conscience et des cultes est un droit propre à chaque homme, qui doit être reconnu par la loi, et garanti dans toute société bien constituée; les citoyens ont droit à la pleine liberté de manifester hautement et publiquement leurs pensées quelles qu'elles soient, par la parole, par la voie de la presse ou de toute autre manière sans que l'autorité ecclésiastique ou civile puisse la diminuer.

Et cette autre non moins subversive :

Il est faux que la liberté civile de tous les cultes et le plein pouvoir laissé à tous de manifester hautement et publiquement toutes leurs pensées et toutes leurs opinions précipitent plus aisément les peuples dans la corruption des mœurs et de l'esprit et propagent la peste de l'indifférentisme.

Et les *sages* de notre époque et les *modérés* et les *pru-*

dents, se récrient contre la rigidité de la cour romaine. En vérité l'aveuglement et la mauvaise foi dépassent toutes les bornes.

Les autres au contraire demandent que le gouvernement refuse de reconnaître, par la proclamation de la *liberté de conscience*, des droits à l'erreur à l'égal de la vérité. Ils veulent que l'action gouvernementale favorise la vérité, et prétendent que l'Eglise ne subsisterait point sans cette protection, puisque l'erreur, secondée par les passions humaines et par les audaces du mal, aurait un triomphe assuré.

Nous sommes loin de dire que ceux-là ont tort qui demandent que le gouvernement temporel existe pour le service du gouvernement spirituel, et que son action tende non-seulement à établir mais à assurer par tous les moyens le règne de la vérité sur les ruines de l'erreur. Mais nous osons affirmer que dans certains cas (et qui ne le sait, qui ne le voit à l'heure même où j'écris?) le gouvernement, quoique reconnaissant un mal et le condamnant *théoriquement*, peut *pratiquement* s'abstenir d'effectuer et de régulariser le bien. Notre Seigneur n'a pas fait tomber la foudre sur ceux qui ne croyaient pas, comme le demandaient les Apôtres alors qu'ils ne comprenaient pas encore leur mission.

En toute hypothèse, nous avons le droit d'exiger du gouvernement, pour la vérité, secours et protection ; et le gouvernement, dans la mesure du possible, bien entendu, ne peut s'y refuser; comme il ne peut se refuser à combattre par tous les moyens tout *libéralisme*, formant corps, église et culte, qui ne demeure pas dans le respect de la loi et de la morale et dont l'enseignement renferme des principes subversifs et antisociaux.

Si notre constitution a défié douze siècles, c'est qu'elle était religieuse et morale; et si nos gouvernements modernes n'ont aucune stabilité, c'est que, livrés au *libéralisme doctrinal*, ils accordent à l'erreur et au mal autant et plus de *liberté* qu'à la vérité et au bien. Que nos gouvernements ne l'oublient pas, malgré les divisions politiques, il y a encore en France un esprit de corps, et cet esprit de corps est profondément religieux, et le gouvernement qui le comprendra, qui le protégera, qui en le protégeant en sera protégé, sera un gouvernement puissant et libre. Il possédera la vraie *liberté*, et il progressera sans entraves dans la voie du bien.

En second lieu, au point de vue *individuel*. Pour se renseigner sur ce point éminemment important, qu'on daigne lire le chapitre sur la *liberté* de M. de Bonald, et l'on comprendra que l'homme, membre de la société, ne peut et ne doit avoir d'autre volonté que celle du corps social dont il fait partie. Or, cette volonté n'est autre que la loi. On comprendra également que le chrétien, membre de l'Eglise catholique, ne peut et ne doit avoir d'autre volonté que celle de l'Eglise dont il est le membre. Or, cette volonté, c'est encore et toujours la loi. Chercher la *liberté* ailleurs, c'est cultiver la plus dangereuse des utopies, c'est vouloir résoudre le problème du mouvement perpétuel ou faire la découverte de la pierre philosophale.

La *liberté de conscience*, quoi qu'on en dise, et quels que soient les raisonnements et l'assurance apparente du *libéralisme*, c'est la violation de la loi qui ne saurait souffrir une double interprétation. Jésus-Christ savait ce qu'il faisait le jour où il remettait et confiait à son Eglise tout pouvoir et toute autorité en lui disant : *Qui vos audit me audit;* celui qui vous écoute m'écoute ! *Ite, docete omnes gentes.* Allez, enseignez toutes les nations, etc.

Il savait, ce divin législateur, que des ignorants essaieraient d'élever la raison humaine au-dessus de la raison éternelle, et que la Révolution s'attaquerait à l'autorité sous le prétexte spécieux de rendre l'indépendance à chaque raison. Il savait qu'un jour des insensés proclameraient la divinité de la raison humaine et rejetteraient les mystères qu'elle ne peut pénétrer. Il savait que de prétendus savants viendraient abroger les préceptes divins, ou les interpréter en faveur de leurs passions.

Ces hommes ont réussi ! Ils ont eu l'insigne honneur de voir en pratique leur système théorique. On a rayé des tables de la loi les commandements les plus gênants... Ah ! les malheureux communards sont en vérité bien peu coupables à côté de ces professeurs qui leur ont appris que les plus forts ont des droits réels, qu'ils peuvent chercher la satisfaction de leurs désirs partout et par tous les moyens, et que les plus saints usages et les lois les plus sacrées ne sauraient l'emporter sur les exigences et les besoins de la passion.

La *liberté de conscience* est au *libéralisme* ce qu'elle est au protestantisme. Elle en est la base et la raison, et par suite elle est la négation formelle de l'autorité, la négation de la vraie *liberté*. Que signifie le protestantisme pour un homme sérieux, lorsque cet homme y découvre autant de constitutions religieuses que de têtes, et que le nombre des sectes atteint un chiffre prodigieux? Comparons l'unité catholique romaine, fondée sur la foi dans les décisions de l'Eglise, avec ces utopies qui prennent chaque jour rang parmi les disciples de Luther et de Calvin, et jugeons. Quoi de plus beau, quoi de plus fort, quoi de plus grand par exemple que cet épiscopat français, que cette soumission d'un millier d'évêques de tous les pays à la parole de Pierre, personnifiant l'Eglise universelle!

La *liberté de conscience* est un leurre ; elle est un danger; elle est un mal!

Qu'est-ce que la conscience en effet? C'est un jugement intérieur, indépendant de notre volonté et de notre esprit, porté par nous-mêmes sur la moralité de nos actes. « *Dans toutes vos œuvres, dit l'Ecclésiastique, écoutez* » *votre conscience et soyez-lui fidèle ; c'est ainsi que l'on* » *observe les commandements de Dieu.* » (Eccl. cap. XXXII, v. 27.

Mille et une opinions sont venues altérer la vraie doctrine sur ce point, et ce n'est pas ici le lieu de les réfuter. Nous n'admettons pas le jugement des hommes. Nous maintenons que la conscience, même obscurcie par la passion et par la corruption, est le cri de la vérité, et nous disons qu'elle n'est *libre* qu'autant qu'elle est l'expression même de la loi divine.

Quomodo libera est voluntas, ubi dominatur iniquitas ? (S. Aug.) Comment la liberté existerait-elle dans la conscience où règne l'iniquité ? Les enfants de Dieu sont les fils de la liberté, et les enfants du démon sont les fils de l'esclavage.

Vous attaquez l'Eglise, toujours l'Eglise, et vous l'accusez d'intolérance. Or, voyez combien vous êtes injustes, puisque l'Eglise elle-même en appelle à votre conscience ; elle vous renvoie devant ce tribunal infaillible ; elle soumet toute la cause à ce juge incorruptible et parfaitement impartial, et quant au dogme que votre conscience ne peut discuter, puisque, pour l'intelligence humaine tout est mystère, et quant à la morale dont votre conscience est le régulateur et le pondérateur indispensable, placé en vous par Dieu lui-même.

Aussi disons-nous avec saint Augustin : « Le premier » dégré de la *liberté* est de mener une vie exempte de » crimes. » *Prima libertas est carere criminibus.*

N'abusons donc plus des termes eux-mêmes, et ne demandons pas l'impossible à l'Eglise. La loi est la loi ! Et la conscience est le cliché même de la loi.

CHAPITRE IV

SÉPARATION DE L'ÉGLISE ET DE L'ÉTAT

Vous demandez encore, messieurs les *libéraux*, la *séparation de l'Eglise et de l'Etat* ? Qu'est-ce à dire? sinon que vous voulez tout simplement séparer, d'abord l'Eglise de la société, et ensuite l'homme de Dieu. Vraiment vos vues sont par trop bienveillantes. Vraiment il vous appartient de vous proclamer philanthropes par excellence. Il ne vous reste plus qu'à tenter d'un système religieux sans le concours de l'homme et en dehors de la société.

Ah ! nous comprenons bien, nous qui nous rappelons la parole de l'impie : *dixit impius in corde suo : non est Deus !* l'impie a dit dans son cœur : il n'y a point de Dieu ! Vous voulez *la séparation de l'Egliseet de l'Etat ?* Eh bien ! veuillez me dire ce que vous entendez par là. Je ne vous demande pas ce que vous espérez, je le devine. Vous ne sauriez me répondre catégoriquement sur ce point.

Est-ce parce que nous sommes affranchis du service militaire?

Est-ce parce que nous recevons un traitement de l'Etat, sans cependant être employés de l'Etat?

Est-ce parce que la loi fait entrer le prêtre dans certaines fonctions, telles que l'administration des hôpitaux, des biens des pauvres et la direction de l'enseignement ?

1° Nous ne sommes affranchis du service militaire que conditionnellementt bien entendu. Si nous ne prenons pas l'engagement de servir l'Etat pendant dix ans comme le font les instituteurs, ou de rejoindre un régiment, c'est que l'instituteur est l'employé de l'Etat, et que le prêtre ne relève que de son évêque, comme son évêque ne relève que du Pape. Mais, comme si la loi avait quelque chose d'odieux l'Eglise ne l'eût certainement pas admise, il est arrêté que notre nom figure aux cadres et que personne n'est condamné à servir pour nous. Nous recevons, comme les militaires, notre congé au bout des sept ans ou cinq ans de service.

Du reste, ici nous pourrions accuser l'Etat et lui dire : Pourquoi ne nous envoyez-vous pas dans vos camps, dans vos casernes, sur les champs de bataille, partout où vous avez des troupes ? Pourquoi ne nommez-vous partout des aumôniers militaires ? Nous sommes prêts ! Et lorsqu'il s'est agi de voler au secours des blessés nous avons, à toutes les époques, donné l'exemple de l'abnégation. Les prêtres de la province, les prêtres et les frères de Paris ont été admirables de courage, d'énergie et de dévouement. Vous ne pouvez le nier. Et aujourd'hui que, d'après une décision de l'Assemblée nationale, on nomme des aumôniers militaires, il n'est pas un prêtre qui ne soit heureux d'être appelé à cette glorieuse mission, à ce noble apostolat.

2° Oui, messieurs les *libéraux*, nous recevons un traitement, cela est vrai. L'Etat nous donne neuf cents francs par an ; c'est encore vrai. Mais ces neuf cents francs, ignorez-vous donc qu'ils ne sont qu'une faible partie des revenus qui nous appartiennent, et qui ne sont devenus propriété de l'Etat qu'à la condition expresse de rétribuer *convenablement* les membres du clergé ? Avouez plutôt que l'Etat réserve ses générosités à des sujets plus dignes d'intérêt, et dont vous êtes les chauds partisans. Si chaque prêtre en fonctions lui coûte neuf cents francs, chaque déporté politique s'impose à son budget pour dix-sept cents francs. Le gendarme qui l'a arrêté et qui a débarrassé la société de ce misérable, souvent au péril de sa vie, aura huit cents francs ou mille francs tout au plus. Et vous vous plaignez de l'Etat? En vérité vous éprouverez toujours le besoin de vous plaindre.

3° Oui, nous faisons partie de certains conseils administratifs de l'Etat comme par exemple ceux des hôpitaux. Il faudrait pourtant une bonne fois reconnaître que là est notre place, je dirai plus, notre rôle, notre droit; car là où il y a souffrance, il y a intervention forcée du prêtre catholique. C'est avec pleine raison que Monseigneur Dupanloup a dit à la Chambre :

« C'est nous prêtres catholiques, qui avons couvert » la France, l'Europe et successivement les deux

» Mondes, de maisons hospitalières, d'hospices, d'hô-
» pitaux, de tout ce que vous avez nommé dans un noble
» langage, le patrimoine des pauvres. Avant nous, avant
» le christianisme, il n'y avait pas sur la face de la
» terre, un seul hospice, un seul hôpital, un seul asile
» pour la souffrance. On connaît la date des premières
» fondations. Le nom des premiers fondateurs, des pre-
» miers chrétiens, des premiers évêques, des premiers
» papes qui les ont fondés est dans l'histoire, nous avons
» créé, messieurs, le capital de la charité sur la terre.
» (Adhésion et applaudissements à droite et au centre.)
» Nous avons créé la charité elle-même. Avant nous,
» avant le christianisme, le nom et la chose étaient pro-
» fondément inconnus, notre place est donc dans ces
» conseils à tous les titres possibles. »

Oui, nous faisons partie du bureau de bienfaisance, règle générale, et notre place y est tellement indiscutable que le pauvre ne s'adressera jamais, dans un pressant besoin, qu'à son curé; et celui-ci, quelles que soient ses ressources personnelles, saura toujours lui venir en aide. Le prêtre n'est-il pas le père du pauvre, et la charité n'est-elle pas une dette qu'il contracte envers tous, le jour de son entrée dans le saint ministère?

Oui, nous faisons partie du conseil de la direction de l'enseignement, et ceux qui s'en désolent feraient bien de méditer ces paroles de Frédéric II: — « On vou-
» drait tenir ce malheureux royaume dans un état de

» barbarie, moi, je veux l'élever et le civiliser. *Mais si* » *je ne fais pas des chrétiens*, tout le reste ne profitera » guère. » Et ailleurs :

« Depuis le rétablissement de la paix, le véritable » bien-être de nos peuples occupe tous nos instants. » Or, nous croyons nécessaire et utile de poser le *fon-* » *dement* de ce bien-être, en constituant une instruction » raisonnable en même temps que *chrétienne*, pour » donner à la jeunesse, avec la crainte de Dieu, les con- » naissances qui lui sont utiles. »

Je prends à dessein ces paroles chez le philosophe ami de Voltaire, dont les mérites sont contestables, mais dont le bon sens et la raison sont évidents en cette matière.

Ecoutez maintenant une parole de M. Cousin :

« Les autorités préposées aux écoles, voilà le ressort » de toute instruction primaire; qu'on y réfléchisse, » tout aboutit là, et tout part de là. » Et ailleurs : « Tout repose sur l'inspection. » — Ce point est tout. Hélas! et c'est surtout sur ce point vital que la loi française est défectueuse.

Vous entendez, messieurs les *libéraux*, le nerf de l'instruction que vous appelez de tous vos vœux, est dans l'inspection. Or, où trouvera-t-on ces autorités tout à la fois sérieuses, capables et morales, si ce n'est dans le clergé? Pourquoi ne le dirais-je pas? Qui pourra dans une commune, où il n'y a souvent que de simples cultivateurs, inspecter les écoles, si ce n'est le curé et le vicaire? ne sont-ce pas les hommes qui réunissent au premier chef les qualités désirables? Et la Prusse, qui nous donne trop souvent des leçons, malheureusement, l'a si bien compris que le vingt-quatrième article de sa loi sur l'instruction est ainsi conçu :

« Le soin de l'instruction de la jeunesse et la surveil- » lance de l'école constituent la partie la plus essen- » tielle de la charge du pasteur. »

On pourrait, sur ce point, citer mille passages des meilleurs écrivains français, et nous les trouverions tous d'accord sur la nécessité de l'intervention religieuse dans l'instruction.

« Il est temps que les théories se taisent devant les » faits, disait M. Portalis au commencement du siècle. » Point d'instruction sans éducation, sans morale et » sans *religion*. Toute la France appelle la religion au » secours de la morale et de la société. » Que nos conservateurs méditent ces belles paroles, et que les hommes, qui ont la charge du peuple français et la mission de le sauver, sachent que toute la partie saine de la nation appelle la religion au secours de la morale et de la société ébranlées et en péril.

« Sans *religion*, disait M. Cousin, les écoles ne ser- » viraient qu'à amener une barbarie d'une nouvelle es- » pèce. » Nous avons vu en 1871 ce qu'ont produit les écoles de l'Empire. Nous pouvons donc, messieurs les *libéraux*, comprendre enfin pourquoi vous voulez nous éliminer. Vous demandez une nouvelle Commune sans doute? Tranquillisez-vous; vous l'aurez bientôt, car on nous écarte de plus en plus, et par là même on travaille activement à séparer la religion de l'école.

Oui, ce que vous désirez, (vous serez bien forcés d'être logiques jusque dans les événements) c'est de chasser Dieu de la loi, de la conscience, de la famille, et par suite de la société. Et à ce gouvernement que vous voudriez inspirer d'un nouvel esprit, du pur esprit du *progrès*, vous donnerez des lois nouvelles, vous compterez ou sur la puissance de la république elle-même, ou sur de bonnes troupes, attendant de la sagesse des hommes ou des efforts de la philosophie, la cessation des injustices et des crimes dont la patrie est souillée. Dieu n'y sera plus pour rien! vous serez libres et maîtres souverains... comme en 93 et 71. — Je vous trouve plus qu'audacieux; vous êtes insensés! et ceux qui s'abreuvent aux sources empoisonnées de vos doctrines, après avoir été témoins de vos moyens dérisoires et chimériques, et de la vanité de vos systèmes, après avoir été précipités dans l'abîme de tous les abus et de tous les forfaits, sont coupables ou imbéciles.

Ah! vous êtes bien éloignés des grands hommes tels que Bossuet et Leibnitz. Ecoutez ce dernier dont les paroles sont empreintes de la plus haute philosophie et de la plus profonde connaissance des principes de l'ordre dans la société, et vous comprendrez que la séparation que vous rêvez est une utopie.

« La collectivité de tous les esprits constitue la

» *cité de Dieu*, et le monde moral dans le monde phy-
» sique. Rien, dans les œuvres de Dieu, de plus su-
» blime et de plus divin. C'est la monarchie vraiment
» universelle, et l'Etat le plus parfait sous le plus par-
» fait des monarques. »

Et vous ne voulez pas de Dieu, vous les hommes *du siècle du progrès!*... Ah! vous aurez beau faire, la raison des lois qui régissent la société est dans l'homme, et leur principe est en Dieu; et la société, qui n'aurait à sa tête que l'homme, serait un chaos et un enfer.

« Le Christianisme, dit monseigneur l'évêque de Ver-
» sailles, sépara les deux puissances en donnant à
» l'Eglise la puissance spirituelle avec tout ce qui se
» rapporte à l'âme et à la vie future, puis en laissant à
» la puissance séculière tout ce qui concerne l'homme
» et le citoyen. Les Césars, bien entendu, ne compri-
» rent rien à l'œuvre de Jésus-Christ; ils se firent per-
» sécuteurs pour conserver leur autorité absolue et
» monstrueuse. Quand le colosse qui avait broyé les
» nations fut lui-même écrasé par la force qui sortait
» du sang de Jésus-Christ et des martyrs, Constantin
» reconnut pleinement l'autorité et les droits de
» l'Eglise... Il savait que dans la loi de vérité et
» d'amour, le premier rang appartient à l'Eglise, et
» que *l'Eglise* et *l'Etat doivent être unis comme l'âme* et
» le corps sont unis. »

La tendance obstinée de la Révolution, nous le savons bien, c'est cette *séparation de l'Eglise et de l'Etat*, car elle s'efforce de détruire ce que Dieu avait uni pendant de glorieux siècles pour l'ordre, le bien-être et la perfection morale de la nation. Aussi, nous ne craignons pas de le dire, la lutte qui existe entre l'Eglise et la Révolution existe entre la France et la Révolution.

Nous savons ce que vous désirez, messieurs les *libéraux* : un gouvernement civil athée, supérieur à tout, une loi et une morale suivant le bon plaisir de chacun, et la force brutale sanctionnant les événements. Sachez-le, nous défendrons toujours nos droits les plus sacrés, nos droits de chrétiens, de prêtres et de citoyens. Vous ne séparerez jamais, quoi qu'il arrive, la religion de la patrie, qui se composera toujours de ces trois éléments : le trône, la famille et l'autel. — Non, nous n'y consentirons pas, car vous demandez d'introduire l'athéisme dans la loi, afin de ruiner plus vite et plus efficacement la morale et la religion. Non, nous n'y consentirons pas, parce que c'est le naturalisme le plus coupable que vous voulez appliquer à notre société; telles sont vos intentions en préconisant constamment les droits de l'homme, sans tenir aucun compte des droits de Dieu. Vous ne le niez plus, du reste.

Comment! vous, les hommes du progrès, vous voulez séparer l'Eglise de l'Etat!..... Mais c'est faire injure à la foi nationale, froisser les caractères et troubler les consciences les plus fermes. C'est dire à la France : Sois athée et meurs ! Car c'est la mort, puisque l'Etat, on ne peut le nier, repose entièrement sur la religion. Je défie le guerrier, le législateur, le politique le plus habile de se passer du Décalogue. Tout est là ! Tout l'Etat et tout le système d'un gouvernement sage reposent sur les dix commandements promulgués par Moïse il y a bientôt quatre mille ans. Tout Etat fortement constitué repose sur la loi dont l'Eglise est la plus pure expression.

« Sans le Dieu de la Révélation et de la Foi, dit » monseigneur Mabile, sans le Dieu des Chrétiens, » l'homme n'est plus qu'une énigme dont on chercherait » éternellement le mot sans le trouver, et la société » marchant au milieu d'épouvantables ténèbres tombe » dans un labyrinthe dont elle ne peut plus sortir. »

Vous taxez les évêques d'exagération et de fanatisme à l'égard de la cour romaine? C'est une indignité ! Vous nous priez d'être modérés?..... C'est nous inviter à une odieuse complicité qui serait la sanction scandaleuse du *désordre moral* que nous combattons, et la mort de l'Eglise, si l'Eglise pouvait périr. Vous voulez pour nous de cette liberté qu'on propose au peuple allemand, *liberté morale et intellectuelle que nous devons conquérir dans une lutte acharnée contre Rome*. Comme le disait dernièrement un célèbre écrivain à propos des fêtes organisées par le chancelier : « Nous ne saurions » prendre au sérieux cet argument, nous qui connais» sons l'origine du combat *civilisateur*. » Non, nous ne saurions le prendre au sérieux, et nous maintiendrons, envers et contre tous, que l'Eglise et l'Etat sont faits pour s'appuyer l'un sur l'autre et pour se prêter un mutuel concours.

MM. les *libéraux* ne gagnent pas à être connus; nous savons en effet comment ils agissent là où l'Eglise est séparée de l'Etat. En fait, l'Eglise devient victime et esclave de l'Etat qui l'oppresse; l'Eglise libre dans l'Etat libre, c'est l'Eglise asservie dans l'Etat athée, dit M. Laurentie. La liberté tant vantée et toujours promise, est un odieux despotisme, et la religion ne jouit en réalité d'aucune liberté. En Suisse, ce pays qui revendique si volontiers le monopole de la *liberté*, la *liberté religieuse* existe-t-elle? L'Eglise catholique est-elle libre? Le culte s'y exerce-t-il librement? Vous savez bien que non. Vous ne pouvez nier les empiétements criminels du pouvoir de l'Etat. Vous connaissez les déprédations des églises, des presbytères, et de tout ce qui constitue le patrimoine des catholiques suisses. Ignorez-vous l'ingérence perpétuelle de l'Etat dans les affaires ecclésiastiques? La nécessité du *placet* pour les bulles et les brefs du Pape, pour les mandements des évêques et, ce qui est plus odieux encore, pour tout imprimé catholique, alors que la presse jouit de toutes les libertés? Du reste, en France, on surveille également avant tout les mandements des évêques et les revues des journaux catholiques ; les journaux libéraux et impies peuvent se permettre tous les excès contre l'autorité, la morale et la religion, ils seront tolérés.

L'Eglise est-elle *libre* quand l'Etat s'empare du droit illégal de disposer de ses membres et de leur nomination? quand il nomme des professeurs aux chaires de théologie, quand il défend au clergé d'exercer aucun ministère sans approbation, quand il fixe la durée des catéchismes, des sermons et de tous les exercices spirituels? Singulière *séparation de l'Eglise et de l'Etat!!!*

On écrirait un volume énorme, si l'on rapportait toutes les actions révoltantes qui se commettent contre l'Eglise au nom de la *liberté*, dans ce pays de la Suisse pourri de *libéralisme*. N'est-on pas justement indigné quand on voit le digne et glorieux successeur de saint François de Sales, Monseigneur Mermillod, chassé de son évêché, expulsé de son pays natal, et condamné à s'abreuver depuis plusieurs années des larmes de l'exil? Ah ! le pays qui prend la responsabilité de pareils forfaits est bien à plaindre ! Quel puissant, quel éloquent enseignement pour les Français qui rêvent sans réflexion la *séparation de l'Eglise et de l'Etat!* Et ils sont nombreux aujourd'hui ceux-là qui se figurent que la *séparation de l'Eglise et de l'Etat* procurerait plus de *liberté* à l'Eglise. Ce qui se passe au delà des Alpes bernoises, dans cette confédération helvétique démocratisée et bientôt décatholicisée—conséquence rigoureuse —démontre clairement que ceux-là se bercent d'une illusion profonde. Le radicalisme qui réclame sans cesse la *séparation de l'Eglise et de l'Etat* ne manquerait assurément pas d'agir d'abord comme en Suisse, puis comme en France sous le règne de la Terreur et sous celui de la Commune. Il faudrait, bon gré mal gré, continuer l'œuvre diabolique, s'introduire dans cette Eglise, et effectuer par tous les moyens, au nom de la *liberté* bien entendu, sa séquestration et sa sécularisation.

Ah! messieurs les *libéraux*, soyez donc sincères, et dites-nous, ce qui est la vérité, que vous avez peur du prêtre catholique qui est et restera éternellement l'ennemi de tous les compromis frauduleux, de tous les désordres, de tous les crimes et de tout ce qui est en opposition avec la vraie *liberté*. Oui, vous avez peur des prêtres, des évêques et du Pape, parce qu'ils sont les témoins intelligents de vos ruses et de votre ambition, parce qu'ils ont le courage de dénoncer vos projets à l'opinion publique, et de vous montrer du doigt en disant : Ceux-là sont des perturbateurs! Oui, vous avez peur de nous, parce que nous avons le droit, je dirai plus, parce que nous avons mission de vous juger. Ne sommes-nous pas les représentants de l'autorité que vous niez audacieusement, du droit que vous rejetez, de la loi en général dont vous ne voulez pas? Oui, vous avez peur de nous, parce que nous ne craignons aucun de nos vils agresseurs, et que, quelle que soit la lutte, nous restons toujours maîtres du champ de bataille. Oui, vous avez peur de l'Eglise que vous vous efforcez d'ébranler. Vous pratiquez des mines profondes, vous y versez la poudre, vous y mettez le feu. Imprudents ! une immense détonation se fait entendre, des éclats s'échappent du rocher, s'élancent dans les airs, et retombent sur vous, sur vos complices, et ce qui est plus désolant sur la société tout entière, spectatrice inconsciente de vos infernales tentatives. Le mal est général, l'univers a chancelé sur ses bases, et le banc du rocher est toujours là profondément enraciné dans le sol et défiant toutes les puissances humaines. Mais non, vous ne le voyez pas; la fumée de la poudre et la poussière de la pierre vous aveuglent. Sans doute votre œuvre diabolique n'est pas sans résultats, mais précisément ces résultats sont votre ruine. Sans doute vous pouvez çà et là détacher parfois une pierre, une *petite* pierre, — demandez plutôt à M. Hyacinthe Loison, — mais je répète ici ce que j'ai déjà eu l'occasion de déclarer : cette petite pierre est en raison du vaste banc de roc, moins qu'une goutte d'eau en raison de l'Océan.

Il y a un pouvoir religieux et un pouvoir politique : (dit M. Louis Veuillot expliquant une mosaïque du xe siècle, à Saint-Jean-de-Latran à Rome.) *Vicarius Christi*, c'est le Pape ; *Defensor Christi* ; c'est l'empereur. A droite, le Christ assis donne à saint Pierre à genoux les clefs, à Constantin à genoux le drapeau revêtu de la Croix : *In hoc signo vinces;* par ce signe tu vaincras la sédition qui s'élèvera contre le Christ et la sédition qui s'élèvera contre toi. A gauche, saint Pierre, assis et grandi à la taille du Christ, donne le pallium à Léon III, son successeur, et le drapeau à Charlemagne.

« Par la volonté de Dieu, une union nécessaire relie » l'ordre naturel et l'ordre surnaturel. » Et c'est pourquoi il y a deux pouvoirs. L'ordre naturel ne peut se passer de l'ordre surnaturel, qui est son guide ; l'ordre surnaturel ne peut se passer de la nature, qui est son aide. Il a plu à Dieu qu'il en fût ainsi, et jusqu'au dernier jour, en dehors de cette union nécessaire, il n'y aura que le chaos.

Quel est le but du pouvoir? que doit-il vouloir? L'exergue le dit, et il le dit en répétant la première parole qui fut entendue des hommes lorsque le Christ apparut dans la chair : *Gloria in excelsis Deo, et in terra pax hominibus bonæ voluntatis* ; à Dieu la gloire, aux hommes de bonne volonté la paix ! Or, cette paix que le Dieu d'amour et de justice veut donner aux hommes, elle ne peut être ni la paix de Brutus ni la paix de César qui n'ont ni la justice ni l'amour. Sans justice et sans amour, point de paix, point de liberté. Là où règne l'esprit de Dieu répandu par son Eglise, là seulement règne la liberté. *Ubi est spiritus, ibi est libertas.*

Procurer la gloire de Dieu et la liberté des hommes par la diffusion de l'esprit de Dieu, telle est la loi du pouvoir. Tant qu'elle sera transgressée, le monde cherchera en vain la liberté et la paix, le pouvoir essaiera en vain d'affermir l'autorité.

Dieu l'a voulu ainsi. A asseoir les sociétés humaines, il a voulu ces deux mains, le Pape et l'Empereur. D'accord, ces mains peuvent tout bien; contraires, elles sont impuissantes contre tout mal.

C'est pourquoi l'Eglise se montre toujours prête à donner son concours. Elle ne dispute pas devant ce fait de Dieu qui abat et qui élève. *Omnis potestas a Deo. Reddite Cæsari quæ sunt Cæsaris.* Elle ne conspire pas, elle ne résiste pas sur les choses extérieures; elle n'entre pas dans les œuvres de parti; elle ne refuse point le tribut, l'honneur, la prière; elle fait plus, elle demande la protection. Heureux le pouvoir qui l'écoute, qui a l'intelligence de respecter la liberté! heureux le peuple à qui ce pouvoir commande, car la liberté de l'Eglise étant la liberté de l'esprit de Dieu, contient le germe de toute prospérité; elle est la base de tout ordre, l'élément et la garantie de toute liberté.

Sans l'Empereur, le Pape n'est qu'un martyr immortel; sans le Pape, l'Empereur n'est qu'un dieu de prétoriens, une idole souvent refondue.

Et le bois qui chauffe le creuset où les prétoriens refondent l'idole, c'est le corps mutilé de l'humanité.

Depuis Adrien Ier jusqu'à saint Léon IV, malgré les troubles de l'Empire, la paix se maintient dans Rome depuis près d'un siècle. Durant cette époque, sous la tutelle du Saint-Siége, se forma la nouvelle Italie. La population augmenta, les arts fleurirent. Mais il y a dans l'humanité un esprit destructeur de l'humanité :

il lui fait haïr les voix de l'ordre, hors desquelles elle ne peut vivre, et, par des leurres absurdes, il l'attire aux abîmes.

Le savant écrivain et le profond penseur définit si parfaitement l'union nécessaire des deux puissances que je n'ai pu résister au désir de le citer aussi longuement.

Peut-on nier, en présence de ce qui se passe sous nos yeux, que la séparation des deux pouvoirs soit le chaos et la mort? Le *droit nouveau* refuse à Dieu tout honneur et toute gloire, il relègue l'Eglise dans un servilisme abject, et par là même il prive l'humanité de toute paix bienfaisante et durable.

L'esprit du mal triomphant empêche tout pouvoir légitime de s'établir. Le désordre moral a des droits césariens par toute l'Europe et l'Eglise ne doit rien entreprendre contre ses envahissements successifs. Voilà la trop exacte réalité.

Pourquoi, encore une fois, demande-t-on la *séparation de l'Eglise et de l'Etat?* Parce qu'on veut la domination de l'Etat sur l'Eglise.

L'Etat dictera ses ordres; si l'Eglise veut jouir d'une apparence de calme et de paix, elle attendra, pour imposer ses dogmes et sa foi, le bon plaisir du gouvernement.

Combien d'Eglises sont persécutées parce qu'elles n'acceptent pas les décisions de l'Etat! Combien d'évêques et de prêtres sont emprisonnés ou exilés parce qu'ils restent fidèles à l'autorité ecclésiastique, et qu'ils refusent énergiquement toute soumission exclusive à l'autorité temporelle !

Qu'on en convienne ou non, ce qu'on demande c'est l'asservissement total de l'Eglise. Elle a fait la civilisation, et on l'enchaîne. Elle a régénéré l'humanité et ennobli les sentiments, et on lui impose une nouvelle discipline... et tout cela au nom même du progrès. Que dis-je? On lui impose audacieusement les maux dont elle souffre ! Voilà bien la justice des hommes. Il y a, heureusement, la justice de Dieu !

CHAPITRE V

APERÇU GÉNÉRAL SUR LA PRESSE MODERNE

Je me suis souvent demandé si les hommes qui glorifient le XIXe siècle sont sincères; ils m'ont toujours semblé non-seulement fort pâles dans leurs éloges, mais complétement faux; et la plèbe, qui sans plus de réflexion admet et approuve leurs déclamations sonores, n'est rien moins que frappée de folie et d'aveuglement.

Quel est l'homme sérieux et parfaitement *sui compos*, qui puisse un instant, en effet, suivre dans leurs élucubrations ces flatteurs de la foule inconsciente, ces diseurs de mensonges et ces quêteurs d'applaudissements? Je le sais, moins bien venu que ces privilégiés de l'époque, que ces amis de leur siècle, on me paiera d'injures et on criera contre mes assertions. — Tant mieux! Ce sera la meilleure preuve de la sincérité et de l'à-propos de ce que j'avance.

Qui ne sait, du reste, que la vérité gêne ces messieurs en tout et partout? Qui doute que la plèbe pourrie de la presse ne soit prête à jeter de la boue à la face de l'honnête écrivain? Qui ne découvre les moyens indignes dont la littérature de bas étage use depuis un demi-siècle? Qui ne connaît les mensonges de ces porfesseurs abusant de leur position officielle et salariée tels que MM. Duruy, Michelet, Littré et compagnie? Qui ne voit sous ce vernis brillant du XIXe siècle le vide pur et simple? Mensonge dans la littérature; mensonge dans l'histoire; mensonge dans la politique; prétentions absurdes dans la science qui a déserté la voie vraie du progrès; corruption dans les mœurs; fausseté et matérialisme dans la philosophie; autorité divine rejetée; autorité paternelle méconnue; abaissement du patriotisme; égoïsme révoltant; *désordre moral* partout!

J'hésite à croire que beaucoup de nos écrivains soient doués du discernement et du jugement pratique suffisant pour peser tout le mal qu'ils font dans la société. Ont-ils réellement conscience du juste et de l'injuste? — La charité me fait un devoir d'en douter. Songent-ils à la conséquence inévitable et terrible des paradoxes qu'ils publient chaque jour?... C'est leur gagne-pain, répond la voix du siècle! Et le lecteur imbécile tombe tout simplement entre les mains d'habiles exploiteurs.

C'est peut-être traiter ces messieurs avec une indulgence aveugle, et d'un trait de plume les décharger du mal qu'ils font et des crimes qu'ils inspirent. Mais il est certain que beaucoup, même parmi ceux qui ont arrondi leur fortune et qui pourraient vivre indépendants, écrivent pour écrire, pour briller, pour être lus et admirés, sans trop se rendre compte du mal qu'ils font.

Peut-être agissent-ils ainsi parce qu'ils se disent : « Si je n'écris dans ce sens, si je n'expose telle peinture, si je ne cite tel fait grivois, on ne me lira pas. » Et puis comment comprendre et interpréter un milieu dans lequel je n'ai jamais vécu? Sur quoi m'appuyer? Comment briser avec telles habitudes ; et condamner tels désordres? » — Et ils demeurent convaincus qu'ils comptent parmi les moralistes puisqu'ils s'évertuent à faire du réalisme pur et simple... Et, s'ils étaient sincères, ils pourraient ajouter : « la vérité est » une voie ardue, étroite, difficile ; — celle du mensonge, au contraire, est large, avantageuse et nullement pénible.

Une rencontre dans un café du boulevard, une maîtresse, un duel, une grande sottise, un scandale, une succession, ou un procès... de rien qu'ils étaient hier, les a faits aujourd'hui écrivains, journalistes : et les voilà lancés ! ! ! Demain ils font partie de la société des gens de lettres. Ils sont littérateurs ! ! ! A eux le haut du pavé ; à eux appartient désormais la noble et difficile mission d'éclairer les masses ; à eux seuls la parole !....

Hélas ! hélas ! combien en est-il qui s'emparent de cette place d'honneur sans plus de souci des convenances et du mérite ! Combien en est-il, dont le nom n'est jamais arrivé aux oreilles d'un homme sérieux, qui réunissent autour de leur cercueil mille panégyristes chargés d'éloges surannés et de flatteries ampoulées!

Voulez-vous connaître le littérateur dont je parle? Questionnez-le. Sa profession de foi religieuse? Il n'en a pas; il ne croit à rien. De foi politique? Il est révolutionnaire; cela n'est pas douteux le moins du monde, car il est certain que la révolution peut frayer un chemin à bon nombre de pauvres diables qui se révoltent en vain contre leur nullité, et qui, s'il le faut, joueront un jour le franc jeu, et monteront sur les planches du club ou sur les pierres de la barricade pour pérorer et déclamer tous les lieux communs de leurs illustres aïeux de 1789.

La *presse* à bon marché, la *presse* à un sou est la plus dangereuse et la plus redoutable, parce qu'elle pénètre partout, et qu'indigne de toute analyse et de tout contrôle, elle reste la plupart du temps impunie, même sous les gouvernements à peu près honnêtes. Douter de sa puissance, serait douter des faits les plus palpables. Que l'on considère en effet l'atelier, le cabaret, la chaumière, la hutte la plus retirée. Qu'y trouve-t-on? La feuille à un sou... et ses effets, bien entendu; c'est-à-dire l'envie, la jalousie, l'irritation, le désordre, la paresse et la misère.

N'a-t-on pas lu, dans certaines feuilles ou dans certains livres incendiaires, que le créancier est un voleur, le propriétaire un tyran? Ne sait-on pas que les siècles passés n'ont connu la pauvreté que parce que les grands entretenaient l'ignorance du peuple? Ne sait-on pas que le XIXe siècle, qui est par excellence le siècle du *progrès*, le siècle des *lumières*, rejette hardiment toutes les anciennes superstitions ? N'a-t-on pas lu que les croyances de nos pères étaient des niaiseries et que les dogmes sont un résumé d'hypothèses érigées en principe par le Pape et les évêques ? Ne comprend-on pas que la morale est un vain mot qui n'a d'application qu'en théorie? Le trésor public n'est-il pas le patrimoine de tous? N'est-il pas temps que le peuple, sorti de servitude, jouisse enfin d'une *liberté* efficace? Et la toute-puissance du *progrès* n'emporte-t-elle pas à toutes voiles sur les ondes de la *liberté* la barque du plus humble et du plus oublié des citoyens?... Et pour corroborer tout cela, l'impiété la plus profonde s'affiche partout. On professe ouvertement l'athéisme et le matérialisme ; en un mot, on nie audacieusement toute intervention de la Providence dans les affaires de l'humanité. Pourtant on a conservé certaines reliques sous les noms nouveaux de *libéralisme* et de *conservatisme*. Mais pénétrons plus avant dans cette étude et voyons ce que c'est que la *liberté de la presse*, nous verrons en même temps ses effets désastreux.

CHAPITRE VI

LIBERTÉ DE LA PRESSE

Pourquoi et sous quels prétextes demande-t-on la *liberté de la presse ?*

Pourquoi ? On le devine quand on sait que les partisans acharnés de cette *liberté*, sont les ennemis de l'ordre, de la religion et de l'autorité quelle qu'elle soit.

Sous quels prétextes ? Ils prétendent que sans la *liberté de la presse* nous serions livrés à l'oppression. S'il s'agit de l'oppression gouvernementale, je crois que ce prétexte est futile, et tout écrivain sérieux le sent bien, car le gouvernement, que la liberté de la presse existe ou non, a toujours le droit intrinsèque, soit par raison de sécurité, soit par *raison d'Etat*, d'intercepter un livre ou un journal qui attaque avec violence et injustice sa politique et ses moyens.

S'il est question de l'oppression privée, la *liberté de la presse*, si utile lorsqu'il s'agit de déprécier la vertu, d'arracher la foi et la charité du cœur des peuples, est impuissante à garantir un citoyen, même lorsque cette oppression est injuste et ruineuse.

Je sais qu'un expert influencé par mon adversaire a

rédigé un dire contre moi, je sais que les juges, sans plus ample examen, entérineront ce dire. Puis-je en appeler à la presse ? a-t-elle le droit d'intervenir ?

Je sais que mon adversaire est un faussaire qui me demande ce que je ne lui dois pas ; le faux est reconnu par expert et avoués qui le constatent... mais il disparaît. L'affaire arrive au tribunal qui, quoique reconnaissant que ce dire a existé, puisque telle est la constatation des expert et avoués, et l'affirmation du faussaire lui-même, me déboute de ma plainte, clôt l'incident et me condamne aux frais... Puis-je déposer mon dossier entre les mains des journalistes et leur dire : Vengez-moi !..... Voilà toutes les pièces qui constituent cette anormalité légale. — Evidemment non !

Donc la *liberté de la presse* n'est utile ni dans le cas d'oppression privée ni dans le cas d'oppression gouvernementale ou politique.

Ici encore je commencerai par cette question : qu'est-ce donc que la *liberté ?* nous l'allons voir.

Ce qui rend redoutable cette *presse* inqualifiable, ce sont ces promesses insensées qu'elle renouvelle chaque jour à la foule :

Exemption d'impôts. Un républicain franc-maçon me déclarait sincèrement et sans l'ombre d'un doute, qu'en république il pourrait économiser cent francs par an que les autres gouvernements lui réclament ou lui font dépenser.

Exemption de toute contrainte et de toute morale. Les gouvernements jusqu'alors, en effet, ont encore poursuivi certains crimes publics que la République devra tolérer.

Exhibition des peintures les plus obscènes et des scènes les plus révoltantes. La jeunesse qui aime le danger y trouvera inévitablement la corruption et la mort.

Mais jetons un coup d'œil sur la *presse* en général.

Il est des journalistes qui minent la religion et le peu d'autorité qui reste encore au gouvernement, en défendant mollement les principes immuables qui ne sauraient souffrir d'interprétation complaisante.

Ces écrivains anodins et timides, apôtres du modérantisme, passeraient pour des maladroits, si derrière eux, on n'apercevait l'homme habile qui, prévoyant l'avenir et ses incertitudes, se réserve pour tout événement sans compromettre ses antécédents, et se prépare un subterfuge. Ils ont flatté Thiers, ils encensent Mac-Mahon, ils aduleraient Gambetta. Chaque jour, ils font un article que je regarde comme un brillant tour de force. Pour eux un chat est un chat, c'est vrai, mais cependant un vrai chat pourrait bien n'être pas un chat. M. L. J. ferait un long article sur ce point difficile et démontrerait effectivement que ce vrai chat n'en était pas un, et messieurs les conservateurs modérés centre droit, centre gauche, admettraient la démonstration et répéteraient à l'envi et tous en chœur : il est pourtant très-clair, palpable, évident qu'un vrai chat n'est pas un chat.

Il en est d'autres qui, plus hardis, attaquent audacieusement par des sarcasmes et des injures l'autorité et ses moindres décisions. Ils altèrent les faits, ils défigurent l'histoire, et sous prétexte d'éclairer le peuple, ils le trompent effrontément, et lui inspirent les idées les plus fausses et le plus profond mépris pour tout ce qui est digne de notre religieux souvenir, pour tout ce qui rappelle nos gloires nationales. Est-il une seule de ces productions littéraires qui ne rabâche dans chaque livraison, les événements de la Saint-Barthélemy et de l'Inquisition ? Ils savent pourtant fort bien, ces écrivains, que ces événements sont des crimes politiques. N'importe, ils se rappellent l'adage fameux : mentons ! mentons ! calomnions ! il en restera toujours quelque chose.

Aussi insultent-ils chaque matin l'auguste vieillard du Vatican, l'épiscopat catholique, et tout ce qui a trait à notre sainte religion. Les plus perfides insinuations, les accusations les plus odieuses s'élèvent de toutes parts contre le clergé, et tels et tels préfets du gouvernement du 4 septembre, ont, par la voix du journal de leur département, si bien éclairé leurs administrés, que ceux-ci croient encore (aujourd'hui qu'on devrait enfin ouvrir les yeux sur l'Empire, sur son apathie et sur ses fautes) que c'est nous, prêtres et ministres du Dieu de paix, qui avons déchaîné les vents de la guerre, et, ce qui est un peu bien fort, que c'est nous qui avons fourni des ressources pécuniaires à l'ennemi. Ils ne se demandent pas, vos fidèles abonnés, messieurs, comment nous avons pu pousser à la guerre deux gouvernements impies et libéraux. Non, ils ne se demanderont même pas où nous avons pris cet argent et cet or pour le jeter aux mains de notre ennemi déclaré; ils ne réfléchiront pas que le traitement total de tout le clergé français, évêques, curés et vicaires, pendant un an, n'aurait pas suffi pour quinze jours à l'intendance de M. de Molke. Non! toutes ces stupidités sont écrites et imprimées; ils doivent les croire et ils les croient. Dernièrement un cultivateur, qui pourtant ne manque pas d'intelligence, me citait certains passages d'histoire de France d'un auteur révolutionnaire, soit Anquetil, Sismondi, Michelet, ou H. Martin, et maintenait que son assertion était véridique, puisqu'il l'avait trouvée dans l'histoire de France.

Et l'on s'étonne que la génération actuelle soit l'esclave de l'impiété et la victime d'une indifférence désastreuse pour tout culte ou dogme religieux?... Mais à force de prodiguer l'admiration à tous les héros du paganisme, à force de décrier les constitutions et les usages des époques de foi, on a rempli les imaginations de dégoût, de rancune et de haine pour tout ce qui touche au catholicisme. De là, il faut bien le reconnaître, ce retour désolant aux mœurs païennes et à la dépravation. A force de ne leur représenter que le côté matériel des choses, ils sont devenus profondément matérialistes dans leur conduite. De là, cette soif d'argent, de bien-être et de plaisirs qui dévore notre société moderne.

Nous ne condamnons pas le *progrès*, on le sait bien. Nous sommes, nous aussi, fiers des conquêtes de l'esprit humain sur la nature contrainte de révéler ces secrets. Mais, hommes du *progrès*, ne nous laissons pas éblouir par le *progrès* matériel qui nous entoure et nous déborde. Ce n'est pas une garantie, hélas ! contre la décadence. Sous les empereurs romains, le peuple assurément ne songeait guère aux germes de dissolution et de ruine que des yeux clairvoyants pouvaient découvrir. En venant s'asseoir dans l'amphithéâtre sur des gradins parfumés d'ambre et de safran, entouré de ce cirque immense dans lequel allaient combattre des milliers de gladiateurs, des bêtes féroces amenées du fond de l'Afrique, des flottes entières transportées là à grands frais pour l'amusement du peuple-roi, je ne sais si le romain, repu du pain que lui fournissaient ses maîtres, ivre des spectacles qui chaque jour venaient remplir ses loisirs et calmer ses ennuis, ne s'exalta dans le délire de son bien-être et de son orgueil, jusqu'à rêver l'éternité de l'empire ; l'empire s'écroulait insensiblement et les Barbares n'étaient pas loin. Déchaînés comme un puissant ouragan qui détruit tout sur son passage, les Vandales, les Hérules et les Avares se précipitaient sur leur proie, à ce moment même où l'abus des plaisirs et des fêtes ne laissait plus aucun espoir ni aucun moyen de retarder la décrépitude et l'anéantissement d'un peuple dont la dernière heure allait sonner.

Hélas! hélas! quelle effrayante similitude! Il y a cinq ans, quelques jours avant les désastres des bords du Rhin et de la Loire, la note dominante était celle du plaisir et de la jouissance la plus effrénée; c'était la note gaie comme l'a dit un journaliste en 1873. Lisez maintenant une pensée de saint Augustin dont l'à-propos et la profondeur n'échapperont à personne: « Pour » eux, dit le saint docteur, l'Etat paraît florissant lors- » qu'on bâtit des maisons magnifiques, et qu'on laisse » tomber en ruines tout ce qui fait la beauté des âmes; » lorsqu'on élève des théâtres et qu'on sape les fon- » dements de tout bien et de toute vertu; lorsqu'on » cherche de la gloire devant les hommes par de folles » dépenses, et qu'on néglige les œuvres de miséricorde; » lorsque les comédiens et les histrions sont dans l'a- » bondance et les délices par les profusions des riches, » et que les pauvres manquent du nécessaire. » La sagacité de chacun me dispense de commentaires.

— Pourquoi Dieu a-t-il donné aux saints cette puissance d'intuition qui leur permet de voir et de juger tous les temps et tous les hommes?...

— Mais, aujourd'hui, n'est-ce point absolument identique? Les fêtes succèdent aux fêtes; nos députés en perdent la tête, à ce point qu'ils votent le 30 ce qu'ils ont repoussé et condamné le 29. On possède le monument le plus indécent qui se puisse concevoir, et on s'y rendra en foule ! Il faut des aliments aux passions toujours inassouvies et toujours plus exigeantes de la volupté. L'Empire l'avait compris, et M. Garnier a été le fidèle interprète de ses volontés.

Mais revenons à notre sujet et continuons de passer en revue les ouvriers de la *presse*.

Il en est qui crient contre les administrants sous prétexte d'éclairer et de renseigner l'Etat. Je les forcerais à préciser, car le plus souvent ce sont des rebelles et des factieux qui, sous le couvert de ces prétendues réformes, déversent le poison du doute sur l'honnêteté et la droiture de l'administration, qui, la vérité m'oblige de le dire, a trop souvent donné prise à ces accusations, depuis quinze à vingt ans surtout.

Il en est qui s'attaquent directement à la morale, et qui jettent en pâture aux masses étiolées, un roman-feuilleton offensant, insultant, ignoble... — et on le tolère !...

Ah ! messieurs qui gouvernez, si ces productions jetaient sur notre pays convalescent, les miasmes empoisonnés du choléra, vous en arrêteriez aussitôt la profusion. Eh bien ! croyez-vous que les miasmes infects qui vont partout chercher les âmes les plus saines et les cœurs les plus purs ne sont pas plus dangereux que le mal physique que je viens de nommer ? Il n'y a aucune comparaison, car on ne saurait en établir entre l'esprit et la matière. Et de plus, ce choléra moral ne s'attaque pas à la nation pour un temps, mais pour des siècles, puisque ces écrits se reproduisent à l'infini. Comment! vous voulez et vous prétendez que ces conceptions qui font l'apologie du vice, et qui médusent tout sentiment honnête, ne soient pas un affreux et puissant débilitant pour la jeunesse ? Vous ne jetez donc jamais les jeux sur ces productions infâmes, remplies d'impiétés, de blasphèmes et de turpitudes ?... Vous ne connaissez donc pas cette troupe vile d'écrivains, misérables histrions, grands comédiens, lâches flatteurs de tous les abus et de tous les désordres ? — Quels sont, je vous le demande, les souvenirs sacrés qu'ils n'ont pas soumis à la censure? que dis-je ? au ridicule ? quels sont les usages saints et pieux qu'ils n'ont pas honnis ? quels sont les hommes dignes de respect, et les sociétés de charité qu'ils n'ont pas bafoués ? Ces misérables, intervertissant odieusement les rôles, célèbrent l'impudeur, la femme tombée, le crime... !

Et ce qu'il y a de plus désespérant, c'est que ces insanités nous viennent de toutes parts, du ruisseau, de la rue, du club, du bouge, et même *de plus haut!* — du journal à un sou, des revues hebdomadaires et mensuelles, des revues de modes, des feuilletons de plusieurs journaux qui se vendent, et même des philosophes qui célèbrent à l'envi la matière. Ils semblent, ces philosophes prétendus, moins dépravés que les feuilletonistes qui calquent impertubablement, sauf quelques maîtres comme A. Dumas, et V. Hugo, les romans vieux et récents, anglais et français ; ils semblent moins dépravés, parce que leur raisonnement est froid ; et pourtant, ils sont plus coupables. Renfermés dans leur sot orgueil, ils jettent dans la société la dépravation et la mort ; et ils le font avec la préméditation la plus criminelle. En un mot, ils savent qu'une telle dose d'erreur donnée au public doit le ruiner et le tuer.

J'ai dit *de plus haut ;* je dois justifier une telle assertion en citant les noms des hommes qui, par tous les moyens, veulent le bouleversement et l'anarchie dans la société. Les voici : L. Journault député, P. Joigneaux député, P. Lefranc député, Ordinaire député, et vingt autres que je passe sous silence. A leurs côtés combattent les Poupin, les Andréï, les Morin, les Sauvestre dont il est prudent de ne citer aucun passage. Pourtant, je ne puis priver le lecteur d'une connaissance aussi importante ; il faut qu'il sache où nous en sommes, ou plutôt il faut qu'il en sache quelque chose, car, par respect pour lui-même, je me refuse à citer ce qui a trait aux mœurs. Voici donc ce qu'on dit des Jésuites, par exemple :

« Quoi de plus antipatriotique que leur conduite à » Dijon, après la victoire de Garibaldi? quoi de plus » antinational que leurs honteuses demandes d'indem- » nités, à Lyon notamment?... — Lisez la suite :

» La société de Jésus est, en ce moment, à la tête de » nombreux comptoirs dans les deux mondes. Elle » possède, seule ou comme principale associée, une flo- » tille d'éclippers qui desservent le Brésil et dont le port » d'attache est Bordeaux. Au Havre, ses intérêts sont » immenses, et les plus belles usines de fer en France » sont sa propriété. En Californie, elle a des mines d'or, » et une rue entière de San-Francisco est devenue sa » propriété...

» Le Jésuitisme, il ne faut pas se lasser de le répéter, » est un adversaire bien autrement redoutable que la » Prusse. »

Qu'en pense le lecteur ? Et vous, braves et pieux disciples de Loyola, j'en suis convaincu, vous ne vous doutiez pas de votre immense fortune ni des dangers que vous créez à la France. Grâce à la *liberté de la presse*, vous voilà richissimes.

Citons cet autre passage : *qu'est-ce que la monarchie ?*

« Une lèpre, une insanité !

» *Louis XVI ?*

» Malhonnête homme et mauvais Français... La date » du 16 octobre ne doit pas être plus pesante à la cons- » cience révolutionnaire que celle du 21 janvier.

« *Louis XVIII ?*

« Traître, hypocrite !

« *Charles X ?*

« Lâche et féroce !

. . . .

» Le véritable trait d'union entre le clergé et la no-
» blesse, ce fut toujours un sentiment commun de ser-
» vile cupidité. »

» Tous les six mois, dans le peuple républicain si
» nombreux et qui repousse si vite, voilà qu'il faut
» faire des saignées à blanc, des vides immenses, et
» que sur les places publiques, pour remplacer les an-
» ciens arbres de la liberté, le droit divin fait sceller le
» poteau des exécutions sommaires avec cette inscrip-
» tion : Au nom de Dieu et du roi, ici on fusille ! »

Est-ce assez infâme ? — Voilà *la liberté de la presse !* Voilà comme on écrit l'histoire en France en 1875. Voilà ce qu'on dit aux masses du prêtre et de la monarchie. Voilà ce qui s'appelle la propagande de la vérité opposée à la propagande du mensonge. C'est à cette œuvre que des députés prêtent leur concours et leur nom ! Et l'on s'étonne de l'effrayante situation qui nous est faite !

Dire que le clergé, que les Jésuites surtout sont colossalement riches, qu'ils sont à la tête des plus belles industries, qu'il possèdent des flottes, d'immenses propriétés... dire tout cela et dire plus n'est nullement défendu... *La liberté de la presse* est sacrée !

Dire que les rois sont les ennemis du peuple, des monstres, que si la royauté revenait on fusillerait tous les six mois le pauvre peuple, insulter les mémoires les plus augustes, mentir ouvertement, flétrir la vertu, applaudir au vice et au crime, dire tout cela et dire plus n'est nullement défendu. La bibliothèque démocratique est autorisée ! Les prêtres catholiques sont désignés à la foule crédule et cupide et aux bourreaux de la Commune.

Vous attaquez, nous dit-on, la *presse moderne*, parce que vous craignez la diffusion des lumières; vous voulez conserver, tel que vous le tenez depuis des siècles, le paysan inculte et sans savoir, c'est-à-dire affublé du manteau ridicule de la superstition.

La superstition, messieurs, nous n'en voulons pas, car plus l'homme est superstitieux, moins il est religieux. On l'a dit et rien de plus vrai. Socrate n'a-t-il pas affirmé, lui aussi, que la superstition « suit l'orgueil » et lui obéit comme à son père. »

A cette accusation ridicule, je répondrai avec l'histoire, que c'est nous prêtres, qui avons bâti des écoles et développé l'instruction dans notre pays. Au moyen âge, dit Monseigneur Dupanloup, nous étions à la tête de trente mille écoles, et aujourd'hui les frères des écoles chrétiennes et les sœurs de tout ordre, l'emportent partout sur les écoles ou pensions laïques. Personne ne saurait le mettre en doute. Du reste certains colléges de Paris et de la province ont une réputation telle que nous n'avons aucunement besoin de nous laver de cette accusation. Non, nous ne craignons pas la lumière, mais bien les ténèbres. Or, votre enseignement et vos doctrines de feuilletonistes, et vos principes de journalistes et de politiques *libéraux* ne sont que ténèbres et mensonges.

Voilà pourquoi nous les répudions ! Non, nous ne craignons pas la discussion, car nous savons que douter un instant de notre force serait injurier notre Dieu et ses sublimes et immuables enseignements. Comme saint Paul, nous avons le droit de dire : *Nous pouvons tout en celui qui nous fortifie.* Nous ne redoutons par là même aucune attaque d'aucun ennemi.

Tenez, messieurs, soyez donc sincères et avouez franchement que, redoutant l'action du sacerdoce et ses bienfaits, vous amassez contre lui la haine et la colère au moyen de la calomnie. Mais sachez-le bien, « la malice hume » (et c'est une pensée de Sénèque exprimée par Montaigne au liv. III, chap. II.) la plu-» part de son propre venin, et s'en empoisonne. Le vice » laisse comme une ulcère en la chair, une repentance » en l'âme qui toujours s'égratigne et s'ensanglante. » Vous n'échapperez pas à ce châtiment. *Per quæ peccat quis, per hæc et torquetur.* Vous serez punis, vous dit le Sage, par où vous aurez péché.

Vous nous représentez constamment comme les pires ennemis du *progrès* et de la civilisation, et comme hostiles au progrès matériel, au bien de la patrie, à sa richesse et à son développement. Quoi ! le prêtre, le sacerdoce, l'ennemi de la patrie !..... Mais je vous répondrai encore avec l'histoire, que c'est nous qui l'avons faite, qu'elle est sortie du baptistère de Clovis, qu'elle a grandi sous les auspices de Charlemagne et des évêques, et qu'elle s'est surtout développée sous un saint Louis.

N'est-ce pas le sacerdoce, avec l'Evangile de son Jésus, qui lui a donné ses lois, ses mœurs, ses usages, ses vertus, son patriotisme et tous ces nobles sentiments qui sont le propre d'un grand cœur? n'est-ce pas l'Eglise, qui au XIVe et XVe siècle a relevé vingt-trois universités? Oui, vous pouvez le dire et le proclamer devant tous : nous sommes les ennemis déclarés des hontes, des vices, des humiliations, des fautes et des ingratitudes de la patrie. Nous gémissons, en voyant (pour me servir ici d'un mot de Sénèque) que les choses qui passaient autrefois pour des vices, sont à présent les mœurs du siècle, *quæ fuerunt vitia mores sunt*. (Sénèque, ch. XXXIX.)

Oui, nous sommes les ennemis jurés des bassesses de la patrie, et c'est pourquoi, nous qui avons mission de parler, nous nous élevons contre la *liberté de la presse*. Comment! mais c'est une comédie dans une comédie, *comœdia in comœdia!* On nous dit : Enseignez et prêchez la morale... et on tolère (l'Empire les encourageait) ceux qui nous insultent et nous outragent! Nous nous élevons contre la *liberté de la presse*, lorsqu'elle attaque la religion, le gouvernement, l'ordre public et les mœurs, et on nous répond que nous entravons la marche du *progrès*.

En vérité, nous avons cependant le droit de demander contre un danger et un mal publics des garanties et des censures publiques. Comment! « un article du code

» pénal, dit M. L. Veuillot, condamne à la prison les » entremetteurs de débauche. Si cet article n'est pas » abrogé, pourquoi certaines librairies sont-elles ou» vertes, et pourquoi les libraires ne sont-ils pas devant » les juges? Où trouvera-t-on des proxénètes pires que » ces gens-là? » (p. 275, *libres-penseurs*.) Et M. le ministre ne l'ignore pas puisqu'il refusait naguères à la veuve d'un auteur, d'autoriser le dépôt d'un livre sérieux dans les gares de chemin de fer où, dit-il, s'étalent et se vendent des livres licencieux. (fin janvier 1875.)

Quæ fuerunt vitia mores. Hélas! quelle cruelle vérité! Rien de plus juste que les paroles citées de M. Veuillot, car qui a aiguisé le poignard de Louvel, sinon les écrits fanatiques dont il entretenait son esprit? Qui a déchaîné 71 sinon la *liberté de la presse*? La *presse*, qu'on le sache bien, c'est l'arme la plus mortelle pour l'ordre, pour la famille et pour la société. On ment, on calomnie, on insulte, on livre au mal et au crime toute une région, tout un peuple! On sacrifie son honneur, ses gloires nationales! Qui a fait 71? La *Lanterne*, le *Réveil*, le *Rappel*. — Qui a perverti les masses en les trompant? Les Renan, les Michelet et compagnie, professeurs nommés, titrés et payés par Sa Majesté l'empereur Napoléon III. Ah! bien coupable est ce gouvernement pourri qui a soudoyé le mensonge, qui l'a élevé en honneur et qui, sous forme de doctrine, l'a fait passer dans l'enseignement. Les abus de la *presse* étaient ainsi d'avance autorisés.... toujours, bien entendu, au nom d'un *libéralisme* sacré.

Le neveu ne pensait pas comme l'oncle sur ce point, car pendant le premier Empire, aucune édition nouvelle des ouvrages des coryphées de l'impiété moderne, ne fut permise. L'homme qui avait alors dans ses mains les destinées de la France, disait tout haut : « Je » ne me crois pas assez fort pour gouverner un peuple » qui lit Rousseau et Voltaire. Et cependant il disposait » d'un million de héros qui avaient fait trembler » la terre. » (Ventura, *Pouv. polit. chr.* 4e discours, p. 275.)

Eh bien, en septembre 1874, il est des journalistes que l'on prend au sérieux dans le *parti conservateur libéral*, qui demandent la *liberté* comme sous l'Empire. Pourquoi, ils auraient au moins le mérite de la sincérité, n'ont-ils pas le courage de demander, sans aucun détour, un gouvernement insurrectionnel, les barricades et la Commune ? MM. Rochefort, Delescluze, Millière et consorts reparaîtraient à la grande satisfaction des *frères et amis*, et donneraient un nouvel échantillon des avantages inappréciables de cette *liberté*. Utopie, messieurs les *libéraux*, utopie, idéal criminel, irréalisable que votre *liberté de la presse*. La loi subira forcément de sérieuses modifications ou notre société périra dans le cataclysme épouvantable des révolutions.

Et comment pourrait-il en être autrement? Le journalisme ne se vend-il pas aujourd'hui aux gouvernements révolutionnaires, comme une vile et grossière denrée? L'or! voilà le grand moteur! voilà le mobile de toutes les inventions, de toutes les bassesses et de toutes les trahisons. La presse est un marché. — au plus offrant!!! La plume et la conscience des journalistes se cotent sur le forum et se vendent à l'encan. Ayez beaucoup d'argent, vous aurez beaucoup de défenseurs. Il paraît que l'ex-impératrice Eugénie goûte ce loyal moyen d'arriver au pouvoir. — Lâches combattants sont ces hommes qui frappent impunément la société, et qui, répandant sur tous leur encre souillée et leur bave immonde, corrompent les cœurs et pervertissent les âmes! Société exécrable et diabolique sont ces êtres pour qui tout ce qu'il y a de plus sacré, la conscience, n'est qu'un vain mot! Hommes tombés et vils, ils n'ont, comme ceux qui les patronnent, des sentiments d'homme que pour les souiller et les prostituer ! Que ne voit-on pas depuis trois ans entre autres ? Quel abominable spectacle! Quelle honte et quelle comédie!! Aujourd'hui impérialistes, demain républicains, dans huit jours septennalistes, puis orléanistes, puis radicaux, omnicolores en un mot. Et voilà les précepteurs, hélas ! du peuple français! Honneur à vous, glorieux athlètes du devoir! honneur à vous, rédacteurs des journaux sincèrement sérieux qui n'avez jamais voulu défendre que les vrais et immortels principes, vous aurez une belle page dans l'histoire et vos rudes combats vous seront comptés un jour.

Mais on n'a jamais tout dit sur ce point. Et les romanciers? — Leur style brave l'impudicité et l'immoralité, il exhale le crime, la honte, l'infamie et la fange... et la perversité des auteurs s'efforcera toujours d'être digne du progrès et au niveau de l'époque. Eh bien! en face de ce mal immense, épouvantable, le plus grand de notre temps, de ce mal dont l'intensité fait tressaillir de crainte et d'effroi les âmes honnêtes, qui ajoute, à la consomption morale dont la société est atteinte, la certitude des crises les plus violentes, les conservateurs ne s'élèvent pas comme un seul homme pour arracher la famille à l'étreinte de ce mal!... Ils ont peur! ils font au danger toutes les concessions! Ils seront bientôt disposés à capituler; il le faudra bien! Que dis-je? les parents (et j'en connais beaucoup, hélas!) laissent couler, sous les yeux de leurs enfants, des flots d'immondes productions...; et ainsi, sans y songer peut-être, ils prêtent leur concours à ces auteurs criminels qui donnent tort à la vertu, en la condamnant ou en ne laissant passer aucune occasion d'exalter le vice.

Voulez-vous savoir ce qui a perverti l'esprit d'un grand nombre, du plus grand nombre incontestablement, ce qui a jeté le doute dans les âmes, paralysé les convictions, faussé les idées, abaissé les caractères et troublé jusque dans ses fondements l'ordre moral? — Demandez-le à la *presse*; elle vous répondra en ricanant : ce bouleversement, ce désordre, c'est mon œuvre. — Demandez-le à l'expérience, à la sagesse et à la droiture. — Elle vous dira : cet abîme où se précipite l'âme des peuples, ce sont les mauvaises lectures qui l'ont creusé. Enfin demandez-le à la mère de famille. Elle vous répondra : un feuilleton ordurier, un roman grivois a été le tombeau de l'honneur de ma fille et de la famille. Une brochure impie, un almanach obscène a transformé mon fils et en a fait un révolté et un homme dangereux.

Français, qui avez le désir et l'amour du bien, Français, qui voulez l'écrasement du mal et du mensonge et qui priez pour la résurrection et pour la prospérité de votre pays, lisez de bons livres, encouragez les bons auteurs, lisez de bons journaux, donnez-leur votre concours et l'appui de votre bourse; aidez, secondez par tous les moyens en votre pouvoir ces bons, ces fidèles défenseurs des principes. Alors vous pourrez vous compter au nombre des vaillants soldats du devoir, et des héroïques défenseurs de la foi; alors vous pourrez dire : nous sommes les fidèles interprètes de la volonté divine manifestée par les énergiques protestations du Vatican. Comme l'Eglise, nous condamnons cette doctrine perverse sortie de la Constituante de 89 et reproduite par les coryphées actuels de la *libre pensée* :

« La libre communication des pensées et des opinions » est un des droits les plus précieux de l'homme. Tout ci- » toyen peut donc parler, écrire, imprimer librement. »

Avec l'Eglise, condamnons cette doctrine scandaleuse qui donne droit de cité à tous les abus et à tous les désordres par l'intronisation criminelle de l'erreur dans les intelligences, et n'oublions jamais que si nous avons le devoir de parler pour la vérité, nous ne saurions sans faiblesse, ne pas condamner l'erreur.

Les *libéraux* nous disent : « Aucune autorité ne peut » s'imposer aux intelligences, ni interdire ou restreindre » la libre communication des pensées et des opinions. » L'Etat doit laisser faire...Un gouvernement bien cons- » titué doit assurer à tout individu la liberté d'exprimer » publiquement ses opinions par toutes les voies possi- » bles... » — comme en 68 et 69.

C'est de l'extravagance, reprend l'Eglise. Cette liberté de perdition menace les âmes et la société. Une voix s'élève dans la conscience de chaque homme, dit le P. E. Marquigny, de la compagnie de Jésus, pour témoigner qu'enseigner et répandre le faux est plus qu'un simple délit, que c'est un crime de lèse-humanité, une industrie de malfaiteur, un métier de forban.

Rappelons encore ici un mot de Pie IX : « Souvenez- » vous que la *presse*, si elle est indisciplinée, précipite » les peuples dans la corruption des mœurs et de l'es- » prit. »

Avant de terminer ce chapitre, j'ajouterai un mot touchant un autre abus. Je crois que cette réflexion a sa place naturelle ici.

Est-ce encore du *progrès*, messieurs les *libéraux*, ces productions indignes et révoltantes, qui au pastel, qui au crayon, qui à la photographie, s'étalent aux vitrines des papetiers et des spécialistes? La mère vertueuse et chrétienne, moins que cela, la mère prudente, humainement parlant, peut-elle sans trembler sortir avec ses enfants sur nos boulevards? J'en appelle à tout sentiment honnête!

Est-ce à dire qu'il faille condamner l'art? Et l'on sait très-bien que telle ne saurait être notre pensée. Nous demandons au contraire et nous réclamons de toute notre puissance le respect de l'art véritable, de l'art qui ennoblit, de l'art qui élève et transporte... tandis que ces fantoches avilissent et dégoûtent.

J'ai visité il y a dix-huit mois le musée au palais de l'Industrie, avec un brave travailleur, père de famille. Impossible de peindre sa stupéfaction; il est sorti atteré. Comment! me dit-il, il est donc permis d'exposer toutes ces ignominies?... Je ne voudrais pas pour tout l'or du monde que ma femme et mes enfants vinssent visiter un lieu aussi singulièrement immoral. Quelles peintures! grand Dieu!

Eh bien! si l'on veut suivre les progrès de l'*époque*, et visiter ces salles d'exposition, on ne peut échapper à ces lubriques exhibitions. Pourquoi, je le demande au gouvernement, s'il n'a pas le courage ou la pudeur d'expulser de telles peintures, ne leur assigne-t-il pas une salle spéciale, comme en Italie, où se rendraient les amateurs des nudités et des obscénités?... Et dire que tout cela n'est qu'anodin, paraît-il, auprès de la grotesque salle de l'Opéra.

Ces concessions déplorables faites au mal sous toutes ses formes, sont l'œuvre d'un *modérantisme* coupable qui se perd dans le *libéralisme*, tant leur principe et leur fin sont identiques. Nous présenterons sur ce point au lecteur quelques réflexions dans le chapitre suivant.

CHAPITRE VII

LE MODÉRANTISME

L'union infâme de l'hérésie et de la philosophie n'a pas seulement donné le jour à la Révolution, mais encore au *libéralisme* qui, malgré son émancipation très-légitimement reconnue, conserve pour tuteur toujours dévoué, toujours prévoyant, le *modérantisme*. Que ce dernier me permette de lui donner ici quelques charitables conseils. En le mettant en face de lui-même, peut-être pourrai-je lui communiquer une science précieuse mais difficile : la connaissance de sa propre nature.

On a dit : « Le propre du *libéralisme* est d'enlever le ca- » ractère aux princes. » Et moi j'affirme que le propre du *modérantisme* est de ne pas avoir de caractère.

Le parti en question, qu'on le sache bien, est fort nombreux aujourd'hui. Voilà pourquoi nous entrevoyons l'avenir sous le jour le plus sombre, le *modérantisme* étant la négation même du patriotisme et l'affaiblissement continu de l'autorité. Le *modérantisme*, cette fausse sagesse, cette prudence imprudente, bien qu'il diffère du *libéralisme*, est une sorte de droit réservé à l'homme contre les droits de la conscience et des peuples ; peut-être même un peu contre les droits de Dieu. C'est une composition permanente avec les événements, les circonstances et les passions. Rien n'est tranché ! rien n'est défini ! Les concessions, suivant l'opinion de MM. les *modérés*, feront disparaître les dissidences, et changeront en tendresses les ressentiments. On ne désespère pas le moins du monde de réunir les extrêmes. L'ordre et l'anarchie, la soumission et la révolte, l'esprit catholique et l'esprit libre-penseur, la foi et le scepticisme, l'égoïsme et la charité se fondront un beau jour sous les vivifiants rayons du soleil du *modérantisme.*

De même qu'en Allemagne, le *parti libéral* est celui qui flagelle sans pitié la *liberté religieuse* et s'élève despotiquement contre toute noble indépendance, contre toute initiative loyale et charitable ; de même qu'en Italie, le *parti libéral* est celui qui a opprimé et qui opprime l'Eglise et son immortel Pontife en applaudissant au triomphe sacrilége de l'usurpateur ; de même qu'en Espagne, le *parti libéral* sanctionne de son infaillible autorité le *fait accompli*, et accepte le gouvernement tantôt d'un parvenu, tantôt d'un prince révolutionnaire, de même en France, dans ce pays de généreuse initiative et de loyauté traditionnelle, le *parti modéré* s'alliant sans en convenir (aujourd'hui il en convient, son alliance avec Gambetta et compagnie l'y contraignent) au *parti libéral*, accepte, sanctionne tout ce qui se présente, et forge sans s'en douter des armes pour une nouvelle Commune. Les fleuves ne remontent jamais leur cours.

Qui n'est pas contre est pour! Quand on ne condamne pas ouvertement le mal, on le favorise au moins tacitement : et cette approbation timide des *peureux* et des *prudents*, est, j'ose le dire, l'aliment le plus actif et le plus substantiel de la révolution. On ne joue pas impunément avec l'ours et le tigre; et ces animaux féroces, domptés en apparence, déchirent, au moment où il se tient confiant au milieu d'eux, celui qui croyait les avoir dressés et soumis.

Qu'est-ce donc que le *modérantisme?* C'est ce parti qui recrute tous les ambitieux redoutables; tous les hommes à principes variables d'autant plus compromettants qu'ils se rangent le plus souvent sous la bannière des honnêtes gens; tous les hommes sans convictions intimes; tous les hommes sans énergie et sans fixité dans les idées qui blâmeront bien haut l'assassinat des prêtres catholiques (la Révolution respectera toujours les pasteurs protestants, M. de Pressensé n'a rien à craindre) et qui accepteront les déprédations italiennes; qui se révolteront à la seule pensée des incendies de nos monuments et qui reconnaîtront le gouvernement du premier aventurier dont les troupes pillent, brûlent et détruisent tout sur leur passage.

Les *modérés* sont ces hommes qui, nourris de la

lecture du *Français* et du *Moniteur universel*, tout en ayant l'air de défendre le pape et le clergé français, condamnent à l'occasion, les saintes paroles du chef de l'Eglise, et les magnifiques et patriotiques discours de nos évêques; ou au moins, les regrettent, parce que, vu les circonstances, s'ils ne sont pas incendiaires, ils pourraient devenir conpromettants. A leur point de vue, la question romaine est tellement complexe, qu'il est préférable de laisser triompher l'injustice sans même crier à l'injustice; ils réclament hautement et dans toutes ses applications le principe de *non-intervention*.

Sans doute, j'en conviens, nous ne pouvons, à l'heure présente, rien de réellement efficace. Nous n'avons pas d'armée, nous n'avons pas d'influence, et les alliances nous font nécessairement défaut. Mais il nous reste à nous Catholiques et Français, à nous fiers royalistes, quelque chose que M. de Bismark vous enlève tous les jours, à vous messieurs les *modérés*, notre liberté! Et cette liberté sainte et sacrée, à jamais inviolable, nous autorise à protester de toutes les puissances de notre âme, de toute la force de notre conscience, de toute l'énergie de nos convictions et de notre honneur. Il nous reste notre conscience, à nous royalistes fidèles, et cette conscience sincère, loyale et intrépide, nous intime l'ordre de ne pas nous prêter à cet aplatissement honteux, qui tend, paraît-il, à devenir une criminelle habitude.

Qu'est-ce encore que le *modérantisme*? C'est le parti

des *gouvernementaux*. Car les *modérés*, gens aisés et qui possèdent pour la plupart, sont généralement *gouvernementaux*. Ils espèrent ainsi conserver la sécurité, la prospérité et la liberté. Le principe de *non-intervention* leur semble de bonne politique. Le *fait accompli* doit être accepté sans hésitation aucune. Ils aiment le *statu quo*. Un changement politique, fût-ce pour passer du mal au bien, les inquiéterait ; il pourrait troubler leur intérieur paisible et leur existence toujours calme. Ils s'accommodent fort bien de l'*homme* qui arrive par un crime. Après tout, disent-ils ingénument, les affaires marchaient bien sous l'Empire !.... il y avait de l'entrain !.... et cela a duré vingt ans ! ! ! C'est quelque chose dans la vie d'un égoïste qui ne songe pas à son pays, ou qui n'y songe qu'en raison de ses intérêts à lui. Ils conviennent bien avec eux-mêmes, les honnêtes *modérés*, que la légitimité est la pierre angulaire, que la Royauté serait une excellente chose, mais ils la déclarent impossible, tout simplement ! Et en présence de cette prétendue impossibilité dont ils sont seuls cause, ils en appellent à tous les hommes de bonne volonté....., en commençant, bien entendu, par déplorer les exigences d'Henri V, les rigueurs du *Syllabus* et l'inflexible attitude du clergé. Et ils concluent fatalement en donnant leurs voix et leur concours à la Révolution, quel que soit le parti qu'ils favorisent. — « De se tenir chancelant et meftis dit » Montaigne, de tenir son affection immobile et sans

» inclination aux troubles de son pays, et en une di-
» vision publique, je ne le trouverai ni beau ni hon-
» nête. » Vous croyez suivre la voie moyenne parce que vous vous dites *modérés*, mais de fait vous n'en suivez aucune, puisque vous n'obéissez qu'aux événements. « *Ea non media, sed nulla via est, velut eventum exspec-*
» *tantium quo fortunæ consilia sua applicent.* Ce n'est
» pas prendre un chemin mitoyen, c'est n'en prendre
» aucun, comme font ceux qui attendent les événe-
» ments pour y conformer leurs résolutions. » (Tite Live, l. XXXII.) *Le modérantisme* est à la politique ce qu'est la tiédeur à la piété. C'est dire qu'il est un danger.

En dehors du droit, en effet, que peut-on trouver, si ce n'est la force et la ruse ? En dehors de la légitimité, qu'y a-t-il ? La bâtardise. En dehors de l'hérédité, quel principe ? je n'en vois pas ! Non, non, messieurs les *modérés*, il n'y a pas, il n'y aura jamais deux poids et deux mesures dans la vraie liberté. Non, non, il n'y a pas, il n'y aura jamais deux lois et deux consciences. Le mal est le mal, le bien est le bien, le droit est le droit ; et tous les *modérés* réunis ne sauraient rapprocher le vrai du faux. Ce sont des extrêmes qui ne se toucheront jamais, pas plus que la lumière ne ressemblera jamais aux ténèbres.

Aussi, disons-nous ouvertement et sans redouter la critique :

Insensés sont les *conciliateurs*, lorsqu'ils viennent nous dire : En religion, vous prêtres, vous ministres du Dieucharité, soyez de votre temps. Comme si le sacerdoce, toujours le même et toujours immuable dans la vérité, n'était pas de tous les temps ; comme si nos saints évêques pouvaient avoir une autre doctrine et un enseignement différent de la doctrine et de l'enseignement des Athanase, des Jérôme et des Augustin.

Insensés également sont les journalistes, naguères encore royalistes, aujourd'hui septennalistes et républicains, qui viennent nous dire : En politique, vous prêtres, dont la mission et le devoir sont d'effacer les dissensions, soyez de votre temps ! Appelez, si vous y tenez, la monarchie légitime, mais imposez-lui le programme de notre temps, c'est-à-dire demandez-lui des concessions : concessions pour la licence, concessions pour la presse, concessions pour le drapeau, concessions pour le *désordre moral.* Et vous voulez, et vous prétendez avec ces réserves relever une grande nation... !

Insensés sont ces politiques qui en sont réduits à créer chaque matin des mots et des plans nouveaux, et qui, sans principe aucun, osent faire appel aux hommes de bonne volonté. Mais on ne saurait se réunir sur un sable mouvant que les vagues déchaînées peuvent envahir et emporter à la première heure... Qu'est-ce pour un grand peuple qu'un septennat, je vous le demande ? Rien ! la négation évidente de la paix intérieure et l'affirmation de la lutte à outrance des partis jusqu'en 1880. Vous voulez apaiser les passions en leur donnant libre cours et en affirmant leur raison d'être. En vérité l'amour des nouveautés vous aveugle, et compromet chaque jour davantage notre malheureux pays. Nous avions pourtant assez de *pseudo-gouvernements*.

Les lignes précédentes étaient écrites avant la date doublement fatale du 24 février. La République est proclamée et une quinzième constitution depuis quatre-vingts ans est sortie du cerveau de nos députés. Grand Dieu ! quelle République ! faite de pièces et de morceaux... O France, pauvre pays ! pauvre vaisseau que les flots, les vents et le pilote poussent en sens opposés ! — *in tam diversa magister ventus et undæ trahunt*. Que penser des circonstances actuelles, lorsqu'on se rappelle cette parole de Cicéron : « les passions se précipitent elles-» mêmes dès qu'on a quitté une fois le parti de la vérité ; » et la faiblesse, toujours portée à se flatter, s'avance » imprudemment en pleine mer, sans pouvoir trouver » où s'arrêter. » Je laisse à MM. les *modérés* du centre droit et de la gauche le soin de méditer ces paroles. Ils ont quitté le parti de la vérité, ils seront bientôt en pleine mer... Où s'arrêteront-ils ?

Messieurs, la lutte est engagée entre le bien et le mal, entre Dieu et l'enfer, entre la monarchie légitime, sacrée et tous les gouvernements révolutionnaires. N'en pas convenir serait déloyal. Or, je vous le demande, y a-t-il un compromis possible entre ce qui est juste et ce qui ne l'est pas ? Deux principes essentiellement contraires peuvent-ils se rencontrer ? Ah ! les concessions et les systèmes nouveaux troublent singulièrement les intelligences. Le *modérantisme* aveugle; j'en citerai un exemple qu'il est utile de lire avec la plus grande attention, exemple que je rapporte moi-même, après les plus profondes réflexions et les plus sages approbations.

Au mois d'octobre 1874, me trouvant en société d'une dizaine de personnes dans un petit village des environs de Versailles, lorsqu'on mit sur le tapis la question brûlante des élections, je déclarai franchement que je m'abstiendrais, et qu'en présence de candidats tels que MM. Sénard et de Padoue, je regardais l'abstention comme un devoir rigoureux pour tout homme éclairé. Une réclamation passionnée, sortie de presque toutes les bouches à la fois, vint m'assaillir. Je m'y attendais, car je connaissais mes hôtes et leurs commensaux qui tous sont de bons rentiers paisibles redoutant jusqu'aux changements de lune.

— Eh quoi! vous conseillez l'abstention, monsieur l'abbé?

— Oui, messieurs, et je vais, d'une manière très-succincte, si vous le permettez, vous en donner mes raisons, raisons que vous accepterez, j'en ai l'espérance [1].

Mais avec des hommes (même modérés) qui défendent une mauvaise cause, il n'est guère possible d'arriver à exposer ses raisons, et à défendre par des conclu-

[1] Je déclare condamner en principe l'abstention.

sions fortes et basées sur les principes et sur les faits, les prémisses de sa proposition.

— Comment! en présence d'un républicain et d'un bonapartiste, vous conseillez l'abstention?... Vous voulez donc le désordre?

— Permettez, messieurs, soyons logiques... veuillez m'écouter... les deux candidats représentent la Révolution...

Une nouvelle explosion m'interrompant, je jetai ces mots à la face de mes interlocuteurs.

— Eh bien! je le déclare devant Dieu, je préfère le *radicalisme* au *bonapartisme*.

L'impression que causèrent ces quatre mots fut vive et l'on me permit enfin de m'expliquer.

— La République, dis-je, ayant le malheur de ne faire qu'un avec la Révolution, qui, en France, signifiera toujours désordre, bouleversement, anarchie, a causé un mal immense à notre beau pays, c'est incontestable, c'est historique. Mais, messieurs, je vous le demande, y a-t-il parité entre la Terreur et les vingt années du second Empire? En 93, on a emprisonné les prêtres et les nobles, c'est vrai, on les a égorgés, c'est vrai; on a pillé, souillé, renversé les églises, c'est vrai; on a poussé la folie de l'impiété jusqu'aux dernières limites, c'est encore vrai;... Mais précisément cette folie avide de sang et de carnage ne pouvait durer et n'a effectivement duré qu'un temps fort limité. Elle s'est suicidée par ses excès, et après elle, il n'est resté de son règne aucun partisan sérieux et influent. On la voyait, on la connaissait, elle faisait horreur; elle portait sur son front bas et hideux ces mots : Je suis le mal! le mal brutal, le mal grossier, le mal sans pudeur, le mal sans hypocrisie! Je me nomme la Révolution, c'est-à-dire, la haine et la guerre à tout ce qui est! Elle n'a pas eu de partisans ou fort peu et uniquement dans ces classes dépravées que ma plume se refuse à qualifier autrement.

Tandis que l'Empire, sans massacrer les prêtres, a sournoisement enchaîné l'Eglise. Il a surpris sa victime, il l'a serrée au cœur et ce n'est pas sa faute s'il ne l'a pas étouffée. Il n'a pas détruit les églises, mais ce qui est pire, il a sacrilégement détruit l'honnêteté, la pudeur et la conscience publique, ce temple sacré où se réfugie tout un peuple à l'heure du péril. Il s'est lâchement moqué des choses les plus sacrées en élevant l'hypocrisie au niveau d'une politique habile.

— Nous n'acceptons pas la comparaison dans cette circonstance, reprirent ces messieurs. C'est vrai, les deux candidats sont mauvais, mais entre deux maux, il faut choisir le moindre.

— Messieurs, je ne cherche point à imposer aux autres mes opinions, je n'ai point à vous dire plus clairement quel serait le moindre. Seulement, je crois devoir déclarer qu'entre deux maux, on n'en doit choisir aucun, même humainement parlant, eu égard aux événements actuels et aux dangers de la situation. Cet adage des *modérés* n'est ni chrétien ni philosophique. Si le sage a dit : dans le doute abstiens-toi ! à plus forte raison doit-on s'abstenir dans le mal, si léger soit-il. L'homme n'a pas le droit, dans la recherche du bien, de procéder par le mal [1].

Et, chose pitoyable, le dirai-je? pour échapper à la logique et à l'évidence, et aussi pour se récréer (ce que j'approuve hautement du reste, surtout quand la distraction vient en son temps) on a mis de côté ces grandes questions qui doivent nous unir et nous instruire, et l'on a fait silence pour écouter un délicieux comique. En vérité on a bien ri ! à quoi bon penser à Rome? à quoi bon parler de l'Orénoque? que nous importe le héros qui se bat si vaillamment sur les bords de l'Ebre pour le droit et pour la foi? Peut-on songer à la persécution dont l'Eglise est l'objet au delà du Rhin et dans la *libre* Helvétie?...

Toutes ces grandes choses, je le répète, ont été mises de côté, pour entendre un charmant comique. — MM. les *modérés* ne taxeront pas cette réunion d'imprudente, j'ose l'espérer, mais ils ne manqueront pas de m'accuser d'exagération.

Mon assertion est sévère en effet. Mais j'en appelle

---

[1] Comment concilier cette négation avec l'affirmation qui se trouve à la page 95? — Rien de plus facile. Que l'électeur vote pour un tiers digne et honorable, dût son vote être nécessairement nul.

aux hommes qui pensent, qui voient, qui entendent et qui comprennent. J'en appelle aux moralistes chrétiens et aux philosophes chrétiens. J'en appelle à la conscience de la jeunesse française et à l'expérience de l'âge mûr. Je conjure le lecteur de s'arrêter un instant en face de ces réflexions, de considérer les vingt ans de l'Empire sans passion, de méditer sur l'abaissement manifeste des âmes, et sur le *désordre moral* qui peut être le précurseur de la décadence et de la fin de la France. — Oh! alors, il sera sévère lui aussi pour ce gouvernement de la Révolution, et il regrettera de ne pouvoir, fût-ce au prix de mille vies, en combattre les effets, et en effacer jusqu'au souvenir.

Revenons au *modérantisme*.

Ses partisans sont ceux qui ont des égards pour la République (ils ont de plus chauds sentiments depuis la mi-février), des attentions pour le bonapartisme, et des affections pour l'orléanisme. Leur constitution morale politique n'est ni plus ni moins élastique. Je me trompe, car la souplesse de leur tempérament politique leur permet de s'identifier à l'occasion aux Bismarck, V. Emmanuel, Serrano, Alphonse XII, etc. Or, à notre point de vue, ces divers sentiments sont fort condamnables, car ils sont plus que la palliation des crimes des gouvernements révolutionnaires; ils en sont l'encouragement et l'approbation. Qui ne sait, en effet, que les ménagements avec de tels partis sont tout ce qu'il y a de plus dangereux et de plus regrettable?

Quels sont les hommes qui, par prudence et par respect pour notre époque de progrès et d'émancipation, ont arboré, il y a quinze mois, le drapeau tricolore, alors que la France se voyait à la veille d'une résurrection? Ce sont les *modérés* ! Eh bien ! ils le possèdent ce drapeau de leur choix et avec lui la République..., qui saura bien un jour ou l'autre leur imposer son drapeau de prédilection. Ils demandaient, ils exigaient des concessions, ces chers conseillers de tous les prétendants, et le Roi, toujours le même comme la vérité, y répondit par cette noble et loyale lettre du 27 octobre qui vous a cloués, messieurs les *modérés*, au pilori de l'opinion publique et des générations futures. Vous avez été confondus en rencontrant dans ce siècle si pauvre en hommes, un homme loyal, que vous comptiez engager sur le terrain des subtilités et des transactions. Vous ne le lui avez jamais pardonné !

Et en agissant ainsi, qu'avez-vous fait ? car vous avez l'habitude du sang-froid et vous pouvez tout voir. Vous avez multiplié les chances de la Révolution dont il ne serait certainement plus question, si Henri V était arrivé, tel qu'il doit venir, tel qu'il viendra, entendez-vous ? c'est-à-dire avec son principe tout entier. Vous n'en pouvez douter en voyant le résultat des votes de la Chambre et des élections du pays, et en présence des agissements incessants des bonapartistes qui, plus que jamais depuis l'institution de votre république, jouent, disent-ils, une partie gagnée...

Vous êtes donc, que vous le vouliez ou non, le maintien de la Révolution ; de plus, vous êtes l'ouvrier actif et intelligent de M. de Bismarck et vous favorisez ses projets. Que veut-il en effet cet inflexible ennemi du nom français ? Eloigner la monarchie légitime que vous n'acceptez pas ; gêner Charles VII que vous vous gardez bien de seconder ; détruire le catholicisme que vous ne protégez pas ; être hostile à Rome que vous dédaignez.

Voulez-vous en un mot connaître un vrai *modéré*, lecteur? Parlez-lui de Pie IX, d'Henri V, de l'épiscopat français, et de MM. Laurentie et Veuillot.

Il condamne les diatribes de Veuillot contre les *libéraux* en politique et en religion, contre les *libres-penseurs* en un mot. Il condamne Veuillot ce puissant athlète de la foi, ce vaillant défenseur de l'Eglise.

Il condamne la foi politique de Laurentie, ce modèle parfait de la fidélité.

Il condamne l'épiscopat entaché d'ultramontanisme ! l'épiscopat français qui n'a jamais été si admirable par sa science, par sa foi, par son unité et par son attitude.

Il condamne Henri V dont la loyauté et la grandeur d'âme excitent l'admiration même des ennemis les plus acharnés de la monarchie.

Le *modéré*, cet homme imprudent à force de prudence, condamne Pie IX... cette belle, cette noble et sainte figure du XIXe siècle, dont le pontificat est une suite non interrompue de merveilles.

Ah ! rien n'est plus triste, rien n'est plus désolant que de voir, sous les coups lents mais continus du *modérantisme* et du *libéralisme*, notre vieille société disparaître ainsi pièce à pièce. On assiste, on est forcé d'assister à une décomposition fatale qui n'a d'autre cause et d'autre principe que le chancre révolutionnaire, nourri du *libéralisme* et du *modérantisme*. Qui ne le voit ? qui ne redoute, qui ne pressent une catastrophe ? Les *égoïstes*, qui se croient habiles parce qu'ils ne s'occupent que d'eux seuls, se trompent grossièrement, et les *modérés* charitables qui veulent parlementer avec l'anarchie, sont tout bonnement des simples.

Les *méchants* dominent quand on semble les craindre, et ils se multiplient quand on leur fait des concessions. Les *libéraux* dominent quand on semble accréditer leurs utopies et les approuver tacitement. Les *révolutionnaires* marchent la tête haute quand les hommes qui devraient les combattre leur prouvent qu'on ne saurait être sincèrement vertueux sous peine d'être ridicule.

CHAPITRE VIII

ÉDUCATION LIBÉRALE

Autrefois on formait le cœur des enfants à la vertu en leur rappelant les exemples d'Abel, d'Isaac et de Joseph; aujourd'hui on leur cite les misérables héros de nos révolutions, des faits puisés dans l'histoire des peuples incivilisés, ou des noms d'aventuriers. Pour beaucoup d'enfants de notre époque, il est clair que le solitaire de Caprera, qui tente actuellement à Rome un dernier coup de Jarnac, n'est rien moins qu'un héros, peut-être même un phénomène. Dans cette hypothèse, ils sont plus dans le vrai, car Garibaldi, dans l'espèce civilisée, est incontestablement un phénomène.

Ce qu'ils savent est en opposition directe avec la vérité, puisque nos historiens ont été payés pour dénaturer l'histoire et fausser les faits. Ils ne trouvent rien de comparable aux héros de la Révolution, rien de supérieur au règne de l'Empire. Pourquoi? Parce qu'on leur a toujours caché avec soin la vérité sur la monarchie. Le lecteur me pardonnera une digression; je ne puis résister au désir de citer brièvement les actes du règne de Louis XIV. Il faut que chacun voie et s'écrie : Mais Napoléon, qui a été secondé par toutes les découvertes du XIXe siècle, n'a réellement rien fait pour la prospérité, pour l'agrandissement et pour l'honneur de la France !

Résumé le plus succinct possible des événements glorieux du règne de Louis XIV.

Louis XIV a réuni à la France : le Roussillon, l'Alsace, la Flandre, le Hainaut, la Franche-Comté, l'Artois, la principauté d'Orange, le Canada, la Louisiane, Saint-Domingue, et dix autres colonies.

A construit : *trente-trois* places de guerre : Lille, Maubeuge, Longwy, Sarrelouis, Thionville, Bitche, Phalsbourg, Béfort, Lichtenbert, Haguenau, Schelestadt, Huningue, Landau, etc.

A fortifié : Toulon, Marseille, Antibes, Aigues-Mortes, Cette, Port-Vendre, Agde, Collioures, Bayonne, Blaze, Rochefort, la Rochelle, le Brouage, Lorient, l'île d'Aix, Dieppe, le Tréport, Ambleteuse, Boulogne, Calais, Dunkerque, Gravelines.

A créé : les arsenaux de Toulouse et de Brest, les fonderies de canon de Douai et de Strasbourg, les manufactures d'armes de Charleville, de Maubeuge et de Klingenthal, les écoles d'artillerie de Valence, de Douai, d'Auxonne, de la Fère, de Metz, de Strasbourg et de Verdun.

A creusé : les canaux militaires de Mardick et de la

Bruche, les canaux marchands du Languedoc, de la Bourgogne, de la Somme, de Crozat et de Saint-Quentin.

A fondé : les fabriques de Lyon, de Tours, de Nîmes, des Vans, de Roubaix, de Sedan, de Louviers, d'Elbœuf, de Beauvais, de Saint-Gobain, des Gobelins, de la Savonnerie.

A établi : l'Académie Française, l'Académie des Beaux-Arts, l'Observatoire et le Jardin des Plantes.

A bâti : Versailles et le Louvre.

A réformé : les lois de procédure civile par l'ordonnance de 1667, les lois de procédure criminelle par l'ordonnance de 1670, les lois sur les obligations par l'ordonnance de 1673.

Louis XIV, on peut le dire en un mot, a fait de la France par ses lois, par ses arts, par ses lettres, par la civilité de ses mœurs, par l'élégance de sa société, le modèle de l'Europe.

Voilà les faits, voilà l'histoire que je défie d'attaquer. — Comparez ces gloires aux succès éphémères de l'Empire et à ses hontes.

Hélas! l'instruction et l'éducation sont tellement défectueuses et corruptrices que l'enfant de notre époque est imbu, dès le plus bas âge, d'un esprit d'indépendance déplorable qu'on appelle déjà très-volontiers un besoin inné de liberté. Les parents tournent en ridicule l'autorité divine, discutent l'autorité politique, vraie, légitime, palpable qui brille comme un rayon lumineux au sein de l'obscurité. Et cela, au nom, bien entendu, des *principes libéraux*, sans voir que derrière eux, dans les mêmes idées et sur la même pente, marchent leurs pauvres enfants. Et, dans leur aveuglement fatal, comme s'ils redoutaient que ces chers petits n'étouffassent sous une atmosphère qui ne soit pas l'air pur de la vérité, ils attaquent, renversent, détruisent tout ce qui peut gêner la circulation de ces précieux courants. Malheureux! imprudents! ce souffle est le mistral redouté des natures délicates.

Le bon Rollin disait : « Le moyen le plus sûr et le » plus efficace pour inspirer aux jeunes gens des senti- » ments de religion, c'est que le maître en soit lui- » même pénétré. Alors, tout parle en lui, tout est ins- » tructif, tout inspire de l'estime et du respect pour la » religion, lors même qu'il s'agit de toute autre chose, » car c'est ici l'affaire du cœur encore plus que celle de » l'esprit. Pour la vertu aussi bien que pour les scien- » ces, la voie des exemples est bien plus courte et plus » sûre que celle des préceptes. » (*Traité des études.*) Parents, méditez ces paroles profondes et ces autres qui ont d'autant plus d'autorité qu'elles viennent d'un ennemi de la religion : Diderot, en effet, met la religion au-dessus de tout, et avant toutes choses : « C'est, dit- » il, par la religion que nous devons commencer, con- » tinuer et finir, parce que nous sommes de Dieu, par

» Dieu et pour Dieu. » Tous les athées ont fait à un moment ou à un autre de leur vie de ces aveux écrasants pour leur orgueil. Encore une fois, que les hommes sérieux, que les parents méditent ces paroles, qu'ils réfléchissent sur cette vérité, et ils reformeront par la base les *principes libéraux* qui, dans l'éducation plus puissamment qu'ailleurs, perdent leurs enfants. Qu'ils apprennent de suite à connaître l'esprit de l'enfant qui se permet de les juger à l'heure où, dit M. de Bonald, il ne doit que les aimer; qu'ils évitent de les rendre sévères et tyrans, ce à quoi l'enfant se sent toujours trop porté malheureusement.

Et ici, mon ministère ainsi que ma conscience me font un devoir de le déclarer, qu'on le sache bien, la nécessité d'une réforme générale et radicale est également urgente pour les enfants des deux sexes, le mal existant incontestablement tout autant, sinon plus, dans l'éducation des filles que dans celle des garçons.

« La femme ne peut remplir sa tâche que par le goût » des occupations de son sexe. On a beau la charger de » toutes sortes de sciences et en faire un philosophe ou » un théologien, un mari n'aime point à trouver un » rival ou un docteur dans sa femme. »

Le même moraliste ajoute :

« Si l'on peut espérer une résurrection heureuse dans » la patrie, ce n'est qu'en rappelant les femmes aux » mœurs domestiques. » (Bernardin de Saint-Pierre.)

Je pourrais emprunter des témoignages beaucoup

plus puissants, et citer des hommes plus autorisés et plus compétents, des hommes qui depuis cinquante à soixante ans font de l'éducation une étude toute spéciale, tels que Monseigneur Dupanloup entre autres ; mais je passe outre.

La femme de notre triste époque laisse, hélas! beaucoup à désirer. La femme du *progrès* n'est-elle pas dans son essence purement raisonneuse et philosophe? Je me trompe, il y a mélange. Ne l'entendez-vous pas en effet parler sciences, politique et religion, comme elle parlera dans un instant chiffons, rubans et dentelles? Elle suivra scrupuleusement tels et tels cours, sauf le cours de religion. Elle paraîtra parfois à l'église de sa paroisse, ne serait-ce que pour y voir et être vue, mais elle se portera plus volontiers sous la chaire d'un libre-penseur quelconque, grand-prêtre des nouveautés, juge infaillible du passé, du présent et de l'avenir. Aussi quels déplorables résultats! Où est la vie de famille dont elle doit être l'âme ? Elle ne la connaîtra jamais! Elle n'aura jamais idée de la joie la plus vraie et la plus pure qui soit le partage de la femme ici-bas. Elle ne comprendra jamais la mission sublime qui lui est confiée et elle lèguera à la société des enfants qui ne seront jamais des hommes.

Et pourtant, quelle puissance possède la femme vraiment digne de sa noble tâche! On a dit : lorsqu'une mère a gravé sur le front de son enfant le signe de la croix, l'impiété ni les passions ne sauraient l'effacer. Il en est de même de tous les principes que la mère inculque à son enfant, et dépose avec précaution au fond le plus intime de son jeune cœur. N'est-elle pas en effet le miroir fidèle où se reflète jusqu'au moindre sourire de l'enfant? N'inscrit-elle pas chaque jour, à chaque heure du jour ses propres sentiments dans l'âme de son enfant? Je le répète, n'est-elle pas toute-puissante, à ce point qu'on peut vraiment dire que d'elle dépend le salut de la France ?

« La mère de famille, dit Aristote, est la règle de » toute sa maison. »

« *La femme forte et sage*, dit le livre des Proverbes, » *enrichit sa maison ; la femme frivole détruit celle qui* » *était debout*. (XIV. 1.)

Lorsqu'elle est pleinement dans son rôle, on peut avec raison lui attribuer ce mot de Tacite: *Inesse in femina aliquid divinum*. Il y a dans la femme quelque chose de divin ! Et quelque éloigné qu'il soit du siècle des lumières et du progrès, l'opinion de Tacite n'est point à dédaigner, mesdames. N'y a-t-il pas quelque chose de sublime et de divin dans ces paroles de la femme du grand Sobieski lui demandant pourquoi elle verse des larmes lorsqu'il va combattre l'armée des infidèles: —«Je pleure, » dit-elle, en songeant que cette enfant de dix ans » est trop jeune pour aller défendre la croix avec vous » et partager la gloire qui vous attend. »

Il est des hommes qui, en vérité, devraient éviter de traiter certaines questions par trop délicates. Le conférencier de Bruxelles aborde, sans difficulté et sans l'ombre de vergogne, la question de l'égalité politique des femmes. Il veut que les utopies s'enchaînent aux fautes et les fautes aux niaiseries.

Traitant *de la condition des femmes dans les sociétés démocratiques*, il a revendiqué pour celles-ci une part dans nos agitations passionnées et dans nos combats politiques. La fille de la rue et du ruisseau n'aurait rien qui répugne... On se rappellerait avec complaisance et satisfaction l'année 1871, et on désirerait avec une ardeur toute patriotique que l'héroïne de ces jours néfastes ait de nombreuses imitatrices.

Il faut avouer que l'ex-ministre du 4 septembre s'y entend, qu'il touche là note sensible et qu'il joue le vrai jeu. La femme jetée dans la révolution sociale serait en effet, cela ne saurait souffrir le moindre doute, l'élément le plus actif de l'avénement des nouvelles couches, objet des tendres prédilections de M. Gambetta. Le vieux démocrate, tout à la fois philodoxe et accommodant, le sent bien ; et il n'est pas sans lire au revers de son cher programme le terme dernier du progrès démocratique.

Ce bon, ce brave citoyen, orateur déclamateur et puissant phraseur surtout, politique avorté, ministre infortuné, citoyen à l'aise au sein des us et lois de son pays, nous annonce bruyamment, un peu à la manière des plaisants de carrefours que « la démocratie est un » arbre qui étendra bientôt sur le monde entier sa puis- » sante ramure à l'abri de laquelle celui-ci pourra trou- » ver l'ordre, la sécurité et la paix. » — Voilà, convenez-en, cher lecteur, une phrase digne de M. Jules Favre.

Je préférerais une autre comparaison. Celle-ci par exemple : la démocratie est un vautour au bec ensanglanté, à la puissante et large envergure, sans cesse à la piste d'une proie à déchirer. Mais M. Jules Favre est d'un autre goût plus élevé en métaphore, et je m'incline.

Que la démocratie soit un arbre puissant, que ses racines soient vigoureuses et fortes, que ses branches s'étendent au loin, c'est un fait acquis. Mais qu'à l'ombre de cet arbre gigantesque M. Jules Favre nous montre la société en possession des bienfaits inapréciables « de l'ordre, de la sécurité et du travail, » c'est par trop métaphorique. N'est-ce point plutôt, cher maître, sous les rameaux empoisonnés de cet arbre fatal, que les foules sont prises de vertige, et enflammées d'un courroux implacable contre « l'ordre » même ? Croiriez-vous par hasard que cette France, que vous avez toujours poussée à la Révolution, aurait d'autres destinées que toutes les républiques démocratiques ? Croiriez-vous qu'elle pourrait trouver « l'ordre, la sécurité et » le travail » dans l'anarchie ? Vous connaîtriez bien peu l'homme et la nature des choses, et vous laisseriez supposer que vous avez oublié votre histoire, ou que vous en faites stoïquement litière.

Vous êtes, cher conférencier, comme tout ce qui blanchit sous le harnais, plus prudent qu'autrefois. Volontiers, vous regardez à vos pieds et devant vous en vous lançant dans la carrière. Mais, que vous avez la vue courte, cher Jules, et que je redouterais de vous monter! Oui, vous êtes plus prudent, plus rassis, (les ans en sont la cause sans doute.) Aussi nous dites-vous avec cette ampleur d'expression qui caractérise votre inimitable talent: « La démocratie ne prendra possession » du monde qu'à la condition qu'elle sera modérée et » sage, qu'elle s'abstienne de tout arbitraire et de toute » violence. »

Cher ami, vous êtes bon, vraiment bon, point outrécuidé du tout, comme dirait Montaigne, et pourtant je sens que mon cœur n'est point à la hauteur de la générosité des sentiments qui vous distinguent, et que le regard de mon intelligence ne saurait embrasser les vastes horizons qui sont les bornes naturelles de votre esprit. Je ne puis vous bien comprendre. J'aurais besoin de votre lorgnon pour apercevoir les petits saints que vous rangez autour de l'arbre prodigieux dont vous parlez. Hélas! je ne puis voir, jusqu'à présent, que les démons et les furies de 93 et 71. Tel père, tel fils, M. Jules Favre; aussi ne saurais-je me décider à attendre un charmant épagneul des hyènes de la Commune. Comme vous êtes serein et candide, et comme vous me paraissez heureux! Vraiment, s'il n'en coûtait si cher à « l'ordre, à la sécurité et au travail, » je serais curieux de vous voir, et de vous admirer..... à la direction de cette ménagerie.

Savez-vous, monsieur Jules Favre, que, pour un savant, vous traitez singulièrement l'histoire et que vous auriez de la peine à prouver, même de la manière la plus superficielle, pour rester dans vos habitudes, que la démocratie ait jamais rien fait pour l'amélioration du sort des femmes? Dans ce travail, la philosophie a été elle-même impuissante. Auriez-vous oublié l'influence directe, immédiate de l'Eglise sur la civilisation? Auriez-vous oublié que la transformation de la femme date du christianisme et qu'elle doit sa progression morale à l'esprit évangélique? Cela, vous le savez, n'est pas discutable. Auriez-vous oublié le rôle de la femme armée de la croix? Vous connaissez Nanterre et vous aurez sans doute entendu parler de l'humble Geneviève.... Vous connaissez la libératrice d'Assise, sainte Claire, peut-être aussi Jeanne d'Arc... Et puis il vous est probablement arrivé de rencontrer et de voir à l'œuvre quelques filles de saint Vincent de Paul, quelques sœurs de charité... qu'en pensez-vous, ami? — Ces angéliques créatures sont l'œuvre du christianisme. Vous, démocrates, vous avez créé les pétroleuses.

Vous parlez de la mère, monsieur Jules Favre, à la manière du prédicateur du saint Evangile. Vous êtes onctueux et vous laissez voir qu'il y a encore quelques beaux et bons sentiments dans votre cœur submergé par les passions politiques. Mais, de bonne foi, digne moraliste, croyez-vous donc que la dernière de nos paysannes n'est pas aussi apte que le premier *philosophe-femme* à élever un enfant ? Vous accepteriez peut-être la comparaison, mais moi je la rejette et vous affirme que celle-ci est incapable de donner à la patrie un aussi bon citoyen que celle-là. Ah ! vous croyez la femme ignorante par nature ? Le cœur maternel n'est jamais ignorant, monsieur Jules Favre, et laissez-moi vous dire que cette brave femme dont vous plaignez le sort et l'obscurité, et dont vous déplorez l'ignorance, est plus profond philosophe que vous, qu'elle en sait plus que vous, et que son instinct de mère lui fait abhorrer vos doctrines dont elle écartera ses enfants autant qu'elle le pourra... au moins jusqu'à l'heure où l'*émeute* vous portera triomphant au département de l'instruction publique. Pauvre monsieur Jules Favre, comme vous me faites penser à ce mot de Térence : *nœ iste magno conatu magnas nugas dixeris*. Vous vous êtes donné bien du mouvement pour ne dire que de grosses sottises.

Mères chrétiennes et françaises qui lisez ces lignes, ouvrez les yeux en face du péril ; il est imminent. Les novateurs veulent changer votre rôle ? Redoublez de vigilance, mettez-vous à l'œuvre, sinon pour vous, du moins pour votre patrie en détresse, pour vos enfants en danger, et pour votre âme inquiète. Vous pouvez rendre un service immense à la société en apprenant à vos enfants à devenir, comme dit un honnête moraliste, « des beautés d'une expression touchante. » Apprenez-leur à être intérieurement bonnes, douces, compatissantes, sensibles, bienfaisantes et pieuses. — Ce penseur dit encore : « Pourquoi y a-t-il parmi nous si » peu de mariages heureux? C'est que les femmes pren- » nent chez nous les mœurs des hommes, et les hommes » les mœurs des femmes, par leurs habitudes. Ce sont » les maîtres, les sciences, les coutumes, les occupa- » tions des hommes qui ont ôté aux femmes les grâces » et les talents de leur sexe. Il y a un moyen sûr de » ramener les uns et les autres à la nature, c'est de leur » inspirer de la religion. Je n'entends pas par religion » le goût de la théologie, mais la religion du cœur, » pure, simple, sans faste, telle qu'elle est si bien en- » seignée dans l'Evangile. » (Bernardin de Saint-Pierre.)

Oui, on a confondu les occupations des deux sexes, et je n'en veux pour preuve que le programme des examens des jeunes personnes que je trouve dans le *Manuel préparatoire* d'un ex-maître de pension. Il y est question un peu de tout ; j'étais sur le point de dire que tout y est traité, ou plutôt maltraité. Il est des sciences que je range et que j'aime à constater dans la dot d'une femme comme il faut, mais il en est aussi que je ne puis y rencontrer sans un sentiment de peine profonde. J'énumérerai les différents titres de ce programme souverainement ridicule, d'où le lecteur éliminera toutes les prétentieuses inutilités. — Je passe, bien entendu, sous silence les parties inhérentes à l'instruction élémentaire et j'arrive, après la grammaire et l'arithmétique, à la COSMOGRAPHIE! à la PHYSIQUE! à la CHIMIE!!! puis, enfin à l'utile et à l'agréable, c'est-à-dire à la littérature, à la zoologie, à la botanique, à la minéralogie, au dessin et à la musique.

Ne les chargez pas de ce bagage embarrassant, et si vous voulez qu'elles soient heureuses donnez-leur une éducation vertueuse. « On efface difficilement, dit » saint Jérôme, lle premières impressions que reçoit » une jeune âme. Rarement on rend à la laine teinte » sa couleur naturelle, et une urne garde toujours » l'odeur de la première liqueur dont elle a été im- » bibée. »

Saint Paul assure qu'une femme fait servir ses enfants à son propre salut, si elle fait en sorte qu'ils demeurent dans la foi, la charité et l'innocence.

Mères vertueuses qui lisez ces lignes, agissez de telle sorte que votre enfant puisse dire : *Je suis une muraille, ma vertu est une tour, j'ai lavé mes pieds, je ne puis me résoudre à les salir.*

« Il faut bien peu de chose, dit saint Jérôme, pour » ternir la beauté d'une fleur ; un vent impur a bien » vite fané les lis, les violettes et les roses. »

» Comme l'eau suit sans peine, dit encore saint » Jérôme, le sillon qu'on lui trace avec le doigt sur le

» sable, de même un enfant encore tendre et délicat » prend tel pli qu'on lui donne et se laisse conduire » sans résistance. »

« Quand on tolère le vice, a dit un poëte, et qu'on » le laisse croître, il est bien difficile de lui donner un » frein. »

En présence du double abus de la science inutile et des toilettes extravagantes dont les mères affublent l'esprit et le corps de leurs enfants, je ne puis résister au désir de citer un mot de Montaigne : « Si les bien » nées me croient, dit-il, elles se contenteront de faire » valoir leurs propres et naturelles richesses. Elles » cachent et couvrent leurs beautés sous des beautés » étrangères. C'est grande simplesse d'étouffer la » clarté pour luire d'une lumière empruntée. Elles sont » enterrées, et ensevelies sous l'art. *De capsula totæ* ! fard » et cassolette depuis la tête jusqu'aux pieds. » Voilà un tableau qui ne laisse rien à dire, rien à ajouter.

Votre tâche, mesdames, ne présente pas des difficultés insurmontables dans l'éducation de votre fille. Vous pouvez en régler toutes les conditions, en suivre tous les mouvements, et vous arrêter quand vous le voudrez.

Il n'en est pas de même malheureusement, je l'avoue, de l'éducation de votre fils, qui humera partout, jusque sous le toit paternel, avec l'air qu'il respire, l'esprit d'indépendance, et peut-être le mépris de l'autorité. Pourtant, si vous le commencez bien, si vous vous rappelez les ingénieuses comparaisons de l'Ecriture sainte et de saint Jérôme, si vous le confiez à des maîtres impartiaux, éclairés et vertueux, si vous le suivez avec l'œil de la sollicitude vraiment maternelle, vous réussirez à former un de ces hommes, trop rares de nos jours, capable de rendre des services importants à son pays. Votre orgueil maternel me dispense de vous montrer dans votre enfant un Richelieu, un Bayard, un Duguesclin ou un Leibnitz, mais que peut-on savoir? A l'heure de ces lamentables événements dont le souvenir est encore trop rapproché, et aujourd'hui même, pourquoi pas un homme?... Ecoutez ce que Frédéric le Grand écrivait à d'Alembert.

« Vous vous ressentirez avec le temps en France de » l'expulsion des Jésuites, et l'éducation de la jeu- » nesse en souffrira. Cela vous vient d'autant moins » à propos que votre littérature est sur son déclin, » et que de cent ouvrages qui paraissent, c'est beau- » coup d'en trouver un passable. » (O. Ph. de d'Al. » t. XVIII.)

Et Chateaubriand : « L'Europe savante, dit-il, a fait une » perte irréparable dans les Jésuites; l'éducation ne » s'est jamais bien relevée depuis leur chute. » (t. IV. 300.) Et dans ses *Mélanges* : « Les Jésuites se soutien- » nent et se perfectionnent jusqu'au dernier moment; » la destruction de cet ordre a fait un mal irréparable

» à l'éducation et aux *lettres* : on en convient aujour-
» d'hui. »

Le bon Michelet, dont le testament *prodigieux* a prodigieusement enchanté les libres-penseurs, vilipendait les Jésuites à ce point qu'un critique disait dernièrement : « s'il n'eût été une personnalité, c'était à » examiner si son état moral était très-sain. » Et pourtant ces idées que tant d'autres ont émises, ou plutôt ces absurdités ont pris racine dans l'opinion ; et à l'heure où j'écris, à cette heure où le flambeau des lumières et du progrès éclaire tous les esprits, le peuple est persuadé que le Jésuite est pour le moins de la famille des rongeurs à laquelle il est si difficile de se soustraire. Des erreurs de la nature de celles que Michelet, Renan, Raspail et compagnie ont commises, se propagent vite, surtout quand on ne sait pas au juste, ce dont il s'agit. *Ordre terrible ! congrégation redoutable !* Et pour peu qu'avec ces idées, on jette les yeux sur l'affreux roman d'Eugène Sue, ce livre exécrable, cette intrigue diabolique, cette fable poignante d'intérêt pour les masses avides de scandales, on est à jamais convaincu du danger dont les Jésuites menacent la société. A ce livre qui certes n'a pas son pareil pour être propre à fausser les intelligences et à dépraver les cœurs, que peut répondre la foule ignorante ? C'est écrit, donc cela est ! Pour les personnes sérieuses, pour les classes instruites, rien ne prouve mieux la sainteté de l'institution d'Ignace de Loyola que les attaques incessantes des plus vils écrivains.

Qu'on ouvre le *Concile de Trente*, et si l'on s'effraie de ce titre qu'on prenne *Roberston*, fort peu suspect assurément puisqu'il est protestant, on pourra y lire : « sur « vingt mille qui furent expulsés, il n'y en eût pas trois « que l'on pût accuser. »

Quoi qu'il en soit, et quelque forte que soit la vérité, félicitez-vous, messieurs les libres-penseurs, votre œuvre est en bonne voie ; vous allez être les précepteurs de la jeunesse européenne, et dès maintenant vous êtes les bienvenus, parce que vous êtes calomniateurs, anticatholiques et immoraux. Pour les générations du *progrès*, modeste Michelet, prodigieux Renan, habile Duruy, vous valez mieux, mille fois mieux que les Ignace, les François, les Ravignan et les Lacordaire. Que les familles vous confient donc leurs enfants, que la jeunesse se groupe autour de vos chaires, que vos doctrines fortifient les intelligences, que tous grandissent à l'ombre de vos principes, que ces principes forment un nouveau code pour un nouveau peuple..... Seulement, dois-je vous donner ce conseil? pressez-vous ! Le siècle du *progrès* qui est le vôtre, qui est votre propriété, je dirai votre spécialité, touche à sa fin, et les Jésuites que vous voyez partout, en tout et toujours, pourraient reparaître et surgir de toutes parts. C'est, je le crois, je l'espère, le châtiment que le ciel vous réserve.

Et à quoi et à qui donc faut-il s'en prendre ? quel est le vrai coupable? le grand moteur du crime ? nous l'avons déjà nommé, signalé et condamné, c'est la *liberté de la presse*. Tout est là ! là est le foyer, là est le cœur, là est la force, là est le mal. — Et qui pourrait le nier, et qui pourrait me reprocher de revenir sans cesse sur ce sujet, lorsqu'on lit dans une foule de journaux et de brochures que la source de tous nos maux, c'est l'instruction catholique? — Et l'on s'étonne des efforts que l'on fait pour laïciser l'enseignement ! En vérité, dès lors que les journaux sont autorisés à parler de la sorte et à vomir l'infamie, le mensonge et la calomnie, je ne comprends pas comment un prêtre ose encore circuler, je ne comprends pas comment nos écoles congréganistes ne sont pas envahies par la populace, ou fermées par l'ordre du gouvernement.

Ainsi, c'est le prêtre qui fait le mal ; c'est le prêtre qui pervertit la jeunesse ; c'est le prêtre qui falsifie l'histoire ; c'est le prêtre qui éteint en nous tout sentiment patriotique... Eh bien, qu'on le sache pertinemment : aujourd'hui le mal n'a plus devant lui que le prêtre... prêt au martyre comme à l'apostolat. Restez, messieurs, indifférents au progrès du mal ! Renfermez-vous dans votre sceptique et coupable égoïsme, nous prêtres, nous nous dévouerons pour la patrie, pour la jeunesse, et pour la société tout entière. — Oui, nous nous dévouerons, et, s'il le faut, jusqu'à la mort.

Oui, la racine du mal moral et du désordre qui nous

ronge et nous pulvérise est dans la *liberté de la presse.* Elle est, je ne crains nullement de l'affirmer, le plus actif dissolvant d'une société constituée. Les rouages les mieux trempés ne pourraient longtemps se mouvoir à l'encontre, surtout dans un pays au naturel vif, impétueux, inconséquent. Qu'il soit permis de discuter *religion*, *sciences*, *politique*, *philosophie*, je le conçois ; mais que l'on puisse écrire pour mentir à l'histoire, pour insulter la vertu, pour glorifier et exalter le vice, pour corrompre les cœurs et fausser les intelligences, je ne le comprends pas, je ne le comprendrai jamais ; et j'ose défier n'importe quel gouvernement de résister à l'action destructive d'une semblable presse, que j'attaquerai constamment parce qu'elle est le rempart formidable, l'arme redoutable de l'ennemi.

Dans certaines discussions, on m'a objecté l'Angleterre où florissent, paraît-il, toutes les libertés, et on ne manquera pas de renouveler l'objection ; c'est pourquoi je la résous immédiatement. Je pourrais dire à mon interlocuteur qu'il n'est pas heureux dans sa comparaison, qu'il n'y a pas plus de parité entre la France et l'Angleterre qu'entre la Prusse et l'Espagne, ou tout simplement que l'Anglais est l'Anglais et pas autre chose. Je pourrais arguer l'histoire à la main, mais je veux citer un fait qui en dira plus en faveur de ma thèse que tous les raisonnements.

L'hôtel de l'*Univers*, à Tours, est celui que préfèrent les nombreuses familles anglaises qui visitent le *Jardin de la France*; c'est aussi celui que choisissent généralement les jeunes lords venus, d'outre-Manche, en Touraine, pour apprendre la langue française dont la virginité est confiée à cette contrée bénie.

Vers la fin d'octobre 1873, (c'était un vendredi) je descendis à l'hôtel de l'*Univers* qui, soit dit en passant, peut être comparé aux premiers hôtels de Paris, et partageai la table d'hôte avec quelques compatriotes et dix-huit ou vingt Anglais. J'avais en face une Anglaise entre deux âges, que les talents d'un dentiste quelconque avaient pourtant rajeunie de dix ans. Le bifteck peut-être trop saignant est seul coupable de cette indiscrétion qu'on me pardonnera, quand on saura que ma remarque était toute charitable, puisque j'avais le bonheur de ne rencontrer aucune résistance dans les œufs et le poisson qu'on m'avait servis. Je plaignais sincèrement la pauvre esclave d'Henri VIII.

A ma gauche était une Anglaise dont je vis à peine le profil, et à ma droite un Anglais d'environ vingt ans. Je ne savais que médiocrement gré au maître d'hôtel de m'avoir, en me donnant une place d'honneur il est vrai, perdu ainsi au milieu des Anglais et des dindes truffées dont le fumet, je l'avoue, me pénétrait, et me donnait force distractions. Cependant, comme je n'étais pas tenu au silence du séminaire, j'adressai la parole à mon jeune voisin qui (à la manière anglaise, bien entendu) parût enchanté. « Ah ! me dit-il, je être taojours

» content de parler avec vô, car je parlai jamais ici. » Tout naturellement, fort surpris de cette réponse, je lui en demandai le motif. « Nous habitons les mêmes con-» trées, j'entends souvent parler de mon pays et de per-» sonnes que je connais, mais je vôlai jamais parler. » » — Pourquoi cela? lui demandai-je encore. « Parce » que je vôlai apprendre parfaitement le *français*, et pour » cela je ne parle plus jamais le *anglais*. » J'avoue qu'en présence de cette volonté énergique, je demeurai dans l'admiration la plus sincère. Ah! me dis-je à moi-même, si l'un de nos *gommeux* se trouvait en Angleterre dans des circonstances analogues, comme il préférerait le rôle de commis-voyageur, dût-il en perdre son anglais!

On ne cesse de nous représenter l'Angleterre comme le centre et la protectrice de toutes les libertés. C'est une impertinence! L'Irlande catholique en sait quelque chose, elle que le protestantisme anglais a dépouillée de ses églises et de ses biens...

Ubi spiritus Domini, ibi libertas!

Oui, la vraie liberté n'existe que là où règne l'esprit de Jésus-Christ. Il y a parfois l'apparence, mais jamais la réalité de la liberté en dehors de la religion.

Et MM. les Républicains, qui veulent modeler la vieille France sur la jeune Amérique, ne manquent pas de nous dire : c'est la terre fertile par excellence des libertés ! Quelle imposture !!! Ne sait-on pas ce qui se passe au delà de l'Océan ? Ne sait-on pas que le gouvernement républicain intervient à chaque instant dans les croyances et les devoirs religieux ? Et quand cela ne serait pas, pourquoi nos ennemis, qui prônent constamment le gouvernement américain et qui s'efforcent d'en introduire les principes en France, ne sont-ils pas au moins logiques ? Nous avons eu des preuves récentes de leur partialité et de leur éclectisme dans la loi sur la liberté de l'instruction supérieure.

CHAPITRE IX

PUISSANCE DES IDÉES FAUSSES ET DES MOTS NOUVEAUX

Le mouvement et la progression des *idées fausses* est un flot capable de renverser les plus puissantes digues. Hélas ! qui ne le voit ? Où sont les derniers remparts de l'autorité ? Emportés par le courant impétueux des passions les plus brutales, ils ont presque disparu dans l'abîme des révolutions et leur souvenir ne laisse bientôt plus que quelque chose de vague dans l'esprit et dans la mémoire. L'ordre a rencontré son ennemi déclaré dans l'école révolutionnaire armée de la presse, et mue par le puissant et infernal désir de renverser ce qui est pour réédifier à sa façon.

Et qu'on le sache bien, cette école du révolutionarisme n'est pas un mythe ; ce n'est pas une abstraction ni même une simple association. Bien éloignés de la réalité seraient ceux qui croiraient que ce n'est rien autre chose que l'idée à l'état de conception. C'est un corps puissant, un arbre gigantesque qui étend ses ramifications d'un pôle à l'autre et qui, de ses fruits empoisonnés, nourrit les masses toujours disposées à figurer sous le nom tentateur de *nouvelles couches sociales*. Déjà elles croient voguer sur les flots du fleuve magique qu'elles appellent liberté! Hélas! elles sont simplement portées sur les eaux empoisonnées du Styx qui les conduit à la honte et au désespoir.

Oui, ce corps est puissant; car ces écrits périodiques, ces journaux, cette presse sous toutes les formes, ces orateurs d'estaminet et de balcon, cette science impie et orgueilleuse ont tour à tour et tout à la fois troublé la saine raison du peuple. Combien de cerveaux malades, d'avenirs perdus, de fruits secs, d'hommes dangereux, résultats inévitables de semblables productions! On ajoute foi à ces utopies, on se fie à de telles promesses, et bientôt non-seulement on ne se contente pas du rôle de spectateur, mais on veut et on obtient celui d'acteur. L'*idée* révolutionnaire triomphe. Le suffrage universel, ce danger imminent, ce principe antisocial tel qu'on le préconise, a fait éclore toutes les ambitions. On veut être quelque chose!..... maire, conseiller général, député, sinon ministre. Et si par hasard on échoue à la députation, on songera à une préfecture, provisoirement, en attendant mieux, bien entendu. Grâce aux révolutions fréquentes, toutes ces prétentions sont possibles. Puis, peu à peu, on pénétrera plus avant dans la lice; on oubliera son passé, sa médiocrité, ses affections et même ses plaisirs pour arriver à se mettre en possession du pouvoir tout entier... — Pourquoi pas? — ou au moins d'une portion de ce pouvoir.

Il est incontestable que les *idées fausses* sont en grand

honneur et qu'elles jouissent à notre époque du plus favorable accueil. Pourquoi cette inconséquence? Parce qu'elles sont le mensonge pur et simple, et aussi, il faut l'avouer, parce qu'elles ont l'avantage d'être présentées sous des dehors captieux et sous quelque titre sonore et grandiose, comme LIBERTÉ! EGALITÉ! FRATERNITÉ! PHILANTHROPIE! ATHÉISME! MATÉRIALISME! SOCIALISME! COMMUNISME! CONSERVATISME! LIBÉRALISME! Et bien d'autres *ismes* auxquels le peuple ne comprend rien du tout. Elles se présentent encore aux masses sous les mots clinquants et vides de : *avénement des nouvelles couches sociales*; *souveraineté du peuple*; *indépendance; esprit moderne; progrès; civilisation; siècle des lumières*, etc., etc..., autant de gluaux où le pauvre peuple doit laisser au moins ses ailes.

Et pour qu'il s'y prenne mieux et plus infailliblement, les libres-penseurs et les radicaux lui font entendre d'autre part, en y mettant le ton, bien entendu, ces mots redoutables: JÉSUITISME! ULTRAMONTANISME! PARTI PRÊTRE! FANATISME! SUPERSTITIONS! PRÉJUGÉS! INTOLÉRANCE! etc., etc., sans oublier la *dîme*, la *corvée* et le *despotisme aristocratique et royal*. — Expressions peu faites pour s'unir, selon moi.

L'ancien vocabulaire, on le voit, peut paraître plus que suranné. Or je suis loin de l'exacte vérité en passant sous silence les grands mots de *philosophes*, de *libres-penseurs*, de *solidaires*, de *conservateurs libéraux*, de *libéraux conservateurs*, etc., etc.

Et, comme il est facile de le remarquer, l'hérésie sociale fait usage d'expressions presque toutes dignes de la plus sainte des religions. *Liberté !* — quoi de plus beau ! quoi de plus énivrant ! quoi de plus digne des efforts humains ! *égalité! fraternité !* — n'est-ce pas tout simplement l'avénement et le règne fécond de la justice distributive ? Plus de luttes, plus de craintes, plus de divisions, plus de haines !!! Partout la sympathie, le dévouement, le désintéressement, la charité...

Il faut ajouter que dans la longue nomenclature de toutes ces nouveautés nous avons vu passer certaines expressions peu rassurantes et moins qu'orthodoxes. N'importe ! elles atteignent leur but et grisent les masses quelles qu'elles soient. L'*esprit moderne* sanctionne toutes ces stupidités, et le *progrès* et la *civilisation* sont les justes effets de ces principes nouveaux. Le peuple-roi essaiera un jour ou l'autre de sa souveraineté et de ces bruyantes utopies. L'*idée* l'emportera vers un nouveau monde qui sera le vieux monde de la révolution. Que de ravages l'*idée* n'a-t-elle pas déjà faits parmi nous ! que de ravages ne fera-t-elle pas ? Car ne nous le dissimulons pas, l'*idée républicaine*, par exemple, c'est l'idole, l'idole objet des adorations de la foule, idole sanguinaire ! 89 en la gorgeant de victimes et en l'abreuvant de sang n'a pu assouvir ses âpres besoins. Les Girondins et les Montagnards qui tous, à des dégres divers, avaient l'*idée* en vénération, ont versé leur sang sur les dalles de son sanctuaire, et après eux, de secrets et timides adorateurs n'ont pas cessé de lui rendre un culte généreux en attendant les victimes de 48, et les fanatiques de 1871. On lui a jeté des fleurs, on lui a offert l'encens de la débauche, et la foule prise de vertige s'est mise à l'œuvre et a essayé d'élever un temple et un autel à cette déesse de l'esprit philosophique et du progrès moderne. Elle a goûté du sang de tous.

Les révolutions se détruisent et croulent ; les gouvernements disparaissent et s'anéantissent... mais la *révolution-idée* demeure, et les badauds lui font la révérence en attendant le moment heureux où il leur sera donné de la servir. L'*idée*, bien entendu, a eu des hauts et des bas ; règle générale elle en a peu souffert. Conçue dans la fange, élevée dans le sang, d'un tempérament robuste, elle peut résister aux temps et aux événements. Elle est là, toujours jeune et ardente et toujours disposée à se rendre aux banquets comme à accompagner à leur dernière demeure ses fidèles et ses grands-prêtres. Ses larmes de crocodile sont affaire de commande et ses consolations aussi. De mauvaises langues, que je prends pour semeurs de calomnies, prétendent qu'elle sourit volontiers à ces catastrophes. Elle a besoin d'air et de mouvement ; elle aime les démonstrations de l'impiété. Pour elle ce sont de bonnes aubaines toujours, la cause d'un triomphe et d'un scandale souvent, et aussi l'occasion d'un rajeunissement.

Pendant longtemps les simples ont cru qu'elle se

mourait. Erreur ! Elle sommeillait le jour et travaillait la nuit, son culte était suivi, et ses ministres vivaient dans l'espérance et la jubilation.

Les naïfs l'ont reconnue, mais sous de nouveaux traits. Elle avait brûlé la guillotine, elle avait horreur de carnage et de sang, elle semblait pure, on l'aurait crue vierge, si elle n'eût traîné à sa suite une nombreuse progéniture dont le *libéralisme* ne pouvait décliner la paternité.

En résumé, qu'est-ce que l'*idée* révolutionnaire? Une utopie ! un crime ! Qu'a-t-elle fait? Le mal, le mal, le mal ! N'importe ! c'est sur la montagne où s'élève le temple de l'*idée* que le peuple au jour du mécontentement se retirera de nouveau. Aurons-nous l'apologue d'un Ménénius ou les canons d'un César?...

CHAPITRE X

ÉDUCATION DU FILS

Je demande d'avance pardon au lecteur des détails dans lesquels m'entraîne ce sujet. Ces détails, pour quelques-uns, sont des exagérations, et des inutilités pour beaucoup : ils doivent être des réalités et des enseignements.

Je me refuserais à garantir que nous n'ayons pas aujourd'hui en France, cinquante familles sur cent, dans lesquelles on ne conçoive, pour le fils, dès qu'il a ses cinq ans et qu'il commence à raisonner *d'une façon prodigieuse*, le hardi projet d'en faire à tout prix un savant dont les discours devront un jour peser sur les décisions de l'Assemblée nationale, et obtenir les suffrages et l'admiration universels. Au train dont marchent les choses, à la manière dont les événements se précipitent, il arrivera, se dit-on, cela est certain, il arrivera. Militaire ? c'est très-beau à la vérité, mais une balle mal dirigée pourrait l'atteindre. Or il est notre unique héritier ! Et puis, aujourd'hui, il n'est plus guère question d'armes; on en parle à peine ; la perfectibilité indéfinie des engins de guerre a rendu les beaux dévouements rares, et les actions d'éclat difficiles. En outre, ces chers parents qui ne croient plus à rien, s'avouent qu'ils ne sauraient lui inculquer ces beaux sentiments de patriotisme et de gloire militaire qu'ils n'ont pas et qu'ils n'ont jamais compris. Il ne sera donc pas militaire! Du reste, à quoi bon la guerre? Ne viendra-t-il pas un temps où la sainte République universelle et sociale gouvernera pacifiquement toutes choses?

Il sera avocat! Ne sommes-nous pas à l'époque de l'élocution facile? Les discours ne pleuvent-ils pas à toute occasion? Il sera *homme de lettres.* (*littérateur* est usé.) Les écrits ne sont-ils pas une nécessité du moment? Il sera homme de plume. Hélas! oui, pauvres sots, il sera homme de plume : c'est-à-dire, homme léger, inconséquent, nuisible probablement, dangereux peut-être.

Je suis entièrement de l'avis de Montaigne qui dit : « Je ne vis jamais père, pour bossu ou teigneux que » fût son fils, qui laissât de l'advouer. » Remercions-en la divine Providence, et constatons les exagérations déplorables où tombent plus que jamais les pères et mères.

Aujourd'hui les parents voient dans leurs enfants des êtres infiniment supérieurs, des prodiges d'intelligence! Il est étonnant mon fils (notre héros a six ans), dit une brave commerçante, il comprend tout. Ah! c'est merveilleux! si nous pouvons le pousser, il ira loin. Le père, qui vient de constater la puissance de volonté de monsieur son fils qui se roule par terre et refuse d'obéir, répète en coulant un regard malin à son heureuse moitié : il ira loin, le gaillard! quelle tête! as-tu remarqué, ma femme? Baby, après de sérieux pourparlers, se décide enfin à recevoir petit père et petite mère dans ses bonnes grâces. Comme il n'y a plus d'enfants, comme ceux-ci naissent sous le soleil du *progrès* penseurs et philosophes, ce serait ridicule de se servir des locutions du bon vieux temps; ce serait un contre-sens que d'employer le mot *papa* que le bon Henri IV aimait tant à entendre. Il voulait, en effet, que ses enfants l'appelassent *papa*, nom de tendresse et d'amour.... (*Histoire d'Henri le Grand*, p. 504, Péréfixe.)

Il a entrevu un bâton de sucre d'orge qu'il aurait quand même ; mais il est gourmand autant que maussade ; voilà l'unique mobile de ses concessions. La maman, émue de tant de gentillesse, l'embrasse avec une larme dans les yeux. Le père se lève, maintient le ton sévère que doit garder un esprit fort et s'adresse à *Baby*.

— Tu as été à la pension, Ernest ?

— Oui !

— On dit : oui, petit père.

— Je le sais bien, mais je veux pas ! — (Hilarité générale chez l'heureux couple.)

— On t'a fait lire à la pension, reprend le père ?

— Non, j'ai pas besoin, je sais lire.

— Est-il étonnant! dit la mère qui repose son regard le plus satisfait sur le fruit de son amour..

— Voyons, chéri, réponds à petit père, dis-lui ce que tu as fait à la pension.

— Vous m'embêtez !...

Et d'un bond, ce charmant enfant va prendre un jouet quelconque, dont grand-père a fait cadeau le matin.

— Ernest, dit le père, ici, et tout à l'heure.

L'enfant continue de faire le tapage.

— Ernest, entends-tu ?

— Non !

— On dit : non, père.

— Non, père.

— Est-il intelligent, dis ma femme, ce diable d'enfant ?

— Et gentil, ajoute la mère. Ah ! c'est bien toi, va, mon ami.

— Ça, je le sais, dit le maître, en se redressant avec exagération, et en exhibant un abdomen non moins exagéré ; mais je n'étais assurément pas aussi précoce que mon fils. Avec l'instruction que je vais lui faire donner, il me laissera, sans nul doute, bien loin derrière lui. Il ne peut rester plus longtemps dans cette petite pension où l'on emploie des professeurs sans diplôme et non bacheliers. Je le retirerai sous peu pour le mettre au lycée...

— Mais tu n'y songes pas, mon ami, notre enfant n'a que six ans, reprend la mère.

— Ah ! c'est cela, voilà ! vous autres pauvres ménagères, qui ne savez rien du *progrès*, vous avez toujours peur qu'on pousse les enfants. Je te dis, moi, qu'il ira au lycée l'année prochaine. Ton raisonnement pourrait être juste, s'il s'agissait d'un enfant ordinaire, mais avec cette intelligence !... D'abord, veille à ce qu'il mange peu de pain et beaucoup de viande. Il faut lui former un bon tempérament ; quant à moi je verrai sous peu M. le Proviseur auquel je le recommanderai d'une manière toute spéciale. Sois tranquille, je ne serai certainement pas en retard.

La mère, qui est restée chrétienne, et qui a conservé un précieux souvenir et une excellente opinion des prêtres qui l'ont instruite, avance en tremblant une audacieuse proposition : si nous le mettions au petit séminaire ou chez les Jésuites ?

— Mais tu n'y songes pas, pauvre ignorante, tu ne sais pas que ces maisons ne sauraient comprendre la science actuelle et suivre l'élan prodigieux du *progrès !* Tu ne vois pas que les maîtres, dans ces établissements arriérés, redoutent l'effusion des lumières, et qu'ils cherchent à entretenir le peuple dans l'ignorance de l'histoire, et à l'envelopper des plus grossières superstitions.

— Cependant, mon ami, reprend la brave femme, on dit qu'on trouve chez eux des hommes fort instruits, les princes de la science et de la littérature, et qu'ils pourraient se mesurer avec les meilleurs lycées. Ici dans notre ville, combien n'admira-t-on pas le savoir de MM. les curés ! Et puis, enfin, on voit des prêtres à la Chambre, à l'Académie et dans toutes les sociétés savantes... Elle eût pu citer l'exemple de l'abbé Gorini, modeste curé de campagne, qui a forcé deux académiciens MM. Guizot et X... à venir rendre hommage à son savoir lorsqu'il confondait leur propre science.

— Voilà, voilà comme les femmes sont fanatiques! Autant de mots, autant d'absurdités !... Moi, je te dis que mon fils entrera au lycée.

— Tu es bien libre, dit la pauvre mère.

— Oui, je suis libre ; et c'est pourquoi je me garderai bien de prêter mon concours à des établissements que le gouvernement devrait supprimer. Bon pour autrefois ; mais aujourd'hui, il nous faut un enseignement laïque et obligatoire, où les *cléricaux* n'aient rien à voir.

— Mais, mon ami, pourquoi cela, puisque les prêtres sont des citoyens comme tout le monde ? Pourquoi ne pas leur laisser la liberté, comme aux autres, comme aux premiers venus, d'avoir des collèges, des séminaires et d'instruire la jeunesse ?

— Pourquoi?... pourquoi?... d'abord je dois te déclarer que les femmes ne peuvent rien comprendre dans ces questions-là, questions qui sont cent pieds au-dessus d'elles, et que, quand bien même je te renseignerais, tu n'en saurais pas davantage. Je dis et je maintiens que l'enseignement actuel doit devenir essentiellement *laïque et obligatoire.*

Si nous suivions Baby, cet enfant étonnant, nous

le trouverions un polisson parfait à huit ans, un paresseux accompli à douze, un *crevé* à vingt, à vingt-cinq un *émeutier*. Quant à la mère et au père, tous deux chargés d'ans, ils déplorent la conduite de leur fils auquel ils ont enfin cessé d'envoyer de l'argent et des conseils. Tous deux se reprochent mutuellement et avec amertume leurs fautes et leurs torts. — Avec toutes tes câlineries et tes sucreries, tu l'as gâté, dit le père. — C'est toi, reprend la malheureuse mère, qui l'as perdu. En tournant en ridicule les choses les plus saintes, l'autorité, la foi, la religion, tout ce qui est respectable, en un mot, tu en as fait un impie et un débauché.

Parents, qui lisez ce chapitre, comprenez-le, acceptez-le. Il est peut-être le trop fidèle tableau de votre intérieur. Je souhaite qu'il soit un avertissement aussi utile qu'il est charitable, contre les peines que vous vous préparez et contre les dangers que vous créez à la société.

« *Elevez bien votre fils, est-il écrit au liv. des Proverbes, et il vous consolera et deviendra les délices de votre âme.* » « *Le père bandera ses propres plaies par le soin qu'il a de l'âme de ses enfants, et ses entrailles seront émues à chaque parole.* »

Mais, me direz-vous, il est si difficile d'élever les enfants aujourd'hui. Ils sont gâtés par ce qu'ils voient et surtout par ceux qui les approchent. Et puis ne sont-ils pas trop jeunes pour qu'on leur parle religion et devoir? Ils ne comprendraient rien à ces grandes choses... Et sans orner cet esprit, sans embellir cette âme, sans agrandir ce cœur, vous abandonnez vos enfants à des étrangers qui, ne se rappelant nullement la maxime du poëte : *magna puero debetur reverentia*, on doit à l'enfance le plus grand respect, ni le *res sacra puer* du philosophe, perdront peut-être vos enfants pour toujours, Il ne sera plus temps alors de leur parler de respect, d'autorité, de devoir et de religion. Le mal aura déjà le dessus.

Ecoutez les paroles d'un grand esprit : « Si vous ne » leur parlez, à vos enfants, de la divinité que lorsqu'ils » pourront la comprendre, vous ne leur en parlerez » jamais. Si vous ne leur parlez de devoirs que lorsque » les passions leur auront parlé de plaisirs, vos leçons » seront perdues. »

La plaie incurable, le mal de notre époque, c'est l'habitude du confortable et du bien-être. Que les parents apportent dans l'éducation plus de simplicité et plus de virilité, qu'ils apprennent à leurs descendants à détester et à combattre l'égoïsme, l'indolence et la mollesse. Que peut-on attendre d'un enfant qui ne sort pas par un temps de brouillard ou de gelée tant soit peu intense ? Je ne crains pas de le dire, il y a tout à redouter quand on rencontre au 1er octobre, à Versailles, des officiers emmitouflés jusqu'aux oreilles et recouverts d'amples manteaux doublés d'épaisses fourrures. Que peut-on attendre de ces hommes lorsqu'ils seront forcés de se tenir en plein hiver soit dans les tranchées, soit dans un camp humide et ouvert à tous les vents? Toutes ces habitudes féminines détestables prennent naissance dans la famille; combien de pleurésies et de fluxions de poitrine n'ont-elles pas causées? — Quel malheur pour la société et pour la patrie ! Suivez le conseil du poëte :

. . . . Vitamque sub dio
Et trepidis agat in rebus.

Qu'exposé à l'air jour et nuit, il s'accoutume à essuyer les plus grands dangers. (Horat. l. III. od. 2.)

Ne permettez pas qu'on puisse redire avec justesse la parole de Montaigne. « Les parents ne sont capables, » dit-il, ni de châtier les fautes de l'enfant, ni de le voir » nourri grossièrement, comme il faut et hasardeuse- » ment. Ils ne le sauraient souffrir revenir suant et pou- » dreux de son exercice, boire chaud, boire froid, etc...

M. Emile Ollivier, dans son discours à l'Académie, prétendait que nous n'étions pas dégénérés. Nous devons lui savoir gré de sa courageuse protestation; mais nous regrettons de constater qu'elle est purement imaginaire et qu'il est évident pour tout penseur sérieux que nous tombons et que les hommes à caractères sont rares. Le mal est dans l'éducation. L'ennemi de l'éducation est le bien-être poussé à l'excès, et ce bien-être sera l'un des germes les plus vigoureux de notre décadence : voilà qui ne supporte aucune contradiction.

CHAPITRE XI

ESPRIT MODERNE

L'*esprit moderne* qui se targue sans cesse de progrès, et qui prétend même en avoir le monopole, est très-dangereux en ce sens qu'il juge et condamne tout ce qui n'est pas lui, tout ce qui n'est pas de la nouveauté, tout ce qui n'est pas de l'innovation, en un mot tout ce qui n'a pas le cachet d'une liberté que j'appellerai hardiment anarchie et désordre. Il apparaît avec ses tendances audacieuses, avec ses aspirations puissantes et son âpre désir de se soustraire à ce qu'il appelle le servage politique et religieux qui lui pèse depuis dix à douze siècles. Croire un instant que cet *esprit moderne* est une nouveauté, serait une erreur grossière. Non, son principe est vieux comme le monde, c'est l'orgueil, et sa naissance date du jour où le serpent fit entendre à Adam et Eve ces paroles fallacieuses : *et eritis sicut dii.* Vous serez comme des dieux ! Le programme de l'*esprit moderne* se rencontre donc dans la première page de l'histoire de l'humanité. Seulement, pour répondre à toutes les exigences de la vérité, nous devons ajouter que ce programme a pris, de nos jours, d'amples développements. L'esprit moderne, en effet, mettant de côté le Dieu éternel, dit à l'homme : Tu es Dieu ! tu es le seul vrai Dieu !!!

Jamais assurément de plus rudes combats n'ont été livrés à l'autorité, cette vieillerie, et surtout à ce qui en est le fondement, à l'Eglise, cette abstraction. Partout on l'attaque, partout on l'accuse ! Et de quoi? d'impiété envers le *Dieu nouveau*, le *progrès !* et d'incivisme, puisque le progrès est la seule chose nécessaire, indispensable au pays. — J'en reviens toujours au principe du mal, à la *liberté de la presse*. On écrit dans tous les caractères, sous tous les formats, que les prêtres et les religieux sont d'habiles faussaires, qu'ils ont falsifié à leur profit les faits historiques, qu'ils cherchent à retenir les peuples en tutelle et à leur faire tracer péniblement, comme par le passé, le long et profond sillon d'une vie monotone et stupide. On livre de nouveau de la façon la plus lâche Celui qui aima les hommes jusqu'à mourir pour eux ; on maltraite Jésus-Christ dans son auguste vicaire ; on rejette ses sages décrets ; on le méprise ; et ces fauteurs de désordres et ces redresseurs d'intelligence s'attaquent impunément au corps sacré de la sainte doctrine. Oui, le Pape, le vénérable Pie IX est l'objet des sarcasmes de M. About. Oui, le code évangélique est condamné à paraître devant la chaire d'un de ces grands-prêtres de l'Ecole. Il doit subir l'interrogatoire ridicule d'un professeur insensé. Le XIXe siècle sera enrichi des productions infâmes de

M. Renan. Oui, on s'attaque impunément au corps sacré de la saine doctrine historique, l'une des bases des principes sociaux, et l'on voit en 1874 des professeurs saper effrontément les fondements de toute vérité. Voilà ce qu'on appelle l'*esprit moderne!* voilà ce qu'on dit être la *liberté !*

Que peuvent espérer les gens d'ordre, quand un maître des Conférences à l'École normale supérieure est autorisé à faire paraître un ouvrage qu'on croirait important pour dénaturer les faits et pour contester la puissante intervention du Christianisme dans la civilisation? D'après ce professeur, dont notre gouvernement doit sans doute s'honorer, le Christianisme n'a engendré qu'obscurantisme et inquisition. Dans le Christianisme il ne saurait y avoir d'art, de poésie, de philosophie..... Voilà ce qui est ouvertement enseigné dans les chaires de l'Université, dit M. Daniel Bernard, qui ajoute spirituellement : « Par malheur les ennemis du » catholicisme n'ont pas encore réussi à détruire Notre-» Dame de Paris, à incendier Saint-Ouen de Rouen, à » transformer en caserne la cathédrale de Cologne, à » mutiler le portail de Reims, la flèche de Strasbourg. » Ce sont là, ce me semble, des monuments qui prou-» vent que la foi de nos pères avait son éloquence et » ses résultats. »

Tous ces faits, tous ces témoignages importent fort peu dans l'esprit du moderne-écrivain, (je ne puis dire historien, puisqu'il n'écrit nullement l'histoire, et qu'il ne l'étudie ni ne l'apprécie dans sa simple réalité.) M. Paul Albert se présente modestement devant les meilleurs historiens que nous ayons, et les invite à se retirer. Ils ne savent rien de l'histoire... Lui seul connaît la vérité. D'un trait de plume il efface le génie du moyen âge. — Saint Louis est un fils qui a eu fort à lutter contre les tendances et les exagérations de Blanche de Castille..... Joinville est un sceptique, un incrédule..... François Ier n'a absolument rien fait pour les arts..... Qu'importe à M. Paul Albert qu'il ait fondé le collége de France et institué des chaires d'hébreu, de grec et de latin? Nous pourrions continuer sur ce ton et arriver jusqu'à nos jours. Bien entendu, tous les écrivains calvinistes sont des génies à côté des hommes tarés du catholicisme. Calvin est rapproché de Bossuet. Oui, lecteur, le *pape de Genève* est comparé au grand Bossuet. Il a tout pour lui : l'agrément du style, la sûreté de doctrine, l'austérité de la conduite! C'est le dialecticien le plus disert de son époque. Il établit *victorieusement*, cet excellent homme, cet érudit de l'*école moderne*, que le besoin de verser le sang d'autrui (*sic*) s'était concentré dans le cœur des catholiques. Pauvre monsieur Albert, que vous êtes pauvre!

L'*esprit moderne* issu du siècle de matérialisme et de scepticisme qui nous a précédés, continue d'amasser des ruines, de les multiplier et d'exercer dans le champ de l'histoire les plus grands ravages. L'influence de la religion sur les événements les plus importants et les plus glorieux est un mensonge et une imposture. La Providence est un mot qui ne doit plus se rencontrer dans nos vocabulaires... Impies! relisez donc Descartes : « Si Dieu n'intervenait pas dans tous les événements du monde, nous dit ce beau génie, il ne serait plus Dieu. » (lettr. 8.) Mais non, vous préférez des hommes de la taille de M. Paul Albert et compagnie, des hommes coupables qui dégradent notre société. Vous préférez écouter attentivement M. Jules Favre insultant, du haut de la tribune française, à nos gloires nationales. Hommes de l'*école moderne*, vous l'avez entendu naguères et bien des fois, et vous n'avez pas protesté. Que dis-je? vous avez applaudi.

Les historiens actuels, toujours en guerre et en opposition avec la vérité, font constamment un pompeux éloge des hommes et des causes qui précipitent notre décadence. Ainsi un Napoléon III a des apologistes. Un Voltaire a mérité qu'on lui érigeât une statue dans la capitale de la France. On applaudit au développement et à l'embellissement des théâtres, même au moment où la France affaiblie, humiliée, ose à peine respirer. Pour beaucoup, l'Opéra doit être incontestablement l'apogée de l'art au XIXe siècle. Ah! nous sommes profondément désolés d'entendre préconiser le mal. Nous ne pouvons ne pas gémir, ne pas verser des larmes amères, en présence de ce *désordre moral;* car votre progrès, hommes de l'*esprit moderne*, c'est le vice, et le vice, c'est le germe de toutes les calamités et d'une décadence prochaine. Nous plaignons sincèrement les malheureux qui ne voient pas que vos doctrines et vos impostures, en dépouillant la nation française de ses vertus et de son héroïsme, la privent des éléments les plus indispensables à son existence.

Il y a trop longtemps que nous avons la direction du monde des intelligences, nous dites-vous. Voilà sans doute pourquoi, au nom du principe de *non-intervention*, on a laissé dépouiller le Souverain Pontife de ses Etats. — Voilà pourquoi, au nom du même principe, on l'abandonne dans sa prison du Vatican. — Voilà pourquoi on emprisonne et on exile, au nom du *progrès* et de la *liberté*, les évêques qui refusent de plier le genou et de courber la tête devant l'idole du XIXe siècle, qui a bien le droit d'imposer la force et la brutalité. Voilà pourquoi, toujours au nom de cette même *liberté*, on demande d'interdire l'enseignement religieux et de chasser Dieu de notre société.

On prétend que l'esprit humain a besoin de se tenir en garde contre l'invasion puissante de la théocratie, que l'Eglise dénature l'Evangile, cette doctrine de liberté et de progrès, et qu'elle est l'ennemie déclarée de l'émancipation des peuples. Mais, qu'on ne s'y trompe pas, on travaille à réformer ce qu'on est convenu d'appeler le vieux monde, ou plutôt à faire disparaître ce qui en reste. Ce ne sont plus, au dire des entrepreneurs de ce grand œuvre, que quelques pans de murs lézardés, que quelques ruines qui, chaque jour, tombent sous l'action puissante du siècle. Or, il faut réorganiser un monde nouveau. On sait parfaitement bien qu'on manque de plans, de fondements et de matériaux, n'importe ! On veut bâtir et pour cela on démolit.

On croit généralement, dans ces nouvelles classes éclairées de l'*esprit moderne*, qu'il n'est besoin que de commencer par chasser Dieu de l'école, et par suite de la famille et de la société. On veut marcher dans les voies du progrès avec la Commune de Paris, qui s'empressa de remplacer le crucifix par une horreur quelconque au bonnet phrygien, et qui, à la place des *cantiques*, du *Veni sancte*, et de l'*Ave Maria*, fit réciter ou chanter des vers grivois, érotiques et révolutionnaires aux pauvres petits enfants du quartier. Je ne citerai que le premier couplet de l'une de ces productions incendiaires et abominables que chantaient des enfants à l'école de la rue Oudot 24, sous la Commune :

> La coupe déborde de fange ;
> Pour la laver il faut du sang !
> Foule vile, dors, bois et mange,
> Le peuple est là, sinistre et grand !

Les auteurs de cette œuvre diabolique sont des hommes d'action, qui ne négligent aucun moyen pour arriver à la dissolution de tout principe politique, religieux et social. « Là, dit Delfau, règnent un ordre, une discipline, une ardeur, un zèle que rien ne fatigue, que rien ne trouble. » Et les hommes d'ordre et les conservateurs, qui ne peuvent pas ne pas voir, assistent, les bras croisés, à ce travail de destruction et d'anéantissement. N'est-ce pas inexplicable cette apathie froide des bons en présence de l'activité fiévreuse des mauvais ? Quant à nous, qui ne pouvons croire à l'écrasement final de notre chère patrie, suivant le conseil du savant évêque de Versailles, Monseigneur Mabile, nous nous nous lèverons, nous prierons, nous parlerons, nous écrirons, nous agirons ! Quand il est des questions de principes nous resterons inébranlables. Ah ! dirons-nous avec celui dont nous invoquons l'autorité, « les concessions faites mal à propos, outre qu'elles seraient une violation du devoir, ne serviraient qu'à rendre nos adversaires plus forts et plus courageux. » Quand il s'agit des principes, nous ne savons que redire la parole des Apôtres : *Non possumus !* Nous ne pouvons pas ! Nous serons en opposition avec M. de Broglie (lire son *discours* prononcé à Evreux en 1874), et nous nous en féliciterons.

Que si l'on s'obstine à nous reléguer bien loin, bien loin, bien au delà des limites de l'*esprit moderne*, nous ne perdrons aucunement courage, nous ne garderons pas une attitude neutre, nous ne nous tairons pas, *non possumus non loqui*, et nous jetterons au monde ce cruel défi et cette terrible prophétie :

Marche à la suite des insensés ! marche, peuple aveugle et ingrat ! Tu veux éteindre de tes propres mains le flambeau de la foi? Alors marche aux lueurs indécises de la raison! Rejette les principes qui t'ont placé à la tête des nations civilisées! Abandonne-toi aux hommes qui ont compromis ta gloire, ton honneur et ta vitalité! Brise les tables des vérités éternelles! Promulgue les doctrines des hommes nouveaux, qui se déclarent impudemment les hommes de la science et du progrès! Satisfais tes âpres désirs et tes caprices insensés! Fuis la lumière! Plonge-toi dans les ténèbres de plus en plus! Abhorre toute autorité, tout frein, toute loi, tout principe, tout souvenir, et avance libre et fier dans les sentiers de l'erreur et de la rébellion! Bientôt, tu rencontreras les barrières du despotisme, élevées par ces mêmes mains qui renversaient naguères celles de l'autorité.

CHAPITRE XII

PRÉTEXTES DE MESSIEURS LES LIBÉRAUX

Comme il serait impolitique d'avouer le but cherché, le terme désiré, les gens qui veulent en apparence ménager les opinions diverses et rapprocher les extrêmes, et qui tiennent à mériter notre haute et respectueuse considération, expliquent le mouvement d'une manière un peu mondaine, un peu légère, il faut en convenir, mais vraiment conciliante. Ils nous disent en effet : nous voulons la réconciliation *(sic)* du sacerdoce avec la *société moderne*. Nous protestons contre toute pensée capable de mettre en doute notre loyauté et notre sincérité d'écrivains et de penseurs. Nous ouvrons nos rangs au prêtre disposé à dépouiller le vieil homme, au prêtre ami de son temps, prêt à préparer une nouvelle génération de chrétiens sans leur rappeler un passé ténébreux et révoltant où l'Eglise régnait sur les âmes par la terreur, et où les âmes étaient retenues captives sous les plus grossières superstitions. Nous voulons, nous Français, qu'avant tout nos prêtres soient Français. Nous demandons qu'ils fassent moins de cas de l'ultramontanisme, cause perdue qui ne peut que mettre en péril notre politique la plus sage. Il faut qu'il y ait divorce entre Paris et Rome... — Ah ! oui, messieurs les libéraux de toute nuance, ce serait le terme de vos désirs, c'est-à-dire : divorce entre le clergé français et l'Eglise universelle.

Sachez-le, et vous le savez, nous avons de nobles aspirations, nous aimons sincèrement nos contemporains, mais nous déplorons amèrement leurs folies et nous les condamnons. Chez nous, il n'y a pas de division — *res concordia crescunt*, et vous vous étonnez ! Il n'y a pas de révolte, il n'y a pas de minorité ; nous sommes tous Catholiques et Français dans le sens le plus vrai. A ce double titre, nous vous tendons une main amie pour vous aider à sortir du précipice. Ce serait en vain que vous chercheriez à nous entraîner à votre suite. Nous tenons par toutes les fibres de notre cœur au cœur maternel de l'Eglise romaine, au cœur paternel de Pie IX. Sur ce point, n'attendez de notre part aucune faiblesse ; nous ne trahirons jamais ni l'Eglise, ni sa morale, ni ses enseignements, ni sa politique qui est celle de la vérité et du droit.

Lorsque nos plus saints prélats dont la valeur intellectuelle et morale n'est pas contestable, et, il faut être juste, n'est pas contestée, ont élevé dernièrement la voix, nous avons entendu une foule de journaux qui se disent défenseurs et amis de la religion et de l'ordre, et qui sont lus comme tels par les *indifférents* et les *catholiques libéraux*, s'empresser de conseiller ces hommes supérieurs, qui puisent toujours leurs instructions au pied du crucifix, et dont les écrits ont invariablement pour base la parole sainte du Maître. Au point de vue de ces journalistes, ces hommes de la science, ces précepteurs et ces modèles du devoir sont allés trop loin... On s'est permis de condamner la voix de l'archevêque de Paris... Qui donc, me demandez-vous, lecteur ? — Des hommes à concessions, des hommes *prudents*, des *modérés*.

Ah ! si l'Empire avait écouté la parole du saint vieillard dont la vigilance s'étend de Rome sur le monde entier, s'il avait suivi ses sages et paternels conseils, si l'Empire avait compris en 65 et 66 les avertissements trop prophétiques de certains évêques ; si nos gouvernements d'aujourd'hui voulaient encore se donner la peine de les lire et de les interpréter avec sincérité, avec l'histoire des jours présents, avec les faits qui depuis six à sept ans se présentent, avec les événements qui se précipitent, ils sentiraient que le remède doit être violent pour un malade sur lequel tous les moyens anodins n'ont fait qu'aggraver le mal. Ils admettraient, en croyants soumis, les sages décisions du Vatican, et ce qu'ils sont convenus d'appeler les rigueurs du *Syllabus*. Ils comprendraient que, pour sauver la situation, il faut autre chose que des changements dans l'administration, autre chose que des commandes officielles dans le commerce, autre chose que des soirées et des bals dans les classes dirigeantes, autre chose « qu'un citoyen animé des senti-

» ments de son époque, ou un prince patriote, » (journal la *Liberté*) autre chose que des ducs unis aux radicaux, autre chose que des conjonctions d'un jour follement entreprises et singulièrement réussies.

Mais non ! l'aveuglement est tel qu'on croit pouvoir, avec beaucoup d'habileté et de subtilités, sortir de ce dilemme puissant : ou tout! ou rien! Les demi-mesures toujours, les petits moyens toujours, la finasserie partout, l'ajournement toujours, les moyens interlopes toujours, la voie droite jamais!! Aussi donne-t-on beau jeu à la *presse* qui peut, sans crainte, attaquer constamment l'ordre social et, par des idées aussi fausses en politique qu'en religion, égarer les masses. La *presse* est l'ennemi vigilant qui ne laisse passer aucune des fautes de ses adversaires et qui bat sans cesse en brèche leurs remparts les plus solides. La presse révolutionnaire, fidèle à son rôle, ébranlera si elle le peut jusqu'à la pierre angulaire de l'édifice social. Et c'est pourquoi je signale à chaque instant son action.

Il n'y a pas d'absurdités qu'elle ne débite, pas d'insultes qu'elle ne jette à la face de la religion, de l'ordre et de la morale, soit dans un Premier-Paris, soit dans les nouvelles, soit dans les mots pour rire, soit dans le roman-feuilleton, soit surtout dans les pièces de théâtre. Et qui pourrait l'atteindre? Le gouvernement a trop à faire pour descendre dans ces détails; *de minimis non curat prætor*. Prenez-y garde, messieurs les républicains, qui avez enfin le bonheur de nous gouverner, prenez-y garde.

On m'a dit, pour ne citer qu'un exemple, qu'une femme honnête ne pouvait assister à la représentation de la *Timbale d'argent*, et que toute jeune fille qui en était spectatrice était perdue... Eh bien! cette pièce a été jouée et sera jouée à satiété. Sous le régime sacré de la *liberté* qui pourrait l'interdire?... Et pourtant, messieurs les libéraux, elle est interdite par les Anglais dont, à tout propos, vous vantez le libéralisme. Est-il possible, je le demande à l'homme de cœur, au Français non dégénéré, est-il possible, qu'après dix-huit siècles de civilisation chrétienne, nous soyons obligés de recevoir des leçons des païens? Cruelle et sanglante humiliation! Pyrrhus, nous dit l'histoire, appelé par les Tarentins à leur secours, fit fermer les théâtres et soumit la jeunesse à la plus rude discipline. — Lecteur, comparez!

On m'accusera d'intolérance, cela est certain, et je répondrai : Allez jusqu'au bout, soyez logiques, ayez des concours pour le vice et l'infamie, et encouragez-les ouvertement. Peut-être y gagnerions-nous, car les abus les tueraient. Je répète que tolérer de pareilles horreurs, de semblables turpitudes dans la première capitale du monde civilisé, est une marque certaine de décadence, que là n'est pas la liberté mais l'esclavage, la honte et l'anarchie. Ah! je plains sincèrement mon pays quand je le vois victime de pareils préjugés. Non,

non, mille fois non, la *liberté* n'est pas là. — Vous ne la rencontrerez jamais dans la licence, ni dans la libre interprétation des principes. Accusez-moi d'intolérance, soit, je le permets et j'en suis fier, car la tolérance sur les principes est une faiblesse et une inconséquence, lorsqu'elle n'est pas une lâcheté et un crime. *Prima libertas est carere criminibus.* Le premier degré de la liberté, dit saint Augustin, est de mener une vie exempte de crimes. Et comment, ajoute le saint docteur, pourrait-il y avoir liberté où l'iniquité domine? *Quomodo libera est voluntas ubi dominatur iniquitas?* — Messieurs les libéraux, je vous invite à méditer les paroles de cet homme dont le génie n'a d'égal que le génie d'un saint Paul.

CHAPITRE XIII

DÉRAISON

Ce qu'il y a de plus curieux, ou plutôt de plus désespérant, (il est vrai que l'historien a dit : *Sed quis aut in victoria aut in fuga copias numerat?* Quel est celui qui, dans le triomphe de la victoire ou dans le désordre de la défaite et de la fuite, songe à compter ses troupes? Hélas! la lutte est telle que nous en sommes à ce point. Désarroi partout!) oui, ce qu'il y a de plus désespérant c'est que le pauvre veut éliminer ceux-là qui seuls l'aiment, le connaissent et le protégent. Qui donc? — Dieu, le prêtre et le roi. — Ceux-là seuls gênent l'ouvrier.

Les ténèbres de l'erreur sont tellement épaisses que les meilleures intentions sont les plus suspectes, et que la plus ardente charité est condamnée et bafouée. Désarroi dans toutes les intelligences, à tel point qu'on ne peut plus citer la parole du poëte : *Virtus laudatur et alget.* — On loue la vertu et on la délaisse. — Non, à ce moment de *désordre moral* et intellectuel, on ne la loue même pas. — Le scélérat qui assassine le curé de la Madelaine lui a tendu mille fois la main et en a reçu les plus larges aumônes. Le misérable qui crie à bas les calotins ! à bas les prêtres et les frères ! envoie à leurs écoles gratuites et aux catéchismes de la paroisse ses petits enfants. L'ingrat qui a passé par l'hospice et qui y a été l'objet des soins les plus intelligents et les plus dévoués de la part des sœurs infirmières, demande, en vociférant, leur bannissement et peut-être leur mort.

. . . .

Ainsi en est-il de notre société troublée et affolée qui sait très-bien que le Roi c'est le salut ; et qui, bon gré mal gré, s'affuble d'un gouvernement de conventions impossibles. Ce gouvernement légal sans doute, mais plus interlope que tous les gouvernements révolutionnaires qui l'ont précédé, puisqu'il est une république organisée par d'ambitieux orléanistes qui veulent un roi révolutionnaire, est fatalement condamné d'avance à la plus complète nullité. On le sait, on le voit ! N'importe, il faut être logique dans la voie de l'inconséquence, et ne pas en sortir, dût la France en périr !

La Révolution, qu'un homme suscité par Dieu a vaincue, a reparu plusieurs fois. Volcan terrible aux antres profonds et inépuisables, elle a lancé sur la famille et sur la religion ses laves incandescentes et dévastatrices. Aujourd'hui, il est, humainement parlant, impossible de fermer son cratère. Les masses démocratiques de la capitale sont bien plus redoutables que ne l'ont jamais été celles de 93 ; d'abord parce qu'elles sont plus nombreuses, puis parce qu'elles ont à leur disposition les éléments terribles de la *presse*, et enfin parce qu'elles peuvent se trouver en possession d'agents plus puissants et de moyens plus expéditifs. Les chassepots vont plus vite en besogne que la guillotine, et le pétrole réunit des avantages précieux et incomparables.

Le *progrès* a permis aux nouvelles couches sociales, qui grouillent dans la capitale beaucoup plus qu'ailleurs, de franchir d'un bond la distance qui les sépare de 93, ou plutôt de laisser bien loin derrière elles cette époque qu'elles se rappellent avec un sentiment profond de reconnaissance sans doute, mais qui ne saurait être leur idéal aujourd'hui. A quoi bon se souvenir également, même un instant, des *journées de juin ou de février* ? 1848 était un enfantillage... et les *purs* eux-mêmes ne rougissaient pas d'aller chercher les prêtres pour bénir l'arbre de la liberté..... Allons donc ! en 1871 on avait marché..... Le *progrès libéral* s'était fait sentir..... aussi allait-on chercher les prêtres non plus pour bénir un arbre, mais pour servir d'otages, pour être emprisonnés et fusillés. On avait marché ; cela est incontestable. Le gouvernement révolutionnaire de l'Empire n'avait pas travaillé en vain, c'était bien le *progrès*, oui le *progrès* dans la honte et l'ignominie, le *progrès* dans le crime, dans le sang !! Ce *progrès* sera toujours celui de la Révolution.

A l'heure actuelle, l'avouerai-je ? on nous dit avec cette assurance qui caractérise le *libéralisme* impie : (et il est logiquement impie, hypocrite ou absurde,) vous êtes bien heureux de cette aventure. Les massacres de la Commune sont une excellente aubaine pour vous..... Vous baissiez incontestablement; cela a fait remonter vos actions..... Oui, lecteur, on nous dit cela; et on excuse imperturbablement l'assassinat de l'archevêque de Paris, de ses prêtres, des religieux de tout ordre, du président Bonjean, et du curé de la Madelaine que l'histoire désignera sous le nom glorieux de *père des pauvres*. Et les femmes, qui elles aussi respirent à pleins poumons l'air vivifiant de l'*éducation libérale*, se sont montrées bien supérieures aux furies de la guillotine et aux tricoteuses de la Convention.

Ah ! vous voulez du *libéralisme* ? Eh bien, je vais plus loin, et je dis que vous ne voulez pas des commandements de Dieu tels qu'ils existent. Votre *libéralisme* en forgera à son choix et de son goût. Pourtant, sachez-le bien, ces commandements sont la base première et fondamentale de tout Etat. Un savant évêque a dit quelque part que « l'idée d'un Etat sans religion est » une conception contre nature, une aberration mons» trueuse qui reproduirait sur notre terre *cet empire de » misères et de ténèbres où, selon le langage des Livres » saints, nul n'habite, mais l'ombre de la mort et une » éternelle horreur.* »

Peut-on récuser ces paroles quand on a vu les suites du *libéralisme démocratique* du gouvernement de Juillet et de celui de Napoléon III ? Ce *libéralisme* a-t-il, oui ou non, produit un empire de misères, de ténèbres et de crimes ? *Libéraux* de toute nuance, les avez-vous vues et entendues ces bandes du *libéralisme* sorties des bouges et des lieux de débauches? Ont-elles assez terrifié l'honnêteté et la pudeur? ont-elles assez effrayé le *siècle du progrès* lui-même?..... Comme vous, elles nous accusaient d'intolérance.

Aussi je comprends bien maintenant pourquoi, chez les anciens, l'impiété était proscrite. C'était, nous dit le même évêque, dans un intérêt de conservation sociale. — Et un sage n'hésitait pas à proclamer qu'il serait plus difficile de bâtir une ville dans les airs que de former une société où l'on supprimerait le culte de Dieu.

Et cela se conçoit très-bien; car, qu'est-ce que le *libéralisme*? c'est l'autorisation du mal, c'est le mal progressant. Oui, le *libéralisme*, qu'on le veuille ou non, c'est l'autorisation du mal, c'est l'élimination de Dieu! Aussi l'impie s'acharne-t-il toujours davantage sur la Religion, et le révolutionnaire sur l'autorité.

Insensés, qui voulez détruire la Religion, ne l'avez-vous pas toujours vue triompher? Ne savez-vous pas que vous êtes des pygmées, moins que cela, le néant? — Et vous osez vous attaquer à la souveraine puissance! Ne savez-vous pas qu'un châtiment terrible vous attend? Ne voyez-vous pas que tous les misérables, réunis aux puissants de ce monde, n'ont pu parvenir depuis deux mille ans à rayer un seul mot de l'Evangile? A quoi, en définitive, ont abouti toutes vos tentatives? — A réussir et à effectuer quelques criminels attentats, à corrompre les masses, à multiplier les traîtres et les scélérats, et à couvrir le sol français d'une multitude de crétins de la pire espèce. En êtes-vous plus heureux?... Vous accablez Jésus-Christ de sarcasmes et vous ne pouvez empêcher qu'on l'aime et qu'on l'adore en esprit et en vérité. Vous accablez l'Eglise, sa divine épouse, et l'Eglise, même à l'heure des souffrances et de l'épreuve, est brillante de force et de jeunesse. Vous insultez la croix, et la croix triomphe. *Crux stat dum volvitur orbis*, a dit Montalembert. Au milieu de toutes les révolutions et de tous les cataclysmes, la croix reste debout! Encore une fois en êtes-vous plus heureux? Où sont les beaux résultats que vous attendiez? Qu'avez-vous fait en résumé? — Rien! Le mal, le mal, le mal! Et à qui? à vos semblables, à une société qui vous nourrit..... mais non à Dieu, mais non à l'Eglise; non pas même à ces hommes du devoir que vous avez massacrés. Ils ont souffert pour la justice, ils sont au ciel. *Beati qui persecutionem patiuntur propter justitiam, quoniam ipsorum est regnum cœlorum.*

Pauvre peuple qui lis avidement quelques brochures ou quelques journaux, écrits et rédigés par des ignorants et des émeutiers, que payent largement les gouvernements révolutionnaires ou les partis révolutionnaires, combien je te plains!

Quæ magis gustata quam potata delectant.

Oh ! je le sais bien, ils te disent des choses qui te plaisent davantage qu'elles ne te sont utiles... et dès lors tu les crois. Lis donc l'*histoire universelle* et tu verras qu'Athènes et Rome, entre autres, étaient religieuses, et que leur puissance n'a cessé que le jour où, prêtant l'oreille à des hypocrites et à des misérables sophistes, elles se sont laissé envahir par le matérialisme. Tant il est vrai que le sentiment religieux, quel qu'il soit, est nécessaire ; à plus forte raison le sentiment d'une religion sainte, forte et impérissable. Non, je ne dirai pas avec le philosophe de l'antiquité :

> Bona jam nec nasci licet, ita corrupta sunt semina.

les germes sont si gâtés qu'il ne peut à présent rien naître de bon. — Non ; je me refuse à désespérer de mon pays et du bon sens général, et je veux espérer contre toute espérance. Qui sait ? Il y a tant de bien caché sous ce déluge de maux, que Dieu, malgré toute l'ingratitude du plus grand nombre, aura peut-être pitié de nous, et « qu'il voudra remettre encore les choses en bon état. »

> Deus hæc fortasse benigna
> Reducet in sedem vice.
>
> (*Hor. Epod.* l. VI.)

Pauvre peuple, ne vois-tu pas que ce mal du matérialisme est près de t'atteindre, que tu souffres déjà et que tu tombes chaque jour sous l'activité prodigieuse de ce poison, qui a couché tant de villes et tant de peuples dans l'oubli? Ce poison trouble ta raison. Tu connais un remède ; tu sais un moyen ; on te l'indique du reste ; il est infaillible. Mais, par système de *libéralisme*, tu te réserves le droit de choisir le spécifique qui peut momentanément calmer tes douleurs. Et cela est-il vrai? Non, ce remède n'est même pas un calmant. C'est une sorte de révulsif qui ne saurait être un contre-poison assez actif pour arracher et détruire jusqu'à la plus profonde racine du mal.

Pauvre peuple, ouvre les yeux à la lumière, et si l'occasion t'en est de nouveau donnée, ouvre les bras à ton sauveur qui ne demande qu'à se dévouer. A quoi bon tous ces raisonnements ineptes? Crois-tu que Dieu se contentera d'une place au second rang, et qu'il permettra à la raison orgueilleuse et faussée de diriger les événements? *Il est le maître des Dominations et des Trônes.* Crois-tu que l'autorité cédera le pas à la Révolution et à l'anarchie, et qu'un roi de France, dans sa majestueuse intégrité, pourra jamais devenir le roi du *libéralisme révolutionnaire*, et l'esclave d'un peuple en délire?..... Non! non! Il te faut la religion. Il te faut l'autorité! Il te faut pour devise ces mots sacrés : *le trône, la famille et l'autel!* Que le trône existe donc pour la famille; mais ni la famille ni le trône n'existeront sans l'autel. Il serait profondément puéril d'essayer d'un gouvernement sans trône, d'un gouvernement séparé de l'influence religieuse.

Encore une fois, peuple que Jésus-Christ a tant aimé,

ouvriers pour qui le divin maître avait tant de prédilections, revenez au sentiment du devoir et à la voie de la vérité. A quoi bon vous leurrer vous-mêmes lorsque déjà tant d'autres vous trompent? A quoi bon exiger de la société ce qu'elle ne vous concédera jamais, ce que la Providence n'a pas jugé à propos de vous donner? Vous vous irritez contre qui? — contre Dieu! — Contre qui encore? — contre son ministre qui vit dépouillé des joies de la famille et des ressources de la fortune. Contre ceux qui possèdent..... Et pourquoi cette irritation qui vous rend malheureux? Parce que des imprudents s'efforcent d'enflammer dans votre cœur un amour désordonné de l'or, des plaisirs et de toutes les jouissances. Et où tout cela vous conduit-il infailliblement? (l'histoire est là pour le prouver.) Règle générale, à votre perte, à votre malheur et à celui de votre famille.— Voilà la vérité! — Vivez donc dans la voie qui vous est assignée : *unusquisque in qua vocatione vocatus est, in ea permaneat!* et soyez assuré que le bonheur que vous cherchez et que vous désirez se mesurera la plupart du temps sur la simplicité de votre vie. — Plus votre vie sera simple, plus elle sera heureuse.

Je termine ce chapitre par une pensée de saint Augustin et par l'heureuse interprétation qu'en donne M. Louis Veuillot. Je supplie les hommes sérieux et de bonne foi de les méditer.

L'homme ne revient à Dieu, dit saint Augustin, que lorsqu'il se détache du monde, et rien ne le détache plus effi-

cacement des choses terrestres que lorsque le Seigneur répand sur ses plaisirs dangereux des amertumes salutaires. — « Il en est de même des sociétés, dit l'*Univers*.
» Lorsqu'elles veulent vivre sans Dieu, lorsqu'elles chas-
» sent la religion de leurs mœurs, de leurs institutions
» et de leurs lois, elles marchent bien vite à leur perte.
» Mais si la main de Dieu les frappe, elles s'arrêtent par-
» fois au milieu de leurs égarements et comprennent
» les leçons de la Providence qui les châtie. »

Déjà la main de Dieu s'est appesantie sur notre génération à l'heure où, penchant vers le matérialisme, nous rejetions de plus en plus la religion et ses incomparables bienfaits. La voix du peuple, un moment soumis, fut la voix de Dieu. Pour tout Français, honnêtement clairvoyant, 1871 allait être pour la France le point de départ d'une ère de prospérité et de salut..... Mais hélas! la *déraison* était encore là, au moins dans certains esprits, et elle y était active et âpre. Secondée par une politique de compromis, d'habileté et d'orgueil, elle devait tout paralyser. L'*esprit libéral et révolutionnaire* n'était pas mort! Il s'est efforcé de tout confondre, l'apparence avec la réalité, la ruse avec le droit, le paradoxe avec la vérité, le sophisme avec la loyauté. Le mensonge en a profité. — Plaise à Dieu qu'il ne soit pas le précurseur du désordre qui attirerait de nouveau sur tous les plus grandes calamités.

Une fraction de la Chambre s'est taxée du titre pompeux de *parti conservateur libéral*. En vérité, ou c'est de la *déraison*, ou la langue française n'a plus de sens. Ces deux mots seront éternellement sans liaison; ils s'excluront toujours mutuellement. Il faut qu'on n'ait jamais songé à les approfondir. C'est la perfection dans la contradiction; si ce n'était l'inconséquence la plus compromettante dans la pratique, nous nous en consolerions.

Conservateur? — Cela veut dire sans doute un parti qui ne monterait jamais sur la barricade, qui n'organiserait jamais un *Comité de salut public*, et une *Commune*, qui respecterait et maintiendrait les droits sacrés du passé, des gloires et des traditions nationales, qui respecterait et maintiendrait la morale et la religion, la vérité et le droit.

Libéral? — signifie, qu'on en convienne ou non, tout le contraire. Cela veut dire, dans sa plus pure logique, dans sa plus simple expression, en effet, que ce parti suivrait le mouvement, allât-il jusqu'aux limites extrêmes de l'oubli des lois; qu'il transigerait selon les circonstances avec les principes qui sont immuables comme Dieu même, qu'il accepterait et sanctionnerait *tout fait accompli*, et toute utopie nouvelle sortie d'un cerveau malade. Vous ne pouvez le nier, messieurs, c'est de l'histoire purement contemporaine. — Il y a donc *déraison* à unir deux mots essentiellement opposés.

Ce qui n'était pas de la *déraison*, c'était lorsque M. Gambetta traitait d'*ignoble comédie* la république conservatrice faite par des hommes qui ont horreur de la République. Aujourd'hui, n'est-ce pas messieurs les *puritains* du *libéralisme*? la *déraison* n'est pas moins flagrante. Votre *libéralisme* a déjà laissé bien loin derrière lui le *conservatisme*, et M. Gambetta ne se trouve pas trop mal dans ses rapports avec vous; il aime, paraît-il, les comédiens.

Ce qui est de la *déraison*, ce sont ces paroles de Gambetta prononcées sur quelque balcon en 1872 : « La » cause de la France c'est la cause même de la Répu- » blique; nous les avons toujours réunies; car il ne » peut y avoir de République sans France, de même » que si l'on séparait la France de la République, ce » serait courir à des désastres plus effroyables que ceux » dont nous sortons à peine. » Si ce n'est pas de la *déraison*, je renonce à comprendre les premiers éléments de la science la plus simple. Pas de preuves, pas de faits, pas de raisonnements! rien! si ce n'est comme l'a dit M. Poyard : *Circulatoria voce nugas ventosas* — des stupidités gonflées de vent!

Ah! messieurs les *conservateurs libéraux*, prenez-y bien garde, car ce qui est de la *déraison* au suprême degré, c'est d'oublier les dates de la République : *septembre* 1792, *juin* 1848, *octobre* 1870, *mai* 1871..... c'est d'oublier les diverses élections qui ont lieu depuis deux ans et qui nous envoient à l'Assemblée nationale toutes les incapacités et toutes les nullités.

« Conservateurs transigeants, avouez donc que vous

» êtes révolutionnaires, et que les convictions séculai-
» res, les souvenirs attachants, les grandeurs incontes-
» tables d'un passé glorieux, qui a fait pendant mille
» ans les grandeurs, l'agrandissement, la fortune et
» l'honneur de la France ne méritent plus le respect
» de la philosophie du XIXe siècle. Quand avez-vous
» émis un vote faisant abandon de vos préjugés ? » (*La Rochefoucauld.*) — Vous transigez avec la Révolution; la monarchie seule vous trouve intrépides dans vos opinions. Vous êtes logiques avec le titre de *libéral;* que deviendra celui de *conservateur* ?

LE PROGRÈS

Le *progrès*, voilà le grand mot! le mot puissant, magique ! On est fier de son époque ; chacun se croit une merveille et ne regarde plus qu'avec dédain et pitié ceux qui l'ont précédé, ses aïeux qui, évidemment, il n'en peut douter un instant, étaient des ignorants et des simples. Voyons, homme du progrès, soyons de bonne foi. Croyez-vous qu'Archimède, qui vivait il y a deux mille ans, ne saurait être comparé à nos mathématiciens contemporains, et que saint Paul, saint Jérôme, saint Jean Chrysostome et saint Augustin ne valaient pas nos meilleurs écrivains et nos plus profonds penseurs ? Croyez-vous donc sérieusement que vos mérites, votre savoir et vos prétentions vous apporteront une part de bonheur que n'a jamais connu votre vieux père ? Croyez-vous que son esprit, faute de la lecture du *Siècle* ou du *Rappel* ou du *Petit Journal*, fût bien arriéré ? Croyez-vous qu'avec les 75 centimes qu'il gagnait par jour, il ne vivait pas avec autant d'aisance que vous, et que le *dandy* d'il y a cinquante ans ne faisait pas aussi largement fête avec cinq francs, que le *crevé* d'aujourd'hui avec vingt francs ? Avez-vous jamais réfléchi à cette conséquence du *progrès ?* Savez-vous bien (non, et cela vous paraîtra paradoxal) que le cultivateur est moins heureux lorsqu'il vend son grain fort cher que lorsque le cours des céréales est moyen ? Consultez-le sur ce point, et vous apprendrez la vérité. Le *progrès* matériel existe, c'est vrai, et il existe de par la force des choses. Mais le *progrès* moral, le vrai *progrès*, celui qui grandit les nations, existe-t-il ? Non, hélas ! mille fois non.

N'importe ! — le *progrès* vous a lancés dans une voie toute différente de celle où marchaient vos pères, et vous vous en glorifiez ; et vous vous en félicitez. Eh bien ! laissez-moi vous dire que vous avez tort, et que vos pères étaient plus heureux que vous, quelle que fût leur médiocrité.

Ecoutez cette pensée de Pascal vraiment digne des méditations d'un homme sérieux : « Les hommes ont » un instinct secret qui les porte à chercher le diver-

» tissement et l'occupation au dehors, qui vient du
» ressentiment de leurs misères continuelles, et ils ont
» un autre instinct secret, qui, reste de la grandeur
» de notre première nature, leur fait connaître que le
» bonheur n'est en effet que dans le repos et non pas
» dans le tumulte ; et de ces deux instincts contraires,
» il se forme en eux un projet confus, qui se cache à
» la vue dans le fond de leur âme, qui les porte à ten-
» dre au repos par l'agitation, à se figurer toujours que
» la satisfaction qu'ils n'ont point leur arrivera, si, en
» surmontant quelques difficultés qu'ils envisagent, ils
» peuvent s'ouvrir par là la porte du repos. Ainsi s'é-
» coule toute la vie. On cherche le repos en combat-
» tant quelques obstacles, et si on les a surmontés, le
» repos devient insupportable. Car ou l'on pense aux
» misères que l'on a, ou à celles qui nous menacent.
» Et quand on se verrait même à l'abri de toutes parts,
» l'ennui, de son autorité privée, ne laisserait pas de
» se faire sentir au fond du cœur où il a des racines
» naturelles, et de remplir tout de son venin. Ainsi
» l'homme est si malheureux qu'il s'ennuierait même
» sans aucune cause d'ennui, par l'état propre de sa
» complexion ; il est si vain, qu'étant plein de mille
» causes essentielles d'ennui, la moindre chose comme
» un billard et une balle qu'il pousse, suffit pour le
» divertir. »

Pourtant j'ose affirmer que nos pères avaient découvert et possédaient, dans la mesure du possible, ce secret du bonheur, car ils vivaient généralement éloignés de toute agitation. Ce type du citoyen, brûlant du plus sincère patriotisme, qui n'a pas encore disparu dans certaines contrées bénies, était universel dans nos campagnes. Combien il était heureux le paysan français, toujours franc et loyal et toujours l'ouvrier soumis et consciencieux de la Providence! Or j'en appelle à vos souvenirs et à l'impartialité de votre jugement, lecteur, croyez-vous que votre père, qui n'avait pas conscience ni idée de la politique, mais qui en savait beaucoup plus que vous parce qu'il savait son catéchisme, résumé de toutes les lois, et seule science réellement importante, qui ne s'occupait que de sa charrue, qui aimait son clocher parce qu'il abritait l'humble tombe de ses ancêtres, qui n'avait d'autre ambition que d'élever honnêtement sa famille et de l'établir sur le sol bien-aimé de son patrimoine, croyez-vous qu'il n'était pas plus heureux que vous? Il possédait assurément ce calme si nécessaire au bonheur et cette paix intérieure que vous ne connaîtrez jamais.

« Le pauvre en sa cabane où le chaume le couvre
» est moins savant que nous sans doute, mais plus véri-
» tablement social s'il assiste au catéchisme et s'il en
» profite (De Maistre.) »

Il est incontestable que le *progrès* sans religion est un audacieux mensonge. Je comprends que M. de Maistre ait dit que la religion seule même à un degré très-imparfait, suffit pour exclure l'état sauvage. Je le comprends d'autant mieux que j'assiste au retour de l'état sauvage dans les campagnes où certains êtres dégradés ont renoncé à tout sentiment religieux. Que dis-je ? les souvenirs pieux, les âmes pures et le saint nom de Dieu les exaspèrent. Malheureux, votre rage et votre colère me font penser au serpent qui se brise les crochets sur une barre de fer !

Voyez-vous cet homme isolé, irréligieux et par là même incomplet. Je ne trouve en lui que tout juste l'apparence humaine. Sa physionomie est vile et son attitude abrutie. Son âme (car il en a une malgré lui) est un miroir terne incapable de prendre aucune des figures qui le frappent. Son épiderme moral est tellement coriace qu'il est parfaitement impossible d'arriver à sa raison et encore moins à son cœur. Il est d'autant plus orgueilleux qu'il est plus bête. A force d'ignorance et d'insipidité il a fini par croire qu'il sait tout et qu'il comprend tout. Il ne craint pas d'affirmer que Dieu n'existe pas, que l'homme vit d'instinct comme la bête, qu'il a l'intelligence de son espèce, comme la bête a l'intelligence de la sienne, qu'il y a des contre-sens dans la nature..... En un mot, ce sauvage est un esprit fort.

Le mensonge est chose permise à l'homme parce que les grands le commettent et que tout ici-bas est trahison. Il l'affirme, et il vit de ruse, sinon de coquinerie. Il affecte, le dimanche surtout, une tenue sordide, sa barbe est inculte, il est fier de sa crasse. Du fond de ces bois, ce sauvage, à l'air goguenard, aboie de loin comme les roquets, contre la religion et contre l'autorité. — Voilà, messieurs les libéraux, le portrait de l'homme sans religion. Voilà l'œuvre du progrès. Des sentiments sociaux ? cet être n'en a pas, il n'en aura jamais.

Ah ! la Providence châtie terriblement l'homme révolté contre ses lois. Que feront les enfants dans la bauge paternelle ? Que deviendront-ils ? — De pauvres petits sauvages, dignes fils d'un tel père.

Aujourd'hui le cultivateur de nos campagnes n'est plus l'*homo simplex*, l'homme simple, à la conscience nette, aux vues droites, aux sentiments généreux, au patriotisme désintéressé. Non ! c'est un ambitieux qui dans son opinion ne saurait être satisfait que lorsqu'il pourra faire l'acquisition du coin de terre qui borde sa propriété. Son projet s'est-il réalisé ? Hélas ! il n'en est pas plus heureux, car l'ambition le presse toujours davantage. Il lui faudrait encore telle et telle portion de terrain. Réussit-il à nouveau ? L'ambition l'agite plus violemment, elle le pousse toujours en avant, d'une satisfaction à peine sentie à un désir toujours plus âpre ; et ainsi, sans s'apercevoir qu'au milieu de cette agitation incessante et tyrannique, ses jours et ses années augmentent, que la vie lui échappe et que tous ses efforts sont vains, il arrive au terme fatal dévoré d'ambition, et en proie aux plus violents regrets. Il sent que la mort gagne chaque jour un terrain considérable sur ses pas ralentis; il s'aperçoit qu'au premier moment il peut être arraché à tous ces liens; et pourtant il continue d'entretenir dans son cœur les sentiments les plus sordides et les pensées les plus égoïstes. Et après avoir été le triste jouet de ses passions, il meurt comme il a vécu, malheureux, sans consolations ni espérance. Il y a des exceptions et de nombreuses dans la campagne comme partout, je le sais, et je suis heureux de le déclarer.

Et vous, hommes du *progrès*, (car cette lèpre de l'ambition s'étend sur tout le corps social) quelle que soit votre position, qu'est-ce qui vous rend malheureux? — cette agitation qui n'est point modérée par des sentiments religieux. Qu'est-ce qui vous dévore? — cette ambition déraisonnable, ces désirs effrénés, ces menées et ces intrigues coupables pour arriver à la fortune. — Avez-vous atteint le but proposé tout d'abord? — il ne vous suffit plus. L'agitation, complétement souveraine, despote audacieux et impitoyable, vous commande de marcher encore. Et puis, à la fortune vous devrez réunir les honneurs. Et si le souvenir de votre roture vous persécute par trop, vous chercherez à l'effacer en vous précipitant, au nom de la *liberté*, dans le mouvement, espérant que ce mouvement vous élèvera au-dessus de la foule, que les circonstances vous transformeront en hommes politiques, et qu'une révolution vous déposera sur le terrain des honneurs. Et dès lors, heurtés par tous les désirs à la fois, dans le tumulte de vos triomphes et de vos échecs, portés tantôt sur les ailes du succès, tantôt cachés sous le linceul de votre honte, soumis à tous et toujours esclaves, une voie de paix et de calme ne s'ouvrira jamais devant vous. Vous êtes entrés dans ce labyrinthe de l'agitation et des passions, vous y marcherez en aveugles sans jamais pouvoir en sortir, à moins qu'une lumière spéciale de la Providence ou que le doigt de Dieu ne vous en montre l'issue.

CHAPITRE XIV

LA PROVINCE

En 48 la capitale se soulevait, mais se soulevait seule, et la *Province* demeurait calme. En 1871, la *Province* ayant progressé sensiblement, suit le mouvement avec ponctualité. La Commune aurait volontiers des représentants dans les plus petites bourgades. Les doctes enseignements des Duruy, Michelet, Renan, About et Compagnie l'ont enfin éclairée.

Plusieurs départements sont devenus un foyer d'anarchie et un centre d'opposition prêts à faire échec à tout pouvoir.

> . . . . . Undique totis
> Usque adeo turbatur agris.
>
> (*Virg. Egl. I.*)

Les désordres qui paraissent de tous côtés dans la campagne sont tels, que la science démagogique a produit ses effets; nos meilleures contrées sont tristement émues, et nos paysans les plus réservés sont pervertis, ou en voie de perversion ; car, je dois le reconnaître, l'œuvre n'est pas encore entièrement consommée. Qu'on traverse nos campagnes ; qu'on se permette une étude de mœurs un peu sérieuse, hélas ! hélas ! ce ne sont plus nos braves et simples paysans si bons à la charrue, si dévoués à la famille, si courageux sous les drapeaux. Non ! Les campagnes respirent la défiance et l'égoïsme, et les paysans tristes, songeurs et préoccupés, ne tiennent plus comme autrefois la charrue, en scandant une de ces vieilles chansons gauloises, dont la mélodie et les paroles peignaient si bien la paix, le contentement et l'absence de toute ambition. Nous voudrions parler de la Province comme en parlaient les écrivains d'autrefois, mais nous ne serions plus dans la vérité. Sans doute, pour rappeler ici le mot heureux d'un poëte anglais, Dieu a fait la campagne, et l'homme a fait la ville ; sans doute, c'est le beau de la création. Mais hélas ! aujourd'hui les charmes principaux de cette création ont disparu. Ne peut-on pas dire qu'il n'y a plus de campagne ? Les prétentions ont pénétré partout, l'esprit moderne a imprimé profondément les traces de ses ravages, et les habitudes, les mœurs, les usages, les vêtements et les fêtes ont été et sont l'objet d'un scandaleux vandalisme. Y a-t-il au moins progrès matériel ? J'affirme que le bien-être prétendu ne compense nullement le travail exagéré, infructueux et souvent sacrilége du cultivateur libéral dévoré d'ambition. J'affirme que le laboureur n'est pas heureux comme il pourrait l'être, et comme il l'est dans les campagnes qui ont gardé leurs usages et conservé pieusement la virginité des habitudes de leurs ancêtres et de leur vie simple.

Avant de commencer son travail, le paysan de notre époque, le paysan du *progrès*, passe au cabaret où il prend connaissance du *bulletin*, où il disserte avec Pierre et Paul, et où, chauffant la candidature d'un Barodet quelconque, il travaille à démolir quelque candidat clérical. Puis il s'en va dans les champs en songeant que le châtelain ou le curé se promènent si bon leur semble. Rien que cette pensée le révolte. Pas plus que Garo, il ne veut admettre que le gland germe et pousse sur la cime d'un chêne..... et il réfléchit sur la possibilité de sortir de sa situation. C'est très-éventuel, très-aléatoire, mais que voulez-vous? Il n'a pas lu La Fontaine, et il ignore le châtiment de l'ambitieuse grenouille. Il s'avoue *in petto*, avec tous les sentiments possibles de modestie, que le moment venu il en vaudrait bien un autre, surtout s'il s'agissait de redresser cette symétrie bâtarde, œuvre d'une Providence arriérée et aveugle.

Qui sait? sous le futur état de choses, (car notre situation politique a cela d'avantageux, que nous vivons toujours au futur, même lorsque la République est proclamée) il pourrait être maire ou tout au moins adjoint, d'autant plus qu'il compte déjà parmi les conseillers les plus notables du village. Et puis, enfin, la logique aidant, il pense que, puisqu'un ex-maître d'école, l'aimable Barodet, est arrivé à la députation, il pourrait bien lui aussi, lui qui sait lire et écrire l'un des mieux du pays, arriver un jour à être candidat radical, conseiller d'arrondissement, conseiller général, et député *ejusdem farinæ*. Ne l'admire-t-on pas, ne l'écoute-t-on pas lorsqu'il parle au cabaret ?

Vous souriez, lecteur, et pourtant rien malheureusement n'est exagéré dans ce tableau. Je vis au milieu des paysans ; je les vois ; je leur parle ; je les entends ; je sais la manière d'esprit fort avec laquelle ils écoutent et entendent mes modestes instructions, où je leur dis tout simplement d'où ils viennent, ce qu'ils sont et où ils vont. Je prends dans le vif de ce qui se passe sous mes yeux à l'heure actuelle. Je le répète, je n'exagère rien.

Mais revenons à notre laboureur. Et afin de montrer tous les avantages qui découlent, pour la classe ouvrière, des lumières répandues à profusion par le *révolutionarisme*, qu'on me permette une simple esquisse. Il faut que l'on voie bien les effets réels de *la presse* de l'époque.

Vous l'avez compris, avec les idées qui occupent notre *sujet*, il est difficile de rester à la charrue ; aussi dételle-t-il bien longtemps avant l'heure. Il s'en va ; et comme il passe fatalement sous le bouchon du marchand de vins, il entend quelques voisins, des *frères et amis*, cela va sans dire. Agira-t-il comme un sauvage, ou peut-être même comme l'eût fait son vieux père ? Il ne le peut. Il entre donc. Quelle joie ! Le père Pavache et le cordonnier Gribois, tous deux du reste conseillers municipaux comme lui, puis un boucher du canton en tournée — tous bons vivants! — On débute par un mot sur le temps. Notre homme en profite malicieusement pour rabâcher cette banalité : « Je voudrais être curé pour me promener par ce beau soleil. » La motion est applaudie, l'orateur est flatté; cela vaut bien un litre. — Toute claque à la campagne se paye comme au théâtre. — Du reste, Pavache et Gribois au gosier en feu, au regard morne, à l'attitude d'abrutis, s'inclinent depuis longtemps devant sa supériorité incontestée.

Le boucher fait volontiers un peu de politique; qui ne s'en mêle aujourd'hui? — mais il préfère celle du marchand qui parfois lui rapporte assez gros. Aussi, en apprenant que le fermier a dans son étable un veau à vendre, se montre-t-il de facile composition et plus que bienveillant. Il devient aussitôt grand admirateur des bonnes saillies du nouvel arrivé.

Il sera, quand même, de l'avis de l'orateur. Il a compris son faible..... Et la politique demande-t-il? — Le laboureur, qui, depuis les promesses de Gambetta et les espérances des nouvelles couches sociales, s'étudie en toute circonstance à manier la parole, saisit l'occasion, prend un siége, remplit les verres, commande une nouvelle bouteille et accentue très-fort les assertions du *Siècle* ou du *Rappel*, son journal, touchant les affaires générales, touchant Rome, touchant les carlistes. Voilà pourtant, s'écrie-t-il, où nous mènent tous ces fainéants qu'on nourrit à rien faire. Oui, tant que les curés se mêleront de nos affaires, rien ne progressera! Qu'ils se contentent de dire leur messe et de confesser les enfants et les bonnes femmes, etc., etc. Et puis, tenez, mes amis, les hommes qui sont à la tête du gouvernement sont des citoyens sans patriotisme ; ils font leur bourse et ne s'occupent que de leurs avantages personnels et de leur parti. Cela ne saurait durer! D'abord, ils ne croient pas à la République, le seul gouvernement possible! Depuis qu'ils sont aux affaires, ils préparent les élections et influent sur les faibles et sur les imbéciles. (Nous n'étions pas encore à la date mémorable du 26 février 1875.) N'ont-ils pas fait triompher dans le département de..... le marquis de..... un noble, un clérical, un partisan de l'ancien régime? Hein! Est-ce là l'*homme du progrès?* Est-ce là l'homme qu'il faut à *notre époque de lumière et de liberté?* Encore, s'ils n'avaient pas calomnié Tricochet, le candidat radical..... un bon pourtant, celui-là, je vous en réponds, et puis pas fier, et prêt à tenir tête au premier venu devant une bouteille. Ah! mes amis, vous n'avez qu'à lire sa profession de foi..... Lecteur, je vous fais grâce du reste. Arrivons aux conclusions.

On parle, on crie, on blasphème, on boit..... Pavache s'est endormi sur la table; Gribois trouvera sûrement, tout à l'heure, que sa maison n'est plus à sa place. Notre héros a sa dose habituelle. Le boucher seul s'est ménagé; et sentant que l'heure est propice, il demande à voir le veau. Le politiqueur ne s'est jamais senti plus en veine de réussir un marché. On se dirige donc vers sa demeure. Les premiers ordres, que reçoit en tremblant sa pauvre femme, sont d'aller à la cave. On boit de nouveau, puis on bâcle le marché..... mais à la condition que l'acquéreur paiera à déjeuner au restaurant et café de France, rendez-vous des *vrais* et des *purs*. Le paysan est enchanté, une larme de joie et de satisfaction roule sous sa paupière alourdie, et le boucher trouve qu'il n'a pas perdu sa soirée. Tous deux sont contents et se séparent après force protestations d'amitié. Seulement le lendemain éclaire la situation; le laboureur s'aperçoit que le marché pourrait être plus avantageux, mais il s'en consolera dans la société des compères de la veille, tout disposés à composer de nouveau l'auditoire. Et puis, il déjeunera au restaurant de France! Comme on l'écoutera! comme on le connaîtra désormais dans ce milieu, objet de ses plus vives aspirations! quelle riche moisson d'arguments! quelle collection de bons mots il fera!!! C'est en effet au cabaret, à la ville comme à la campagne, que l'on enseigne la politique et que l'on trouve les hommes vraiment forts en raisonnements, et surtout en histoire.

Le jour arrive; il livre sa marchandise et déjeune copieusement. Abordant cordialement toutes les sociétés, il est abordé par tous les *frères et amis*, qui pullulent autour de ce *veinard* qui vient de toucher 150 francs. Bonne aubaine, se disent-ils, et ils entourent et ils félicitent et ils admirent ce nouveau disciple de la secte démagogique. — Finalement, notre homme dépense 25 à 30 francs, vend son veau 30 francs au-dessous du cours, et perd un cheval qui a été pris d'un refroidissement à la porte du café ; nous ne parlons pas de l'écot du jour du marché, et nous passons sous silence les meurtrissures et les coups distribués à sa malheureuse femme qui, j'en suis certain, doit chaque jour ajouter à ses prières ces deux invocations :

Seigneur, délivrez-nous du journalisme !

Seigneur, délivrez-nous de la politique !

Hélas ! que je vois de maisons ruinées de la sorte sous mes yeux ! Et combien j'ai sujet de déplorer le mal qui se fait par cette voie diabolique de la *presse* et sous le couvert du *progrès*, dans les familles autrefois si calmes, aujourd'hui un enfer. On dissipera son bien, ce bien amassé par le labeur assidu et patient d'un bon père ; on insultera à sa mémoire, et on proclamera bien haut que ce père, honnête travailleur, était un simple, un maladroit, soumis à toutes les lois religieuses et humaines, un esclave en un mot.

Promenez-vous dans la campagne, voyez deux paysans. Parlent-ils culture, engrais, bétail? Ah bien oui ! Ils dissertent très-puissamment des droits de l'homme et de son indépendance. Aussi la *Province*, qui jusqu'alors n'a que peu souffert du mal révolutionnaire, promet-elle d'imiter les faubourgs de la Capitale. Et qu'on ne s'illusionne pas ! Les *doctrinaires* des nouveautés l'ont éclairée ; et elle serait prête à prouver au besoin qu'elle possède à merveille toutes les données du *progrès*, et qu'il n'y a pas loin de la théorie à la pratique. Qui pourrait l'arrêter? Il n'y a plus de digue contre les flots, il n'y a plus d'abri contre la tempête, les vieilles assises du corps social sont ébranlées, et au premier mouvement, nous sommes condamnés à subir les brutalités, les horreurs et les crimes de la tourbe révolutionnaire.

Cette dégénérescence de la campagne est assurément le symptôme le plus alarmant, et lorsqu'on se voit par 1871 si distancés de 93, on se demande : que deviendrons-nous demain?..... Il en est qui comptent sur l'armée, sur l'administration, sur la bonne volonté et l'énergie du parti de l'ordre ; il en est d'autres, et je sais plus d'un *libéral* de cet avis, de ceux qui possèdent, bien entendu, qui souhaitent à la France le régime du sabre..... Mais les flots de la mer ont-ils d'autres lois que les lois providentielles? Non, non, peuple aveugle et coupable, tu ne saurais trouver un abri sûr contre le danger qui te menace, que le jour où tu accepteras comme méritées les expiations de la patrie, et où tu maudiras tes lâches infidélités au seul et unique principe de ta grandeur et de ta valeur.

La campagne, cet asile de la loyauté, ce refuge de la droiture et de la justice, cette Béthanie de la foi, ne vit plus que de ruses, d'injustices et d'impiétés. Comme dans les quartiers les plus dangereux des grandes villes, comme dans les faubourgs les plus mal famés de la Capitale, la voie du crime y est ouverte et trop fidèlement pratiquée. Il faut sortir de sa condition, il faut amasser! Voilà à quoi l'on consacre entièrement son temps, ses talents et son influence. Tous les moyens sont bons. On est volé, on vole. On est trompé, on trompe, et sans le plus léger scrupule. Aussi est-il palpable que le niveau de la moralité a baissé et baisse à vue d'œil.

Vous me taxez d'exagération, lecteur? Eh bien, j'affirme qu'aujourd'hui cinq sur dix vous vendront un cheval vicieux, sans déclarer son vice, fût-il rédhibitoire. En tout temps, me direz-vous, il y a eu des voleurs, surtout en ce genre de commerce. J'en conviens; mais ils savaient qu'ils étaient des voleurs, et supportaient volontiers le titre de *maquignon,* dont ils comprenaient tout le sens et toute la portée. Tandis qu'à l'heure actuelle, non-seulement on est fort éloigné de se classer parmi les voleurs, mais pas même parmi les indélicats. Que dis-je? on se vante de ses bons tours, et on est heureux de s'entendre dire : vous, vous êtes un malin, un roué, un heureux coquin! On a été trompé, on trompe; rien de plus logique pour les pauvres gens qui n'ont plus d'autres enseignements que ceux d'une presse matérialiste. Ils sont incapables de se dire : de ce que Pierre m'a volé ma bourse, il ne s'ensuit pas que j'aie le droit de voler la bourse de Paul. — Non! tel marchand m'a volé; j'en volerai un autre si je puis. Cela ne m'empêchera pas de proclamer mon honorabilité, et de dire bien haut : Moi, je n'ai jamais fait tort d'un centime à qui que ce soit !

Un fait, que j'ai vu et dont j'ai parfaitement connu toutes les circonstances, montrera, mieux que tous les raisonnements, que ce que j'avance est l'exacte vérité ; et par ce fait même, on verra où en est le paysan sans religion. Qu'on me pardonne ces détails ; j'écris pour tous et je cherche à être utile à tous. Je connais des fermes où l'on vend à une seule maison, par suite d'engagements, formels tout le lait de chaque jour. Eh bien, cela n'empêche nullement la ménagère de porter au marché, chaque semaine, cinq à six kilogrammes de beurre de premier choix. Comment s'y prend-elle ? Rien de plus simple. Elle trait les vaches deux heures avant le passage du laitier ; temps suffisant pour que la meilleure crême monte naturellement ou par artifice. Elle retire cette crême, et le tour est joué ! Système des plus ingénieux, puisque le lait gagne plutôt en pesanteur. Mais comme cette pesanteur même pourrait trahir le criminel secret, elle ajoute un peu d'eau et tous les galactomètres de MM. Donné ou Chevalier ne sauraient avoir la précision de cette fermière, qui, avec toute sa simplicité, vend du beurre et augmente la quantité du lait.

Pauvres Parisiens, qui plaignez l'esprit tardif du paysan et qui déplorez son ignorance, comprenez-le bien, il suit le *mouvement* ; il est dans le *progrès* ; votre lait en subira bien d'autres et sera tripoté jusque dans votre cuisine. *Per quæ peccat quis, per hæc et torquetur.*

Vous admettez que tous les moyens sont bons pour arriver à la fortune; vous subissez les conséquences de vos étranges propositions. Ministres du *progrès*, qui avez arraché du cœur de l'homme la foi, pour y implanter la cupidité, voilà où nous en sommes! Vous n'avez plus à espérer que mensonge, désordre et injustice.

Qu'on me permette la contre-partie de ce fait d'autant plus révoltant qu'il met en péril la vie de toute une population.

On a vu les effets de la doctrine du *progrès* et des leçons des doctrinaires de la *presse;* on verra les effets de la doctrine de Jésus-Christ et des leçons des ministres du saint Evangile.

Il y a douze ans, un jeune homme fort capable, qui n'avait d'autre défaut que celui d'être imbu des principes religieux, était en même temps que moi professeur dans un collége de Paris. Comme il était sans fortune, il enseignait, tout en préparant son doctorat en médecine, un cours de hautes mathématiques. Un jour, il vint me trouver à ma chambre :

— Mon cher ami, me dit-il, si le diable n'y est pour rien, j'ai une découverte qui peut dans les vingt-quatre heures faire ma fortune. Mais... mais... je n'en suis qu'à demi enchanté.

— Comment! redouteriez-vous les soucis d'une haute situation dans le monde? Avec vos talents, ajoutai-je, et votre cargaison scientifique, vous serez positivement à votre place.

— Oui, oui, c'est très-bien, reprit-il, mais voici la chose, mon cher abbé : Je suis arrivé par une progression toute mathématique, et à la suite de mille expériences chimiques, à composer du lait sans aucun frais... 2 à 3 centimes le litre. Il a la couleur, le goût et le poids du vrai lait ; et pour peu qu'on y mêle, ce qui a la rigueur n'est pas nécessaire, un tiers de lait naturel, je défie qu'on le soupçonne d'aucune falsification.

— Quelle est donc votre composition ? Vous m'éblouissez, ami, et je crains très-fort de me trouver en face d'un sorcier.

— Mon cher, continua-t-il en souriant, voici ma découverte.

Et après m'avoir mis au courant des moindres détails.....

— Mais j'en ai fait vendre cinquante litres au laitier de M. notre voisin.

— Comment ! vous avez osé ? ce lait ne peut-il au moins causer de désastres ? Etes-vous bien sûr qu'il est sinon nourrissant, du moins anodin ? Que vous a dit le laitier ?

— Le laitier est tout simplement en extase devant moi ; il m'offre 10,000 francs et me fait les propositions les plus extraordinaires. Voulez-vous venir prendre une tasse de lait à la vacherie ?

Je ne demandais pas mieux ; du reste, nous étions coutumiers du fait. Nous trouvâmes le laitier qui offrit 20,000 francs, et qui revint avec un confrère pour acheter l'invention. Ils offrirent 50,000 francs, proposèrent une association, etc., etc.

Mon silence avait été compris par mon intelligent ami, qui répondit à ces messieurs :

— Non ! ni pour un prix, ni pour un autre, je ne dévoilerai mon secret dont on abuserait infailliblement, et qui pourrait avoir les plus terribles conséquences sur une population. Il n'y a rien dans mes mélanges qui soit dangereux et directement nuisible, mais il n'y a presque rien non plus qui renferme quelques propriétés nutritives. Je ne puis en conscience ni vous vendre ni vous dévoiler le secret de mon invention.

Lorsqu'ils furent partis :

— Est-ce ennuyeux, me dit mon digne et généreux ami, de croire en Dieu ? Est-ce gênant ?

Et il riait de bon cœur en répétant :

— Ce diable de lait serait nécessairement, à la longue, un débilitant mortel. C'est égal, si je ne croyais à rien, si j'avais le bonheur de vivre en *libre-penseur*, j'en prendrais à mon aise de tous ces préceptes rigoureux ; j'aurais vite fait un arrangement avec les plus fortes maisons de Paris, ou monté une chaudière monumentale.

Quelques jours plus tard, il passait brillamment ses examens, et s'installait à quelques lieues de Paris. Tous les salons lui furent ouverts aussitôt. Il fit le plus heureux des mariages..... Hélas ! hélas ! après vingt mois de bonheur, après la naissance d'un bel enfant, ce pauvre ami vit la mort souveraine dans sa maison. Les siens succombèrent..... Lui-même, malgré la plus rare énergie, dut plier sous le poids de ses chagrins, et rejoindre bientôt ceux qu'il avait aimés. Qu'il était calme, qu'il était heureux sur son lit de douleurs ! Il avait l'espérance ! Il avait aimé la loi. Il avait combattu le bon combat. Il entrevoyait la couronne immortelle. Il était, il est au ciel.

CHAPITRE XV

L'OUVRIER DES CAMPAGNES

L'ouvrier des campagnes raisonne et agit absolument comme l'ouvrier des grandes villes, qui, règle générale, déteste son patron et le propriétaire qui l'emploie. Bien entendu, il y a, et je suis heureux de le constater, d'heureuses et nombreuses exceptions.

Tel châtelain, qui depuis longtemps le fait vivre lui et sa famille, est un accapareur qui jouit d'une belle fortune. Pourquoi? N'est-il pas son égal? Ne serait-il pas bien préférable que cette immense fortune appartînt à tous?..... Il se monte la tête, mange le lundi le gain de la semaine écoulée, maudit son bienfaiteur, et ne retourne au travail qu'avec la résolution bien arrêtée de se venger de ce qu'il appelle une injustice criante. Comment exercera-t-il sa vengeance? — en travaillant le moins possible.

Il en est un tiers qui ne voudraient pas dérober votre bourse, d'autant plus que les gendarmes interviennent généralement dans ces choses-là, et qui ne se font pas le moindre scrupule de frustrer, de plusieurs heures chaque jour, le bourgeois qui les occupe, souvent pour les sortir du malheur et les arracher à la misère. Qu'on se donne la peine de calculer le dommage causé dans le cours d'une année ; et si les ouvriers sont nombreux au chantier, l'exemple devient une plaie incurable dont le maître souffrira s'il n'est ruiné.

Ces puissants penseurs, disciples soumis du *révolutionarisme*, s'appuient cependant sur les raisons d'*indépendance*, d'*égalité*, et de *liberté*. Le niveau du *progrès* n'est-il pas passé sur toutes les classes? A quoi bon se fatiguer pour un homme qui ne songe qu'à son plaisir et à son bien-être? A quoi bon grossir une fortune déjà trop considérable?.....

Je connais des propriétaires qui, bon an mal an, occupent en moyenne douze à quinze ouvriers. Soit 300 jours × 12 = 3,600 journées à 3 francs, 10,800 fr. Or je mets en fait, je le vois constamment, je le sais de bonne source que six de ces ouvriers, perdus par la débauche et les mauvais conseils, gaspillent et perdent volontairement un quart du temps qu'ils doivent au travail. Ce qui donne pour six ouvriers un jour et demi ou 4 francs 50 par jour. Qu'on le multiplie par 300 jours et l'on aura 1350 francs. Et si on multipliait ce dernier chiffre par 10 seulement, on trouverait 13,500 francs. Et on resterait encore bien en deçà de la logique, car ces ouvriers (moins aujourd'hui il est vrai) travaillent souvent de père en fils dans ces maisons[1].

1. L'exemple cité est certainement au-dessous de l'exacte

Eh bien! — et voilà où est le danger, la plaie, la mort, — avec ces preuves en main, ne vous avisez pas de mettre en doute l'honnêteté de ces travailleurs. Je suis un honnête homme, vous dira le plus coupable de la bande, je n'ai ni tué ni volé ; je n'ai jamais fait tort d'un centime à personne..... N'est-ce pas une situation critique et vraiment déplorable que celle qui nous place en face d'hommes à conscience aveugle, ou plutôt sans conscience? N'est-il pas triste de vivre au milieu d'hommes qui se font un programme et une loi de l'injustice, et qui s'y considèrent comme dans la voie de l'honneur et du bon droit? — Et puis, on vient nous demander pourquoi ces nouveaux et fervents disciples du *libéralisme démocratique* ne viennent plus à l'église!— Pourquoi? — Parce que M. le curé, toujours bien renseigné sur la moralité de chacun, pourrait mettre le doigt sur la plaie et leur dire, sans aucuns ménagements : non, vous n'êtes pas honnêtes!

Mais suivons cet ouvrier que nous voyons l'ennemi de celui qui le soutient, et qui chaque jour s'efforce de dépouiller jusqu'aux souvenirs religieux. Il devient peu à peu fainéant. Or, on sait où conduit la paresse:... à la débauche, à la perversion, au crime souvent! Hélas! combien d'exemples, dont j'ai été et dont je suis le témoin désolé, je pourrais citer!

vérité, car la plupart perdent au moins la moitié des heures comptées et rétribuées.

Cet homme ne travaille que sous l'œil du maître, *ad oculum serviens;* c'est un misérable esclave qui rejette les moyens d'arriver à la vraie liberté, et qui, de ses propres mains, forge ses propres chaînes, au nom même de la *liberté*. Il n'admet pas de supérieur, et il se venge de la situation qui lui est faite en se livrant à quelque désordre. Tout est prévu. Pour que les heures dérobées ça et là au travail ne paraissent pas trop accablantes, il a emporté une provision d'alcool que l'on boira sur le chantier, à la santé du patron trompé et nargué. Bientôt cet infortuné, néophyte respectueux des professeurs du *désordre moral*, qui ne font défaut dans aucune bourgade, tombe dans l'abrutissement le plus complet. Il ne conserve de la créature humaine que l'écorce, et encore..... ! Le maître qui suit les progrès de cette dégradation, ne le renvoie cependant pas, d'abord parce que la charité le lui conseille, et ensuite parce qu'il redoute le courroux et la vengeance de cet être abject, prêt à tomber dans les abîmes du crime.

Le dimanche, le lundi et le mardi matin, l'intéressant disciple de Bacchus, en compagnie des prosélytes de la Révolution, ne quitte pas le cabaret. Le soir du troisième jour il se dirige, comme il peut, vers le chantier, où il ne travaille pas, bien entendu, et d'où il éloigne les camarades. On retourne au cabaret; on boit; il paie.

Il paie, c'est très-bien, me direz-vous, lecteur, mais avec quoi? — Avec quoi? c'est là, je vous l'assure, le moindre de ses soucis. D'abord il gagne, même en ne faisant rien ou à peu près rien, 12 à 15 francs par semaine; ensuite le maître qui le craint lui avance souvent et lui prête quelquefois; de plus, il sait battre monnaie en vendant les provisions que sa brave femme a dû faire pour la saison rigoureuse, et en exigeant d'elle ses économies, fruit de ses privations et de ses veilles. Enfin, il engage, par hypothèque, la maisonnette et le jardin qu'il tient de son vieux père, et va jusqu'à livrer au cabaretier son linge, celui de sa femme et de ses enfants et jusqu'à son dernier matelas.

Le malheureux a le teint noirci et boursouflé par la boisson; ses cheveux en désordre sont blanchis avant l'âge; ses paupières qui abritent une prunelle en feu, sont appesanties et humides. Le nez, la bouche, les oreilles, le front, la barbe, les mains, les vêtements, tout est sale, repoussant et ignoble. Il en est arrivé à boire jour et nuit. Ses enfants tremblent à son approche; sa langue n'articule plus que des blasphèmes; sa femme porte continuellement des traces de ses brutalités..... Un soir, il brise ce qui reste du ménage, jette ses enfants à la porte, broie sous ses pieds sa malheureuse femme, et la laisse pour morte sur le plancher..... Jusqu'alors personne ne lui a contesté le haut du pavé ni le droit le plus large à l'insulte, à l'outrage, à l'ivrognerie et à la cruauté; mais en présence de faits aussi graves, la gendarmerie est prévenue; le monstre est condamné à quinze jours de prison. En attendant l'exécution du jugement du tribunal, que fait-il? il crie, il boit, il jure, il blasphème, il frappe sa femme, ses enfants, il s'enivre toujours davantage, sa vie et sa maison semblent une succursale de l'enfer..... et un matin, on trouve son hideux cadavre dans la mare du pays.... *erudimini gentes !!!*

Voilà, messieurs les libres-penseurs, les résultats de votre doctrine athée et de vos enseignements matérialistes. Il n'a pas été un grand criminel d'abord ; il n'eût même pas voulu dérober quelques francs, il était fils d'un honnête homme. Mais au nom de la *liberté* telle que vous la lui avez fait comprendre, il s'est refusé à la loi du travail ; au nom de l'*égalité révolutionnaire*, il a trouvé moyen d'apaiser sa conscience inquiète et troublée ; au nom de la *fraternité*, il a dépensé avec des ivrognes comme lui son gain et son avoir, il a ruiné sa maison. Au nom du matérialisme, sa nouvelle religion, il a satisfait ses passions viles et brutales. Au nom de l'égoïsme, qui remplace la charité chrétienne, il a exercé le despotisme le plus révoltant sur les siens. Au nom de sa prétendue souveraineté sur lui-même il s'est suicidé ! — Voilà bien le résumé de la vie de l'homme sans religion. Les assassins vulgaires ne savent pas, comme MM. les athées, prolonger le martyre de leur victime.

CHAPITRE XVI

L'ÉMEUTE ET LE GOUVERNEMENT RÉVOLUTIONNAIRE ET PSEUDO-LIBÉRAL.

Il en coûte à un pauvre curé de campagne d'entrer aussi profondément dans la lice politique; mais une secrète et vigoureuse impulsion l'entraîne, et sa conscience de citoyen français l'oblige à parler. La société est trop en péril pour qu'il n'ait pas le droit d'élever ici la voix; le danger est trop imminent pour qu'il ne puisse venir conjurer les hommes sérieux de comprendre enfin les manifestations dangereuses qui nous causent de si douloureuses impressions.

Il est un fait patent, c'est que l'Émeute est partout et qu'elle peut ouvrir à toute heure la porte à l'Empire ou à la Commune. Est-il un homme d'honneur qui ne soit prêt à lutter de toutes ses forces contre la criminelle tentative qui prépare une nouvelle édition de 1815 et de 1870, du 18 brumaire et du 2 décembre? Est-il un homme d'honneur qui ne cherche à préserver son pays du retour de la Commune? Or, nous touchons à une heure suprême, et le despotisme brutal de César ou l'anarchie sanglante de la Commune semblent un dilemme forcé.

Notre respect est acquis au vaillant maréchal de Mac-Mahon, et nous avons la plus entière confiance dans sa parole et dans sa loyauté; mais il s'abuserait singulièrement s'il prétendait commander à la force des choses et aux événements naturels. En réalité, son nom et sa gloire sont toute sa force. Nous n'attaquons pas la loi qui lui a donné le pouvoir pour sept ans; mais lui-même ne sent-il pas ce qui manque à ce pouvoir? Il ne peut compter ni sur un ministère, ni sur une majorité, ni sur une administration homogène. Le brave et digne maréchal ne sait-il pas que les préfets et sous-préfets du troisième Empire sont pour ainsi dire déjà nommés?... Or, tous ces employés sont des hommes politiques, qui n'ont pas besoin de sept années, pour triompher d'un gouvernement sans assises profondes et sans partisans dévoués.

Qu'on ne s'attende pas à rencontrer ici une violence ou une injure; mais aussi qu'on se garde bien de me confondre avec ces écrivains ineptes qui s'efforcent de tout concilier, et qui traitent avec une égale indulgence le bien et le mal. Je dois la vérité à mon pays; je lui dirai la vérité.

Le grand coupable, c'est l'Empire, ce gouvernement essentiellement révolutionnaire; le grand coupable, c'est l'Empereur, qui fut constamment dévoré d'une ambition aveugle et sans conscience; c'est l'homme dans lequel il est impossible de saisir un sentiment noble, une préoccupation honnête. La bassesse, la violence, la fourberie et l'hypocrisie l'ont tour à tour inspiré dans son œuvre destructive. Il a gaspillé nos richesses, compromis notre avenir, et menti au glorieux passé de la France; il a étouffé toute inspiration honorable, entravé tout élan généreux; il a patronné le désordre moral et encouragé l'impiété; en un mot, il a commis le crime le plus odieux, celui de lèse-nation, en voulant concentrer en lui seul la France. Que lui importait le pays, pourvu que l'Empire fût l'Empire? Mais on ne se substitue pas impunément à une nation valeureuse, et il est imprudent de jouer avec les passions populaires. La tolérance et l'intolérance d'un gouvernement appuyé sur le crime devait donner naissance à l'Émeute, et l'Émeute est partout. Voilà la vérité.

« La loi de Dieu et la loi des hommes ont été violées, » a dit un jour M. Maguire au Parlement anglais, « et ce qui a commencé dans la ruse et la perfidie » pour s'achever dans la violence, finira dans la honte. » Je livre ces paroles à la méditation de MM. les bonapartistes.

Ici, je n'omettrai certes pas de faire une réserve en faveur des hommes qui ont été, de la part de l'Empire, l'objet d'attentions spéciales, méritées sans bassesses, et qui ont conservé pour ce régime des sentiments de reconnaissance. Leur dévouement peut être à leur point de vue une sorte de dette d'honneur, et leur fidélité pour le maître qu'ils ont servi et qui, paraît-il, jouissait d'une puissance de fascination rare, ne saurait les déprécier à mes yeux. Combien qui ne sont bonapartistes qu'à ce titre !

Mais cette réserve faite, je déclare penser de l'Empire ce qu'en pense tout homme d'honneur aux sentiments élevés, à la conscience droite, ayant des notions parfaites sur la justice, sur la parole donnée, sur le serment, sur l'âme humaine, sur le caractère national, et sur le prix du sang des peuples.

Un écrivain de quelque mérite a dit : « Je suis trop de mon temps pour n'avoir pas fraternisé avec l'Émeute et pactisé avec la Révolution. J'en ai vu quelques-unes ; j'ai le regret de m'être mêlé à la première, plus tard j'y ai pris part en spectateur, plus tard encore en adversaire. » Ces lignes fort spirituelles s'appliquent à un grand nombre de Français, honnêtes libéraux qui préfèrent réchauffer le serpent, le flatter et le nourrir plutôt que de le tuer.

La majorité des hommes d'action sympathise avec l'émeute et pactise avec la révolution, précisément parce qu'on veut être par trop de son temps. Beaucoup me font l'effet de ces femmes qui s'élèvent contre telle mode, parce qu'elle est ruineuse et ridicule, et qui la suivent passionnément, et les premières. — Soyons de notre temps, très-bien ; mais avant tout soyons Français, et nous déploierons un bras vigoureux pour combattre l'Émeute et la Révolution. Quelle main bénie frappera le monstre à la tête d'airain, à la cuirasse de fer, qui nous enlace dans ses replis insaisissables et mortels? Quand nous sera-t-il donné de voir la nation française fouler aux pieds son cadavre hideux, et poursuivre, sans crainte ni terreur, sa mission civilisatrice par le monde?

Politiques libéraux, catholiques libéraux, libéraux toujours, libéraux partout, libéraux quand même, libéraux par routine, libéraux par obéissance, libéraux par *prudence*, libéraux par nécessité, libéraux à outrance, libéraux aveugles, nos conservateurs politiques, au lieu de rendre à César ce qui est à César et à Dieu ce qui est à Dieu, à la loi ce qui est à la loi et à la liberté ce qui est à la liberté, font des concessions toujours nouvelles et toujours plus compromettantes. Ils avouent hautement que dans la théorie des droits de l'homme il y a du bon; que ses principes en politique comme en religion sont nécessaires aux usages modernes, aux aspirations du siècle, et qu'on doit rendre aux masses, non pas seulement ce qui est aux masses, mais encore à peu près tout ce qu'il leur prend fantaisie de réclamer. Ce sont les masses inconscientes qui nous donneront un gouvernement.

Je connais d'honnêtes libéraux conservateurs, et pour cause, qui ont gémi sur les conséquences de ces doctrines, au moment où la France de la foi et de la morale râlait sous la botte d'un aventurier corse, et à cette heure à jamais néfaste où Paris était aux mains des forcenés de la Commune. Eh bien! ceux-là mêmes électrisent de nouveau le peuple par leurs opinions vertigineuses et leurs déclamations mensongères et par leurs principes purement théoriques. Ils étaient alors royalistes par nécessité, et maintenant ils patronnent Gambetta, Casimir Périer, Thiers ou Rouher.

Ces hommes auront-ils fraternisé avec l'Émeute et la Révolution? Point du tout! Ils le nient et le nieront jusqu'au jour où, comme tant d'autres, ils seront forcés de marcher sur l'hôtel de ville, avec leur queue. Le lendemain on trouvera dans cette queue l'étoffe de misérables sicaires dont ils feront certainement l'étrenne. *Per quæ peccat quis per hæc et torquetur*. En bon français : on est puni par où on a péché.

Auront-ils pour cela pactisé avec l'Émeute et la Révolution? Mais non! certainement non! Pur esprit d'abnégation, patriotisme, dévouement... voilà les sentiments généreux qui les auront portés au pouvoir et au sacrifice. Ils se poseront en victimes s'ils échouent, ou s'ils ont disparu dans la fange sous les piétinements féroces des frères et amis, ou sous la tyrannie d'un nouveau Bonaparte, qui fera le nivellement des nouvelles couches avec le sabre, l'échafaud et l'exil; les doctrinaires de leur école demanderont à la presse, à cette bouche aux cent voix, de proclamer leur doux commerce dans l'amitié, leur humilité, leur désintéressement, leur courage, la droiture de leurs intentions, leur loyauté et leurs vertus civiques.

Il est allé là, répétera-t-on sur toute la ligne, pour dominer la foule, pour sauver la patrie en danger. Quel beau, quel sublime désintéressement! On n'en croira pas un traître mot, à la vérité, et personne n'aura le courage de dire : Il l'a mérité! ses opinions étaient trop avancées, ses doctrines politiques et religieuses trop incendiaires; il était trop exalté : le malheureux dans sa folie encensait un dieu que les parfums enivrent; il serrait une main dont l'étreinte est toujours mortelle.

Il en est beaucoup qui, sans pactiser avec l'Émeute et la Révolution, restent simples spectateurs. Ceux-là sont-ils moins coupables? Oui, évidemment. Sont-ils innocents? Non, mille fois non, car s'ils doivent à toute heure leur concours à l'ordre et à l'autorité, ils le doivent avant tout à l'heure de l'Émeute. Lecteurs, l'Émeute et la Révolution sont partout, à l'heure où j'écris ces lignes; elles font d'épouvantables ravages dans les esprits et dans les cœurs, surtout chez la jeunesse inexpérimentée et si facile à perdre par l'exemple. Eh quoi! si vous étiez Français, vous qui possédez, vous ne vous reposeriez pas nonchalamment au sein de vos richesses, vous contentant de déplorer amèrement l'aspect et le fond des choses; si vous étiez Français, vous vous lèveriez comme un seul homme, vous sortiriez de cette apathie et de cette vie molle et nulle pour la patrie; si vous étiez Français, vous diriez à l'autorité indiscutable : « Je suis à tes ordres; mes opinions sont » celles de la justice pure et simple, sans discussion.

» Voilà mon or, voilà ma volonté, voilà mon bras,
» voilà mon sang! »

Et vous, ouvriers intelligents qui êtes le premier capital de la patrie, si vous étiez Français, vous apporteriez tous vos soins à l'élever dans la voie du progrès au-dessus de toutes les nations, et vous vous refuseriez à la jeter dans le désarroi et dans les dettes pour obéir à des imposteurs qui vous poussent en avant sans jamais vous suivre au feu.

Si vous étiez Français, vous, commerçants à tous les degrés, vous renonceriez à cette manie de politiquer. Elle vous réussit si mal que vous devriez, sinon par patriotisme, du moins par raison, vous prononcer une bonne fois pour la justice pure et simple.

Et vous, laboureurs qui, pour goûter quelque repos, avez si grand besoin de la paix qui conserve vos fils à votre affection et les laisse à la tête de vos travaux, comprenez enfin où se trouve le salut. Vous le savez bien, le salut ne saurait être que dans « un gouvernement » national ayant *le droit pour base, l'honnêteté pour moyen,* « *la grandeur morale pour but.* »

Donc, à l'exemple de notre vaillante armée, qui n'a d'autre règle que la loi et qui, lorsque ses chefs ont parlé, attaque un ennemi dix fois plus nombreux, serrons nos rangs, et, sous l'étendard sacré des vrais principes, attaquons tous ensemble l'ennemi commun, qui est l'esprit libéral et l'anarchie.

Tous, qui que vous soyez, si vous sentez en vous les

battements généreux d'un cœur vraiment français, vous combattrez dès maintenant l'Émeute et la Révolution; vous la combattrez partout où elle se produira, sous n'importe quelle forme, sous n'importe quel nom, sous n'importe quel prétexte. Et vous, gens d'ordre ou qui prétendez l'être, sachez-le bien, l'Émeute est partout, à la campagne et à la ville, dans la famille et dans la société, dans les lois, dans les mœurs, dans la religion, dans la politique, en haut, en bas, au milieu..... Elle est dans la presse, dans la rue, dans les idées et jusque dans la langue. Voilà, avec des dettes, des ruines et des humiliations, ce que nous a légué l'Empire. Combattons l'Émeute et la Révolution, si nous voulons sauver la France.

N'insultons pas les morts. Mais comme l'histoire est une dette du présent envers l'avenir, constatons que le flot d'immoralité qui nous envahit a été alimenté par les puissants réservoirs des Tuileries sous le dernier gouvernement. En débordant jusque sur nos provinces les plus lointaines, il a porté partout la corruption et la mort. L'homme fatal qui s'est assis pendant dix-huit années maudites sur le trône de France ne pouvait y apporter que les souvenirs et les principes d'un aventurier. Sa vie, son avénement, son règne, sa fin, tout est entaché de bassesse, n'en déplaise à M. Emile Ollivier, cet ami quasi-posthume du Bonaparte de Sedan. La vérité est immuable, elle demeure, et toutes les subtilités du langage ne sauraient l'anéantir. Londres, Boulogne, Paris, Toulon (il a évité Clichy), sont autant d'accusations et de témoins à charge.

On a dit : « Les Tuileries sont responsables de ce qui » se passe dans les familles, » et j'oserai répondre qu'elles sont responsables de tout ce qui tient à la nation dont elles sont la tête et le cœur.

L'autorité vraie, légitime, qui repose sur le droit et qui s'appuie uniquement sur la loi, ne donne pas gain de cause aux émeutiers. Elle sait au besoin imposer silence aux boulevardiers, cette nouvelle espèce de dogues à barbe. On m'objectera Louis XVI, et je répondrai que sa bonne foi fut trompée, qu'il fut victime uniquement de son incomparable bonté, et que si, sous une pression criminelle, il sanctionna certains décrets, il les désavoua plus tard. Sa rétractation fut solennelle. Pie VI dit : « La rétractation de Louis XVI écrite de sa » propre main et constatée encore par l'effusion d'un » sang si pur, était certaine et incontestable. » Je ne soutiendrai pas que Louis XVI ne fut pas d'une faiblesse regrettable ; mais je crois que ce serait une faute historique que de ne pas tenir compte de l'effet de l'école du XVIIIe siècle, et un crime d'établir un parallèle entre le roi martyr et Louis Bonaparte. De plus, en 1789, chacun était d'avis qu'il fallait des réformes dans l'ordre politique ; mais, au lieu de réformes prudentes, on eut les sanglants triomphes de la Révolution et on recueillit les fruits des germes maudits semés par la philosophie et l'hérésie des siècles précédents.

L'Empire, cela était de la dernière évidence pour tout observateur intelligent et impartial, ne pouvait vivre longtemps. Il était trop peu l'ami de l'ordre vrai et de la vraie justice. Cependant s'il eût eu conscience du rôle qu'il s'était attribué, s'il se fût considéré comme le protecteur des lois et de la morale en France, peut-être eût-il pu conjurer ces maux qui nous minent! peut-être même les eût-il détournés, s'il eût rompu avec ces principes démocratiques qui ont déchaîné toutes les ambitions, s'il eût frappé les insulteurs de l'Église, les insulteurs de la morale et les contempteurs de l'autorité, s'il eût été honnête dans ses moyens et dans sa fin ; et si, sans redouter les bombes Orsini, il eût brisé une bonne fois avec les sociétés secrètes qui lui ont arraché une à une toutes les concessions ; si, en un mot, il eût été l'Empereur des Français et non le coupable champion et le vil esclave du révolutionarisme. Mais non, il ne pouvait rien de bon, rien d'honnête ; son principe l'a tué, et si jamais un coup d'État ou un plébiscite porte celui qu'on appelle dans les cercles bonapartistes Napoléon IV au pouvoir, son principe le tuera : tel père, tel fils.

Non, Louis Bonaparte ne pouvait rien de vraiment utile et grand ; il était l'homme sans ressort, l'homme fatal et pour ainsi dire inconscient. Dans sa déclaration de guerre à la Prusse, dans son organisation militaire, dans sa conduite et dans sa fin, il y a des arguments que l'histoire a mis fidèlement en réserve. Ces arguments, ou plutôt ces faits, sont là palpitants de la plus désolante actualité, enregistrés sur le grand livre des nations, témoignant constamment de la bassesse et de la lâcheté de celui qui, pendant vingt ans, fut le corrupteur de la plus loyale et de la plus morale des nations; ne dirait-on pas qu'il n'a eu d'autre but que de transformer les Francs et d'avilir leur caractère?

Cela est sévère, j'en conviens, mais cela est la vérité que je me suis engagé à dévoiler tout entière.

On peut dire, pour répondre aux exigences de l'histoire, que le gouvernement impérial n'était pas honnête, et le prouver, même au général Bertrand, même à M. Ollivier, qui, avec toute son habileté oratoire, ne réussira jamais à excuser l'Empire ni ses fautes personnelles.

L'Empire n'était pas honnête lorsqu'il répandait et entretenait la corruption, et lorsqu'il tolérait un *libéralisme* qui était la négation même de la loi, *libéralisme* qu'il croyait maintenir dans les limites du *désordre moral*. — L'Empire n'était pas honnête lorsqu'il berçait la démagogie des plus folles espérances. Il ne l'était pas lorsqu'il confiait l'éducation de la jeunesse française à des libres-penseurs et à des athées. Annihiler la pensée et l'enfouir dans la matière, tel était son but, telle a été son œuvre. L'Empire n'était pas honnête lorsqu'il disait : l'Empire c'est la paix!

Nous récoltons aujourd'hui les fruits de ces semences

maudites. Nos campagnes comme nos villes sont perdues de corruption. Les bals nocturnes, tolérés sous l'Empire, ont toujours droit de cité, et jusqu'alors, dans nos campagnes, ils n'ont eu ni charges, ni patentes, ni entraves. Qu'importe à l'Etat que le jeune homme se ruine... il sera dès lors l'ennemi de l'*ordre moral*; que la jeune fille se perde... il en faut pour le recrutement des bouges infects de la capitale et des grandes villes. Qu'importe que les santés s'étiolent, et que les travaux languissent... pourvu que le *désordre moral* existe! Le bal sera donc toléré! Je suis surpris qu'il ne reçoive pas d'encouragements, et je m'attends chaque jour à voir quelques conseils municipaux allouer une subvention à ces utiles établissements.

Sous l'Empire, et on imite volontiers l'Empire, les autorités de telle ou telle bourgade accordaient, quand bon leur semblait, une heure, deux heures, et même la nuit entière à la débauche. Je pourrais citer maints endroits, où les habitants sont soumis pendant trois jours et trois nuits consécutifs à entendre le vacarme le plus insupportable et à voir les parodies les plus révoltantes. Alors que toute noble idée disparaissait sous l'impérial véto et qu'on faisait pépinière d'ignorants, le *désordre moral* avait, sous prétexte de liberté, ses coudées franches. Pauvres Français, pauvres paysans, oui, vous aviez la liberté du *désordre moral*, où la pression du maire et la surveillance du gendarme n'ont rien à voir. Liberté fatale, que tu as coûté cher à mon pays!

Et cette liberté du désordre était patronnée à ce point, qu'à propos des discussions religieuses, tous les journaux *pour* ont été frappés sous l'Empire, tandis que tous les journaux *contre* ont été constamment autorisés. « Politiques à bien courtes vues, a dit monseigneur Dupanloup, sont ceux qui ne savent pas que la politique dans ses fondements et dans ses sommets confine à la morale. »

Aujourd'hui, quoi qu'il en soit, tant l'erreur et l'aveuglement ont de puissance et le mal de contagion, la campagne, dont le patriotisme baisse chaque jour davantage, sans se souvenir de l'indigne conduite de l'homme qui, pendant vingt ans, a ruiné la morale et blessé la loyauté en France, pour nous livrer un jour à Sedan pieds et poings liés, est prête à acclamer de nouveau son nom dans son fils ; elle est prête à tomber aux genoux d'un tyran, dans l'espérance qu'elle pourra continuer ses errements et ses bassesses. Le *désordre moral* lui sourit, et la loi de Dieu n'est point assez accommodante. Elle ne voit, pas dans son malheur, que les Napoléon paraissent pour l'abaissement et la destruction de la France, et pour le carnage des jeunes générations. Elle ne voit pas que Napoléon III a tout simplement profité du mouvement imprimé au commerce, à l'industrie et au progrès, résultat nécessaire des inventions modernes. Elle ne comprend pas que les nations sont, par la force des choses, soumises à une ascension progressive... La vérité, la voici :

L'Empereur a invité la nation à un splendide festin... mais il a fait crouler la salle. Et si tous n'ont pas péri sous les décombres, presque tous ont reçu des meurtrissures plus ou moins graves. N'importe ! c'est l'Empire qu'on désire, parce que l'Empire a *semblé* diviniser le peuple et reconnu qu'il lui devait tout, et que par lui il pouvait être tout. Nous verrons avant la fin de 1876 ce que vaut le fameux principe de l'*appel au peuple*, et je connais des bonapartistes sensés qui le redoutent terriblement. Il est malheureusement probable que nous essaierons sous peu de ce régime. M. Rouher se fait vieux et sept années doivent lui paraître un peu longues. En tout cas personne ne doute que l'aléatoire ne doit que très-difficilement sympathiser avec le caractère de l'ex-ministre.

Le peuple français, le dirai-je, est tout disposé à planter de nouveau les jalons de la Révolution et à en poser les clauses inéluctables. Qu'il rappelle l'Empire, qu'il se prostitue de nouveau, qu'il baise les genoux d'un maître vil, et l'Empire, appuyé sur la Révolution, sera la Révolution et disparaîtra dans un nouveau cataclysme, entraînant la malheureuse et folle nation, qui est trop affaiblie, du reste, pour supporter l'air pur et vif de la vraie liberté, et qui va dépérissant sous l'atmosphère du *libéralisme* démocratique et sous les criminelles tentatives du parti impérialiste.

Oui, l'Empire, ce gouvernement césaro-démocratique, cet engourdissement politique et moral personnifié : voilà ce qu'on désire, c'est-à-dire l'inconséquence palpable, le palliatif de tous les abus, l'école révolutionnaire, l'impiété polie, le proxénétisme pas trop malhonnête... Qu'importe son origine? Elle est entachée, c'est vrai! Il y a des crimes, il y a du sang, c'est vrai ! On l'a proclamé déchu à Bordeaux, c'est encore vrai ! Mais on ne juge ni son origine, ni son droit, ni son passé, ni son honneur. On pense qu'en tolérant comme dans le passé le *désordre moral*, il pourrait permettre la réalisation de fortunes plus ou moins interlopes. Or, il faut amasser à tout prix et arriver à la fortune. Choisissons donc l'Empire, il favorisera tous les moyens... Votons pour l'Empire.

Et Paris, le patriotique Paris, qui, timidement, il est vrai, demande l'appel au peuple, n'avoue-t-il pas à demi ce qu'il désire? Depuis douze ans, j'ai l'occasion de voir des citoyens de Paris un peu de tous les bords, c'est-à-dire de toutes les classes. Or, tous, à part MM. les fonctionnaires du gouvernement bien entendu, décriaient l'Empire et faisaient constamment des vœux pour son renversement. Il n'y avait guère de coups qui ne portassent, puisqu'il prêtait le flanc à toute attaque. On s'indignait, on s'irritait, on menaçait et on se promettait hautement un bon morceau de République. L'Empire est tombé, et voilà que le morceau convoité depuis si longtemps, dont les affamés devaient se régaler, est tellement coriace qu'on risque de périr à côté. Que fait-on alors? On ne veut pas avouer qu'on est disposé à retourner à ses vomissements; mais on proclame énergiquement et bien haut qu'on est toujours partisan d'un régime républicain, mais que le gouvernement de Versailles n'est pas la République, que la Chambre n'a aucun droit, aucune mission pour trancher la grande difficulté et donner une solution, et qu'il ne reste qu'une seule ressource... celle de l'appel au peuple! M. Naquet est, du reste, de cet avis. En voilà un *puritain* qui me paraît fort suspect, ou qui connaît bien peu son pays! L'enquête sur le comité bonapartiste a prouvé qu'on se sert volontiers de *républiqueux*. Du reste, depuis longtemps, qui n'a remarqué la nuance violette de certains journaux qui se disent républicains et qui, achetés par l'Empire, sont devenus tout à coup adroits impérialistes? Et ces hommes n'ont pas de honte! Que leur importe? cela est tout naturel. Ils se donnent au plus offrant, ils gagnent gros et ils espèrent beaucoup, puisque leur protégé a des chances plus grandes. Votez, monsieur Naquet, et vous aurez l'Empire, je vous l'affirme. Votez, Parisiens, et vous aurez le césarisme, soyez-en sûrs. Le général Bertrand sera maréchal.

Ceci démontre mieux que tous les raisonnements combien le principe de l'appel au peuple est faux et par là même dangereux. Eh quoi! à ce peuple affolé qui n'a plus ni tête ni nerfs, qui n'entend plus, qui ne voit plus, qui ne sent plus, qui doute de sa propre existence, vous allez confier le sort définitif de la France? Cet instinct qui le porte à l'Empire ne vous dit donc pas qu'il a perdu tout sentiment de respect, d'honneur, de délicatesse et de patriotisme? Vous ne comprenez donc pas que c'est un enfant auquel il faut, bon gré mal gré, imposer un tuteur généreux et loyal?

Quand vous aurez épuisé toutes les demi-mesures, qui, il est vrai, ne sont jamais à la dernière édition, en viendrez-vous à l'Empire? C'est là que vous attend la pauvre mutilée, cette grande blessée qui voudrait encore vivre. Elle vous attend! Aurez-vous l'insigne lâcheté et la suprême folie de lui donner le coup mortel? Hommes politiques qui avez charge d'âmes, réfléchissez! Examinez la situation! Jugez sans passion! Voyez la source impure d'où sont sortis tous les maux qui nous affligent! Voyez le passé avec toutes ses hontes et ses déboires! Voyez le présent avec son impuissance et sa faiblesse! Jugez froidement, sans passion! et vous reconnaîtrez que, pour sortir de cette impasse ténébreuse où nous ont enfermés tour à tour l'omnipotence impériale, la démagogie déchaînée et mille subtilités vaines, il faut autre chose qu'une autorité illégitime, qu'un levier révolutionnaire, qu'un bras énervé. Ce dernier peut être puissant, il peut dégager le passage; mais bientôt sa propre main relèvera la barrière et rendra toute issue impossible. Il faudra de nouveau subir les exigences des masses soulevées et débordantes, comme on dut subir à Sedan celles d'un vainqueur impitoyable.

L'Empire! c'est cette impasse fatale où la France fut

enfermée il y a soixante ans; ce sont ces fourches caudines d'où elle est sortie humiliée et sans espoir d'une prompte réhabilitation. Ce serait sans nul doute son tombeau. Les rechutes pour les malades épuisés sont mortelles.

Et pourquoi donc s'entête-t-on à demander la République ou l'Empire et à rejeter la vraie, l'unique ressource qui nous reste? Qui ou quoi donc pousse le peuple français à vendre son pays et à sacrifier son avenir? Pourquoi ce peuple égaré joue-t-il le rôle de traître et de bourreau? Pourquoi, à cette victime, si intéressante et toujours si belle sous ses plaies et ses meurtrissures, offre-t-il un calice de fiel, lorsqu'il lui serait si facile de guérir ses blessures, d'en calmer les douleurs et d'apaiser la soif qui la dévore?

Pourquoi? Ah! il faut avoir le courage de le dire. Parce qu'il veut tenter tous les moyens, essayer de tous les spécifiques plutôt que de se détacher de son idole, qui est la Révolution sous une forme ou sous une autre, c'est-à-dire l'anarchie affublée du nom de liberté. Il voudrait la paix, la sécurité, le bien-être... mais sans contrainte morale. Et pour satisfaire ses coupables désirs, il ne reculera pas devant une infamie. Comme tant de malades, il désire une guérison et il refuse d'éloigner le principe et la cause du mal.

Une simple question.

Où se trouvait, lors de la déclaration de la guerre, cher et très-onctueux M. O., le contingent exact, régulier des troupes de terre et de mer?

Autre question.

Quel est le mortel *dépourvu de protections*, — honorable M. R., qui une fois entré dans ce labyrinthe de la filière administrative a pu en sortir, je ne dirai pas promptement, mais heureusement?

Pourtant, Sa Majesté l'Impératrice, dont je n'attaque nullement la haute vertu, répondait aux demandes faites en faveur d'une loterie, par exemple — au sein d'une ville importante. — En faveur d'une loterie au fond d'un hameau, pour un besoin absolument identique, pas de réponse. — Voilà de la charité bien entendue ou je ne m'y connais pas. — Etait-elle coupable? Je ne veux pas le croire.

3e question.

Combien d'heureux protégés, fils d'*amis influents*, ont obtenu le diplôme du baccalauréat par ces honnêtes procédés que l'on connaît? Incapables de subir une épreuve quelconque, ces privilégiés étaient appelés la veille ou l'avant-veille chez celui qui devait les examiner. Il leur exposait paternellement la *Thèse* (ceci se pratiquait bien entendu pour tous les grades) ou les questions sur lesquelles ils seraient interrogés, et le lendemain nos étudiants passaient brillamment leurs examens. N'importe ! on se créait, en agissant ainsi, de chauds partisans.

L'Empire n'était pas honnête lorsqu'il plaçait à la tête de la grande et importante administration de l'enseignement un athée et un matérialiste, et qu'il entretenait dans les chaires de nos écoles des *libres-penseurs* et des *utopistes.* On traite autrement un peuple qu'on respecte, et dont les gloires nationales sont inséparables des vertus chrétiennes. Ah ! c'est que l'Empire savait ce qu'il faisait. En agissant de la sorte, il réussissait à donner des notions erronées sur la nature des choses, sur les événements, spécialement sur l'histoire, et sur les principes qui doivent être la règle de toute société ; il faussait les intelligences et ouvrait la carrière au *désordre moral.* Dieu sait s'il a touché le but !... Mais en faussant les jugements et les connaissances du peuple, il a préparé et perpétré la dépravation du cœur.

Aussi l'abrutissement, cette conséquence nécessaire des doctrines matérialistes a-t-il suivi de près. Abrutissement *en haut*, en bas, au milieu ; en haut plus qu'en bas ! qui le niera? N'est-on pas arrivé à doter la France d'une génération de matérialistes dont l'influence se fait malheureusement trop sentir de nos jours ? Et en louvoyant sans cesse à l'aide de toutes les subtilités, sous les noms divers de *statu quo*, de *non-intervention*, d'*Internationalisme*, etc., etc., n'a-t-on pas appris au peuple que tous les moyens sont bons pour arriver à la fin ? Oh ! ces enseignements-là, le peuple les a bien compris et retenus.

Il suffit assurément de citer les noms odieusement célèbres de certains professeurs sous l'Empire, pour prouver d'une manière irréfutable que l'Empire cherchait et voulait le *désordre moral*.

M. About, ce pygmée qui a tenté d'atteindre Pie IX..... que dis-je ? Dieu lui-même !

M. Renan, ce défroqué qui s'est montré le plus stupide et le plus audacieux blasphémateur du XIXe siècle.

M. Naquet, ce pauvre sire dont les doctrines ont intéressé au plus haut point les clubistes du Pré-aux-Clercs.

Et M. Duruy, le roi de tous ces esclaves, qui nous a fait l'honneur de nous donner pour ancêtres la famille simienne.

Eh bien ! alors que ces messieurs affichaient et proclamaient leurs doctrines — *athéisme, matérialisme, positivisme, communisme*, — c'est-à-dire la négation de Dieu, la négation de toute loi et de toute morale, les évêques français ne pouvaient ni se réunir, ni parler, ni écrire. La promulgation du document le plus important et le plus salutaire leur était interdite. Pourquoi ? Parce que ce document frappait le *désordre moral*.

Que dis-je ? non-seulement il était permis à MM. les professeurs d'attaquer les plus saines doctrines et la plus sainte des morales, non-seulement ils pouvaient s'élever contre les enseignements séculaires et sacrés, mais encore tous les journaux et revues impies avaient libre cours. Qu'on lise ce passage de monseigneur Dupanloup s'élevant énergiquement contre la défense de publier et d'expliquer l'encyclique, et l'on sera suffisamment édifié sur l'indigne et révoltante conduite de ce gouvernement hypocrite.

« Jusqu'ici mon étonnement n'a pas de bornes ; on a
» donné aux journalistes un droit qu'on ne leur laisse
» guère, d'habitude, celui de publier en toute liberté,
» avec toutes sortes d'amplifications et d'aggravations,
» un acte que M. le ministre des cultes déclare attenta-
» toire à la constitution de l'Empire ! Nous voyons
» sans cesse des journaux, surtout des journaux reli-
» gieux, avertis, suspendus, supprimés, ou bien arrê-
» tés à la frontière, pour moins que cela assurément.
» Et lorsque les évêques voudraient élever la voix, lors-
» que, sans contester aux journalistes la faculté dont
» ils ont joui, ils voudraient parler enfin à leur tour,
» dissiper les malentendus, montrer du doigt les con-
» tre-sens, détourner l'immense torrent de mensonges,
» d'erreurs et de haines qui monte contre l'Eglise,
» seuls ils devront se taire ! ils ne pourront pas donner
» d'explications, pas rédiger de consultations, pas faire
» ce que fait tout jurisconsulte, tout avocat, sur un
» texte de loi ou sur un procès en litige ; eux qui sont
» les gardiens et les interprètes jurés de la doctrine,

» ils devront courber la tête, tout entendre, tout en-
» durer, en silence ! »

Voilà la justice d'un gouvernement révolutionnaire! Et peut-elle se manifester autrement que par l'oppression du bien et de la vérité et par l'encouragement du mal et de l'erreur? Grand Dieu! Nous sommes bien coupables ; mais préservez-nous de ces gouvernements d'aventure qui, malgré tous les obstacles et toutes les colères de la conscience, poursuivent un but criminel sans jamais se lasser, jusqu'à ce qu'ils l'aient atteint, au prix même de la morale et de la justice.

Non, l'Empire n'était pas honnête, et il mentait impudemment à la nation, en disant : L'Empire c'est la paix! L'Empire n'a-t-il pas été la révolte et la guerre intestine dans la famille, le désordre dans les mœurs, la haine sournoise de la religion ? Et, sans prendre cette devise au figuré ou sans lui donner un sens multiple, il me semble que nous avons eu la guerre un peu plus souvent qu'il ne convient à une nation forte et sage, et que cette devise était un mensonge pur et simple de la plus claire évidence.

Sauf en 55, l'Empire ne pouvait-il s'abstenir de toute aventure ? Devait-il , politiquement parlant, unifier l'Italie qui nous insulte et nous défie aujourd'hui ? Que penser de l'échec inqualifiable du Mexique et de ses conséquences?

Ah ! si l'Empire eût été loyal et honnête ; s'il eût tenu

compte des traditions et des liaisons qui honorent la France; s'il eût été énergique et adroit, il eût empêché Sadowa et, par là même, prévenu l'écrasement de la France à Sedan. Mais l'Empereur ne pouvait pas être honnête. *Per quæ peccat quis per hæc et torquetur*. Le malheureux l'a cruellement éprouvé! Et les siens, s'il en est qui ont réellement pu l'aimer, devraient, avec la plus extrême vigilance, chercher à ensevelir à tout jamais un nom dont le réveil rappelle tant de hontes, tant de folies, tant de mensonges et tant de désastres. Puis-je en conscience ne le pas dire?

L'Empire, c'est le progrès!

Mensonge! mille fois mensonge! Eh quoi! vous qui avez détruit, vous nous dites que vous avez édifié?... Vous qui avez ruiné, vous prétendez avoir enrichi? Vous qui avez trompé, vous nous dites que vous êtes la vérité? Vous êtes ténèbres et vous voulez être lumière?..

. . . .

Qu'appelez-vous donc progrès? Serait-ce l'athéisme par hasard? Oh! alors, vous êtes logiques, car il est bien vrai, trop vrai, que vous l'avez imposé à l'administration et au pays. Le progrès?... serait-ce la destruction de tout ce qui était, le renversement par la base des croyances de nos pères?... la négation de la seule et unique autorité, celle de Celui dont relèvent les trônes et les empires? — Ah! vous avez l'incontestable droit de réclamer comme vôtre ce progrès sacrilége. Le progrès?... serait-ce donc le matérialisme? Ici encore, vous êtes, nous vous l'accordons, le progrès, car vous avez avili un grand peuple en lui enseignant que cette vie est tout, et qu'au delà du tombeau il ne reste rien

Non ! vous n'êtes pas le progrès, même matériel, car la Prusse, cette nation lourde et barbare, vous a surpassés, — et par son administration, et par sa politique, et par ses armes.

Lecteur, j'ajouterai un mot que ne revendiquera pas M. R. Ce mot est l'expression suprême de la vérité.

L'Empire sera la guerre !

Le fils de Napoléon III a dû garder quelques-unes des balles cueillies à Sarrebruck, et il doit tenir à honneur de les renvoyer au delà du Rhin. Il doit venger son papa (la France, bien entendu, n'est que secondaire) et nous jeter de nouveau dans les hasards d'une sanglante guerre. . . . .

. . . .

Un seul gouvernement, par sa puissance intrinsèque, par la valeur de ses antécédents et par la grandeur de ses alliances peut, sans verser le sang français, réparer nos pertes de 1870.

Français vraiment dignes de ce nom, Français qui avez au cœur quelques sentiments patriotiques, levez-vous comme un seul homme contre l'Emeute et la Révolution. Quoi ! une famille que vous reconnaissez maudite, une famille qui est prête à toutes les bassesses et qui met tout en œuvre peut ressaisir le pouvoir, une famille qui va nous faire mépriser de tout l'univers, vous la laisserez de nouveau s'imposer à notre beau pays?....

Qu'est-ce donc qui vous pousse à cet acte inqualifiable? Eh quoi! vous voulez sacrifier à vos vanités, à vos haines et à vos spéculations coupables le salut et l'avenir de la France? — Non, non, vous vous respecterez, et vous jouirez un jour des bienfaits du devoir accompli.

Comment! depuis vingt-cinq ans, cette famille s'est souillée de tous les crimes : assassinat, coup d'Etat, guerre contre une nation alliée, trahison envers l'Eglise... Elle a protégé et déchaîné toutes les ambitions; elle a toléré et encouragé tous les abus... et c'est cette famille que vous voudriez placer à votre tête?... Honte à jamais à mon pays, s'il commet une pareille bassesse!...

Quel est le Français qui ne sache où se trouve la sauvegarde de tous les principes, la garantie de l'ordre moral et le salut de la France?

Un mot à propos de l'abstention qu'ont observée MM. les légitimistes, dans les élections d'octobre 1874, dans Seine-et-Oise.

« Les légitimistes s'abstiennent, dit la *Liberté* du
» 13 octobre. Ce procédé essentiellement révolution-
» naire (*sic*) ne leur répugne point. Ils attendent tout de

» Dieu. » Oh ! oui, cher monsieur Détroyat, naguères si fier républicain, général aux ordres de M. Gambetta, vous menaciez alors d'exécutions capitales tous les bonapartistes, nous attendons tout de Dieu, et rien, absolument rien du parti que vous servez depuis quelque temps, si ce n'est la ruine !

« Tandis que les républicains s'organisent et font » tous les efforts imaginables, les conservateurs s'ac- » cusent, s'injurient, se désunissent. » Ainsi parle la *Liberté*, et elle parle fort bien quand elle veut, mais que demande-t-elle? Si vous n'étiez, lecteur, habitué depuis longtemps aux paradoxes, je vous le donnerais à deviner en cent et en mille. Elle demande la réunion des conservateurs autour d'un bonapartiste qui a dit en 1859 à propos de l'inauguration de l'hospice du Vésinet : « Le » gouvernement impérial prend un égal soin de la vie » matérielle et du bien des âmes ! » Nous ne nous en doutions guère, cher duc, qui venez encore nous dire en l'an de grâce 1874 : « Où trouver l'ordre, sinon dans cette » dynastie qui personnifie le présent et l'avenir de notre » pays, et qui, dans ses jours d'épreuve comme dans » ses jours de grandeur, dans l'exil comme sur le trône, » est toujours restée fidèle à la France, au peuple et à » Dieu. »

Je n'ai pas l'avantage de connaître M. de Padoue ; il peut être honorable, mais il est bonapartiste et par suite il n'aura jamais ma voix. — Eh quoi ! parlez-vous sérieusement? qui le croira? Vous osez nous dire que la dynastie entée sur les coups d'Etat « personnifie le présent et l'avenir de notre pays ? » Ce n'est pas sérieux ! Mais, monsieur, vous oubliez ou plutôt vous biffez de votre autorité ducale tout le passé de notre chère France ! C'est plus que de l'audace, en vérité, c'est du sophisme !

Par qui, par quel côté, je vous le demande, personnifie-t-il le pays? — Mais, monsieur, pour personnifier un peuple il faut s'identifier à ce peuple. Or, l'Empire n'est qu'un sinistre météore qui est toujours suivi des ténèbres les plus épaisses ; ou, si vous voulez, une comète fatale qui apparaît deux fois sur notre ciel à cinquante ans de distance, précurseur des plus grands désastres. Il n'a jamais été l'étoile de l'espérance et du salut, et jamais il n'a pu se fixer à la voûte de notre beau ciel de France. — L'Empire est un ennemi hypocrite et vous dites qu'il ne fait qu'un avec la nation? Oui, à peu près comme l'eau ne fait qu'un avec le feu. Ai-je besoin de parler de la dynastie des Bourbons? Me permettrai-je de la mettre en parallèle avec celle des Bonapartes? Ah ! oui, cette dynastie qui a fait la France grande et fière, et qui l'a gouvernée pendant mille ans, est bien elle seule la personnification de la nation très-chrétienne.

Vous dites que les Bonapartes sont toujours restés fidèles à la France? En vérité, c'est dépasser trop cavalièrement les bornes du respect dû à la vérité. Fidèles à leur ambition ? oui ! Fidèles à leurs passions? je vous l'accorde! Fidèles à la Révolution? oui! rien de plus vrai! Mais fidèles à la France? jamais!!! « Fidèles au peuple, ajoutez-vous. » Oui en le pervertissant, en le matérialisant, en le décimant par des guerres incessantes et en le trompant! — « Fidèles à Dieu, osez-vous ajouter. » Vous avez voulu dire à Satan. Ont-ils oui ou non secondé les carbonari et les francs-maçons? Le dernier de vos patrons, monsieur, a-t-il, oui ou non, laissé faire à Castelfidardo? et tous deux n'ont-ils pas trahi l'Eglise et ses chefs dans la personne sacrée de Pie VII et dans celle de l'auguste et bien-aimé Pie IX?..... Sans doute que, dans la langue de la Révolution, fidélité signifie trahison. Alors je demande pardon à l'honorable et infatigable candidat de Seine-et-Oise.

CHAPITRE XVII

PHILOSOPHIE ET DÉMOCRATIE PSEUDO-LIBÉRALES

L'Emeute et la Révolution sont partout parce que partout on cherche et on travaille à se débarrasser de l'idée de Dieu. Et, qu'on ne s'y trompe pas, le parti philosophique est tout aussi dangereux que le parti démocratique. Il n'y a même pas de doute que Littré, par exemple, n'ait fait et ne fasse, avec ses doctrines abominables et subversives, beaucoup plus de mal que tous les communards réunis. Comme les paroles, les hommes passent et disparaissent, mais les écrits restent, *scripta manent*. Dieu, pour ces deux partis, n'est qu'une hypothèse ou plutôt une superfétation. Le philosophe comme le démocrate, en effet, comprenant que tout bien, que toute vertu, que toute idée du devoir, que tout sentiment honnête et généreux viennent de Dieu, s'efforce de supprimer ce principe fondamental et nécessaire de tout ordre pour arriver au désordre.

Il n'est pas besoin de déclarer ici qu'il n'est pas question de la philosophie vraiment digne de ce beau nom, « de la véritable philosophie qui, sachant d'où elle vient » et où elle va, dit monseigneur l'évêque de Versailles,

» se fonde sur le catholicisme et y prend son point de » départ. Cette philosophie a été celle de tous les » grands maîtres qui ont le plus honoré la science, et » qui ont de tout temps rendu le plus de services à la » société et à la religion. — Mais quand la philosophie, » ajoute l'éminent prélat, prétend qu'elle ne relève que » d'elle-même, quand elle affirme qu'elle n'a besoin » que de ses conceptions pour se former et pour » marcher sûrement à son but, alors, poussée par l'or- » gueil, elle proclame bien haut la scission entre la » science et la foi. Elle se pose comme la lumière du » monde; elle s'attribue le droit de tout examiner, » de tout juger, de tout décider. Ce qu'elle ne voit » pas, ce qu'elle ne comprend pas, ce qu'elle n'ap- » prouve pas, n'est absolument rien à ses yeux. » C'est, lecteur, de cette philosophie dont il est ici question ; de cette philosophie qui a donné le jour à la démocratie et qui s'y tient tellement unie que Cretineau Joly a dit avec vérité. « Les philosophes sont » les ennemis de tous les cultes et de tous les trônes. » Le Père Beauregard évoquant en 1771 la démagogie française telle qu'elle apparaît dans l'histoire :

« Oui, s'écrie le puissant orateur, des hauteurs de la » chaire de Notre-Dame de Paris, oui, c'est au roi et » à la religion que les philosophes en veulent ! La » hache et le marteau sont dans leurs mains ! Ils n'at- » tendent que l'instant favorable pour renverser le » trône et l'autel. Oui, vos temples, Seigneur, seront

» dépouillés et détruits ; vos fêtes abolies, votre nom » blasphémé, votre culte proscrit..... Mais, qu'entends-» je, grand Dieu ! que vois-je ? — Aux saints cantiques » qui faisaient retentir les voûtes sacrées en votre hon-» neur, succèdent des chants lubriques et profanes. — » Et toi, divinité infâme du paganisme, impudique » Vénus, tu viens ici même prendre audacieusement » la place du Dieu vivant, t'asseoir sur le trône du Saint » des Saints et recevoir l'encens coupable de tes nou-» veaux adorateurs. » Quelle épouvantable prophétie ! Ah ! ce saint homme de Dieu avait bien compris l'œuvre satanique de la philosophie sur la démocratie. Vingt ans plus tard, l'entreprise était en voie d'exécution et s'avançait sous les ordres de l'une et sous l'action de l'autre.

On croit volontiers et très-généralement que ces démolisseurs s'attaquent au trône et à la famille. Sans doute ; mais ils préfèrent ébranler la base pour faire choir tout l'édifice du même coup. Les uns, il est vrai, sont occupés à entamer le faîte et à le découvrir, de façon que les intempéries et les agents puissants du temps facilitent leur œuvre et hâtent leur entreprise ; mais presque tous, et surtout les grands maîtres, s'attaquent aux fondements. Ils s'y acharnent ; oui, tous leurs efforts sont dirigés contre l'Eglise. Ils creusent une mine profonde, capable d'ébranler le colossal édifice, et n'ont d'autre but, les insensés, que d'effacer son nom de l'histoire des peuples, et d'anéantir le nom même du Très-

Haut, le nom saint et sacré par excellence, le nom de Dieu ; les uns, par la terreur comme sous la Commune, les autres, par toutes sortes d'innovations telles que instruction obligatoire et laïque ; *obligatoire*, c'est-à-dire destruction de l'autorité paternelle ; *laïque*, c'est-à-dire proclamation de l'athéisme sur les ruines de la religion.

On veut former une génération nouvelle digne des ancêtres que nous assignent MM. Duruy et Littré ; on élèvera désormais les enfants sans aucuns principes et en dehors de toute doctrine séculaire ; on les abandonnera aux convictions que leur révéleront leurs instincts, leurs passions et leurs appétits. Les amis de la Commune sont un type parfait de ce que doit attendre la République, et au grand jour, au jour de la révolte, jour de sang et de carnage, si la maison d'Arcueil n'est pas remplie de dominicains, ou si les prisons de Mazas sont vides, on prendra MM. Littré et consorts comme on a pris leurs glorieux prédécesseurs de 93, puis on se déchirera mutuellement. Le maître frappera l'esclave, la fille tuera la mère..... On appliquera en petit le principe d'outre-Rhin bismarkiste : *la force primera le droit !*

Mais Dieu sera-t-il apaisé ? . . . .

Comprend-on bien les progrès des ces deux plaies immenses qui s'étendent sur le corps social ? A-t-on bien réfléchi jusqu'à quel point nous sommes avancés dans ce sentier de l'abrutissement pervers et hideux ? A-t-on parfaitement et froidement conscience de l'infernale conduite des femmes qui ont souillé les chaires de nos églises, et ravalé leur sexe en fusillant les martyrs de la cause sacrée du devoir? A-t-on bien pesé toute l'importance du choix d'un Mégy? le pourquoi de son élection?..... Lecteur, Mégy a dû son élection uniquement à son titre d'assassin. Le peuple-Dieu dit à la société tremblante : je suis là! et c'est ainsi que j'entends la justice! Et le peuple-Dieu a raison! la philosophie le lui a appris; elle le lui répète à toute heure.

Que ceci se passe à Paris, me dira-t-on, c'est effrayant assurément, mais c'est assez naturel, parce que les masses inconscientes y sont prédominantes et maîtresses. — *Inconscientes*, dites-vous?..... Moi je les crois candides!

Mais attendez! Les mêmes faits se passent précisément dans la Province. Dans les élections de fin 1873, les citoyens d'un arrondissement ont envoyé à la Chambre un candidat qui n'avait d'autre titre au choix populaire que celui d'avoir eu maille à partir avec la justice de son pays, et M. Challemel-Lacour, confrère de M. Naquet, n'a été choisi par le peuple souverain que parce qu'il a été préfet à Lyon alors que le drapeau rouge y flottait, alors que les clubs y avaient droit de cité, alors qu'on y assassinait librement le commandant Arnauld. — Du reste consultez les élections qui sont faites depuis trois ans, et vous absoudrez en même temps la campagne et la ville, la Province et la Capitale.

Cela, paraît-il, n'ouvre les yeux qu'à fort peu de personnes. Aussi M. Falloux, qui n'était pas le premier venu, et qui pourtant ne voyait pas, s'est-il fait écrire par M. le comté de Quatrebarbes une lettre sévère et juste. Il avait affirmé que l'état (Septennat) incontestablement précaire du gouvernement actuel « était le » repos, la sécurité, le patriotisme, le désintéressement, » *et qu'au bout de ce temps on s'en remettrait au respect de* » *la volonté du pays.* » Voilà pourtant où les philosophes les moins avancés en arrivent fatalement; ils « prêtent, » dit M. de Quatrebarbes, leur appui aux hommes sans » principes, dont la seule pensée est de manœuvrer ha» bilement, pour diriger leur barque au milieu du tor» rent révolutionnaire, qui entraîne notre malheureuse » patrie vers l'abîme. » Les habiles, et nous n'en manquons pas, ne voient pas qu'on ne veut ni de lois ni de législateurs, et qu'on affirme chaque jour, par tous les moyens, la volonté énergique, en niant toute autorité et tout droit, de détruire radicalement ce qui existe. Celui qui ne s'en aperçoit pas est aveugle et je le plains. Non, on ne veut pas des remparts de l'ordre, et on travaille de part et d'autre à les démolir. Non, on ne veut pas des barrières de la loi, et on se prépare ouvertement à les briser. Ce qu'on désire, ce qu'on réclame, ce qu'on veut avec une tenacité qui n'a d'égale que la tenacité du mal, c'est l'anarchie, ennemie jurée de la *liberté.*

« La démocratie coule à pleins bords en France, » disait un orateur il y a soixante-dix ans. Rien n'est changé depuis, si ce n'est que le fleuve a pris des proportions tout autres. Cette démocratie se répand toujours davantage, d'autant plus qu'elle n'est endiguée que par des ouvrages provisoires, qu'elle peut renverser à toute heure. Et le *Moniteur universel* le comprenait si bien qu'il disait le 28 septembre 1874, par le ministère du prodigieux septennaliste M. Léon Joubert, aujourd'hui de l'église politico-wallone :

« La démocratie se répand de plus en plus, et comme » elle ne trouve pour la contenir que quelques ouvra- » ges élevés à la hâte, provisoires et d'une solidité peu » éprouvée, elle se promet de tout envahir. » Comment un homme qui voit si clair en septembre est-il frappé de la plus complète cécité en décembre? Nous ne savons par quel accident. Peut-être, bien qu'il n'en convienne point, voit-il quelque chose à l'heure actuelle, sans distinguer très-bien ; seulement il se garde de nous en donner connaissance.

La philosophie, quoi qu'il en soit, est bien plus coupable et plus dangereuse que la démocratie, car elle est l'arsenal où celle-ci choisit ses armes et compte ses inépuisables ressources. Autrefois, ces principes d'irréligion qui sont la base et le programme de la Révolution, et qui se sont surtout étendus sous le souffle voltairien, n'existaient pour ainsi dire qu'en germe, et les masses n'avaient en aucune façon conscience de la guerre que quelques audacieux déclaraient à Dieu. Elles ne supposaient pas même que cette guerre fût possible, et elles considéraient avec raison comme insensés les hommes qui combattaient par des tactiques plus ou moins clandestines contre le Roi des rois. C'était, on peut le dire, une sorte de lutte souterraine à la manière des sociétés secrètes; et Voltaire joignait si peu l'exemple à la doctrine, qu'il assistait chaque dimanche à l'office divin. Une lettre inédite nous l'apprend de la façon la plus formelle.

Mais les principes de Jean-Jacques Rousseau mêlés aux siens, appuyés sur les préceptes de Luther, et éclairés des lueurs sinistres de 93, devaient égarer la foule, exciter ses convoitises, et l'entraîner dans la voie de l'erreur et du crime. — La démocratie continua brillamment l'entreprise philosophique du siècle. Les dix-huit années du règne de Louis-Philippe et les vingt années de l'Empire ont repris l'œuvre momentanément interrompue, pour jeter dans les masses modernes, l'indifférence, l'incrédulité, l'athéisme et l'impiété.

Que voyons-nous donc? — Les espérances les plus stupides et les désirs les plus coupables germer dans le cœur de l'ouvrier indignement trompé par le philosophe prétendu. Que voulez-vous? Rien ne le retient! ni Dieu, ni conscience! Pourquoi dès lors ne chercherait-il pas la satisfaction de ses sauvages et âpres passions? On m'apprend, se dit-il, que je descends du singe, que je n'ai pas d'âme, qu'il n'y a rien à redouter après cette vie, que je suis mon maître et mon Dieu?..... Voyons! mettons en pratique cette doctrine merveilleuse...... essayons..... et, à la première occasion, il a essayé. Il a voulu se rendre compte de sa force musculaire sur ses semblables, et voir si ses dents déchiraient et emportaient la pièce. Il s'est livré, *suivant sa nature*, bien entendu, à toutes sortes de bestialités, de brutalités et de cruautés!..... Que peut-on contre moi, s'est-il dit ensuite, je ne suis nullement responsable. Du reste, je suis le plus fort — à l'œuvre! à l'œuvre! A quoi bon se souvenir de toutes ces lois qui sont autant de contraintes et d'entraves! Que la promiscuité la plus large (ainsi le veut l'état sauvage sans doute) remplace cette abstraction pure et simple qui s'appelle le mariage! Que la libre volonté de chacun représente la loi, cette autre abstraction désagréable de la volonté d'un maître, et que pour tous la vie devienne la résultante de ses propres forces..... Et l'infortuné, votre victime, messieurs les philosophes, s'en dira bien d'autres à lui-même, et de plus belles et d'aussi fortes.

Voilà pourtant où la *liberté libérale* nous conduit! voilà pourtant où le philosophisme nous entraîne. M. Littré présente la théorie ; le peuple se charge de la pratique.

Philosophes orgueilleux qui, dans votre misère et dans votre ignorance, prétendez donner au monde une autre vérité que celle qu'il possède, vos enseignements sont des germes de corruption et de mort. Vos doctrines sont la destruction de la loi, la ruine de la liberté, l'anéantissement de la famille, l'avilissement de l'humanité, la négation de la société et la haine de Dieu! Que reste-t-il en effet aujourd'hui? Qu'avez-vous fait du respect dû à la loi? vous l'avez mis sous vos pieds. — Qu'avez-vous fait de la liberté? vous l'avez outrageusement traitée et violée! — Qu'avez-vous fait de la famille? vous l'avez découronnée en la dépouillant de l'autorité! — Qu'avez-vous fait de l'homme? vous l'avez dépravé et classé parmi les animaux sauvages et féroces! — Qu'avez-vous fait de la société? — vous en avez fait le centre de toutes les hontes et de toutes les ignominies. — Qu'avez-vous fait, ah! je vous le demande, qu'avez-vous fait de Dieu? vous en avez fait d'abord un être injuste; vous l'avez insulté, méprisé, outragé, odieusement outragé, et lorsque vous avez compris qu'il ne vous était pas permis d'atteindre jusqu'à lui, qu'il était puéril de tenter de l'anéantir, vous lui avez juré une haine éternelle. Pourquoi? — Ah! nous le savons, uniquement parce que ce Dieu est la *bonté*, la *justice* et la *vérité!*

Philosophes, libres-penseurs, politiques libéraux, catholiques libéraux regardez..... que reste-t-il? — Rien! rien! rien! — Mais non, je me trompe, il reste le mal!!! Et c'est votre ouvrage.

CHAPITRE XVIII

CATÉCHISME PHILOSOPHIQUE ET DÉMOCRATIQUE

Avant de parler de cette production des plus malsaines et des plus absurdes, je dirai un mot touchant la liberté de l'enseignement; question de la plus haute importance et qu'ont eu grand soin d'écarter des discussions parlementaires MM. les *libéraux.* Les radicaux triomphent par le fait; et M. Challemel-Lacour a remporté un succès sinon immédiat du moins réel. Monseigneur l'évêque d'Orléans évidemment doit avoir tort; nous le verrons sans doute un jour. Ah! messieurs, vous êtes des *libérâtres!* et on a bien fait de vous le dire en face. Oui, vous tuez la *liberté* parce que vous ne voulez de la *liberté* que pour vous [1].

De quel droit refusez-vous aux Frères de la Doctrine chrétienne de tenir des écoles? — De quel droit refusez-vous au clergé de diriger des universités?

De par le *droit libéral!!!*

1. Ce volume devait paraître au mois de mai. MM. les libéraux ont prouvé que j'avais raison, et c'est pourquoi je n'ai rien à retrancher de ces lignes, malgré l'important succès de Monseigneur Dupanloup et de M. Chesnelong.

Nous nous en doutions. Et où sont, s'il vous plaît, vos arguments? Vous n'en manquez pas, je le sais, je les connais, et je pourrais en énumérer un grand nombre qui tous sont plus pauvres les uns que les autres.

Nous ne voulons pas, nous dites-vous, de la *liberté d'enseignement* à cause de l'hostilité du clergé, incompatible avec les *idées modernes* et le *progrès*. Nous ne voulons pas de la liberté d'enseignement parce que, sous l'étiquette trompeuse de liberté d'enseignement, il s'agit de partager le monopole entre l'Eglise et l'Etat; nous ne voulons pas de la liberté d'enseignement, parce que, disent les coryphées du *libéralisme démocratique*, cette dualité dans l'enseignement produirait les plus fâcheux résultats dans la société!.....

Que de choses on pourrait répondre à ces inflexibles logiciens! Mais le bon sens fait litière de leurs raisonnements ou plutôt de leurs prétextes, et nous avons, dans le chapitre de l'Education, montré suffisamment la supériorité de l'enseignement religieux pour nous croire autorisé au silence.

Ah! messieurs, soyez donc sincères, et convenez que vous ne voulez pas autre chose que la continuation et le développement de l'enseignement athée et matérialiste. Voilà pourquoi vous ne pouvez supporter l'ingérence de l'Eglise en matière d'enseignement.

Vous avez dans votre audacieux langage osé dire: Dieu, c'est le mal! Il était logique d'ajouter: l'enseignement religieux, c'est le mal!

Messieurs, ah! je vous le demande, où est le mal dans notre enseignement ?

Où est la raison qui le perçoive et la conscience qui le reconnaisse ?

Où est le cœur pur qui l'avoue et l'âme honnête qui en gémisse ?

Où, dans notre enseignement, messieurs, la loi est-elle méprisée, l'ordre bouleversé, la justice lésée, le droit violé ?

Où, dans notre enseignement, voyez-vous le mal, lorsque nulle atteinte n'est portée à la foi nationale et séculaire, à l'honneur de tous et de chacun, et aux bonnes mœurs ?

Où est le mal, messieurs, je vous le demande, lorsque la candeur de l'enfant est entourée de tout ce qui porte un cachet de virginité et de pureté ?

Où, dans cet enseignement catholique, quand et comment le cœur et l'âme pourraient-ils être blessés dans leur intégrité, dans leur innocence et dans leur pureté idéale ?

Où est le mal, messieurs, dans ces établissements qui fonctionnent sous la main de Dieu ?

Je mets au défi le plus formel l'homme d'honneur, fût-il le plus violent ennemi du catholicisme, de me répondre :

Le mal est dans vos écoles !

Et pourtant le mal existe, profondément enraciné

dans la jeunesse, pervertie par l'*éducation libérale* et révolutionnaire. A mon tour, messieurs, le rôle détestable d'accusateur. Je prouverai péremptoirement mon assertion, et j'appliquerai, je le déclare en toute franchise, dans son entière vérité ce mot d'Horace :

Cædimur et totidem plagis consumimus hostem.

L'ennemi nous donne des coups, mais je lui en rendrai tout autant, et avec ses propres armes.

Nous ne pouvons malheureusement pas toujours le dire, car les honnêtes gens ne s'organisent pas à l'instar de ces hommes qui ont juré de se coaliser, pour la ruine sociale, sous le prétexte spécieux, bien entendu, de procurer le bonheur à l'humanité. Or, le premier moyen pour eux, c'est de propager, *per fas et nefas*, le républicanisme, l'athéisme, l'impiété, le mal ! Je vais, je l'ai promis, le démontrer, avec des pièces de la plus incontestable authenticité.

Que l'*esprit libéral* en prenne son parti, il ne peut y avoir, dans la carrière de l'humanité, de progrès réel qu'autant que Dieu sera sa fin comme il est son principe, qu'autant que la loi sera la règle de tous comme elle est le devoir de chacun.

Mais il serait si doux de se passer de la loi et si commode de rejeter Dieu lui-même ! Et puis une fois ces principes gênants éliminés, il serait beaucoup moins difficile de faire admettre les théories de Rousseau,

Fourier, Saint-Simon, Comte, Louis Blanc, et le *catéchisme* de Vermesch et du père Duchesne. Nous ne manquerions pas de preuves autres que cette dernière, mais comme cet opuscule est une production de l'*époque* et de l'*école libérale*, nous ne pouvons le passer sous silence. Nous en citerons seulement quelques passages et nous demanderons de nouveau à la loyauté et à l'honneur où est le mal.

Lecteur, vous serez surpris, malgré tout ce que vous savez, malgré toutes les révélations que nous vous avons faites, que de semblables abominations soient imprimées. Mais, sachez-le, les sages et les politiques de notre siècle ont décidé qu'on doit faire des concessions à son temps.

Qu'est-ce donc que ce *catéchisme républicain* ?

C'est tout simplement une monstruosité, qui devrait être une révélation, et faire voir clairement qu'on ne veut ni Dieu, ni maître, ni loi, ni joug. Et qu'on ne vienne pas me dire que ce catéchisme est l'élucubration de quelques cerveaux malades, de quelques insensés qui n'ont pas conscience de ce qu'ils écrivent, car je prierai mon interlocuteur de passer, de ces bourdes criminelles, aux ouvrages malsains et perfides des professeurs choisis pour nos écoles par le gouvernement impérial. Dans ces ouvrages, remplis du poison du matérialisme, ils trouveront la théorie brève de ce catéchisme, longuement développée et audacieusement soutenue.

Littré, aujourd'hui l'un des immortels de l'Académie française, a défini l'homme :

« Un animal mammifère de l'ordre des primates, fa-
» mille des bimanes, caractérisé taxinomiquement par
» une peau à duvet et à poils rares. »

Vermesch et Duchesne donnent une autre définition bien moins absurde, mais bien autrement prétentieuse.

Qu'est-ce que l'homme ?

L'homme est un être moral, intelligent et perfectible !

Reste à savoir maintenant ce que ces doctrinaires du radicalisme entendent par *être moral.*

Le catéchisme nous l'apprend.

C'est celui qui aime et qui pratique la justice ! — Parfait ! bravo !!!

Mais qu'entend-on par justice ?

Le catéchisme pose lui-même la question. Ecoutons!

Comment l'homme distingue-t-il ce qui est juste de ce qui ne l'est pas ?

Par le témoignage infaillible de sa conscience, c'est-à-dire en s'affirmant soi-même, car la nature propre de l'homme est de tendre au bien et de fuir le mal !

Qu'en pensez-vous, lecteur ? Tout l'enseignement catholique avec ses dix-neuf siècles de gloire et de respect général, tombe devant ces maîtres puissants. Voyez-vous l'humanité fuyant par tous les moyens le mal, et tendant de toutes ses forces vers le bien..... ? Ce serait nouveau ! mais continuons.

Qu'est-ce que le bien ?

C'est ce qui est conforme à la nature de l'homme et le mal ce qui lui est contraire. Aucune autre définition ne peut être donnée ni du bien ni du mal.

Ainsi, l'intolérance radicale équivaut à l'infaillibilité la plus incontestable. Vermesch a parlé ; la cause est entendue ! Le bien est conforme à la nature de l'homme... et les vices aussi, convenez-en, angélique Vermesch, et vous séraphique Duchesne.

« Les doctrines qui ont le mieux réussi à constituer les peuples libres et prospères, ont *toutes* proclamé que le penchant vers le mal domine en somme chez les enfants. » Voilà en dehors de la foi, le témoignage d'un moraliste moderne.

Du reste toute cette doctrine, s'il est permis de lui donner ce nom, est tirée de Rousseau qui a dit qu'il n'y a point de perversité originelle dans le cœur humain, et que les premiers mouvements de la nature sont toujours droits.

Faut-il chercher au-dessus et en dehors de l'homme le principe de la justice ?

Non, car l'homme cesserait d'être un *être moral* et tomberait au niveau de la brute, si le principe de la justice existait en dehors de lui. *On ne saurait trop insister sur l'infini de la raison humaine.*

De plus en plus fort, vous le voyez, lecteur.

Comment ! parce que je m'incline devant un être supérieur, je tombe au-dessous de la brute... ? Ceci, pour moi du moins, aurait besoin d'explications. J'ai beau insister sur l'infini de ma raison, je persiste à la trouver comme la vôtre, chers amis de l'humanité, fort bornée. Pourtant je crois saisir ce que vous voulez dire. — Vous cherchez, — n'est-ce pas? — à établir qu'il n'y a pas d'union possible entre Dieu et l'homme, et qu'en cédant à la divinité il s'élève, il se révolte contre la raison. Vous arriveriez plutôt à la quadrature du cercle.

Votre conscience en effet est ainsi faite qu'elle donne toujours raison à la loi divine; il y a, entre ces grandes choses, identité parfaite; et le dualisme prétendu sur lequel vous voulez vous appuyer n'a jamais existé. La conscience est un lien mystérieux mais naturel qui relie la créature au Créateur, et que vous ne pouvez pas plus fléchir que Dieu lui-même dans son immutabilité.

Votre raison, à vous, généreux barbouilleurs, héroïques cacographes, est évidemment d'une nature supérieure et douée d'infaillibilité. Qui oserait le mettre en doute en présence de ces hautes et larges conceptions? mais, brillantes étoiles, espérance des nouvelles couches, je ne vois que vous seules à la voûte sociale..... Tout autour de vous, tout autour de moi, en moi, partout, je constate, hélas! la faillibilité humaine avec autant de certitude que la lumière du jour.

Qu'est-ce que le mariage?

Le catéchisme républicain nous dit avec Rousseau et consorts :

La société n'atteindra à sa perfection qu'en émancipant absolument la femme, en la rendant l'égale de l'homme, *en n'imposant aucun lien ni à l'homme ni à la femme*, etc. etc.

Lecteur, ces doctrines, comme tout ce qui touche au républicanisme, ont gagné du terrain, et elles en gagnent tous les jours. Vous savez si les malheurs de la patrie et les dangers de la société suivent cette marche toujours précipitée et ces progrès toujours croissants. Les idées du révolutionarisme sont toujours florissantes sur les ruines de la patrie. Un malheur en appelle un autre dit le proverbe.

Qu'est-il dû à chacun?

L'intégrité de son corps, l'usage complet de ses sens, la santé, la force et le libre exercice de ses facultés (!).

A cela, je l'avoue, je n'ai rien à répondre; papa Duchesne, lumière du ruisseau, je m'incline.

Qu'est-ce que l'Etat?

L'Etat ne peut plus posséder ni autorité ni initiative qui lui soient propres!

Vous le voyez, lecteur, ce sont purement et simplement les prolégomènes de la nouvelle doctrine du mandat contractuel ou impératif. Je vous fais grâce du reste, et me refuse à pénétrer plus avant dans l'analyse de cette doctrine. Pourtant, je trouve encore une définition qui ne choque que le bon sens, je vous la communique.

Qu'entend-on par un être intelligent et perfectible?

Par un être intelligent et perfectible, on entend un être qui nie Dieu, l'autorité, et qui n'admet la loi dans aucun cas! — Voilà, lecteur! cet être intelligent se suffit pleinement! il sait ce qu'il doit faire; il n'a donc nullement besoin de code ni de prescriptions. Sa nature? Telle est sa direction infaillible! De plus, cet être est perfectible, et perfectible *à l'infini*..... à ce point qu'on ne désespère pas de faire des savants capables de conjurer l'orage, de diriger la nue, et d'en ouvrir les réservoirs. Un jour, le directeur de l'observatoire, en communication avec tous les départements, se chargera de satisfaire tous les désirs, tous les caprices et tous les besoins. Je le plains sincèrement! On n'aura plus désormais à redouter les orages qui détruisent en un instant les plus belles espérances et les plus riches moissons, ni les crûes qui emportent dans quelques heures les riverains de la Loire..... Au moyen d'employés *intelligents et perfectibles à l'infini*, ce grand directeur arrosera les 540,000 kilomètres carrés du territoire français, selon les saisons, les exigences de la nature, et les besoins du sol, comme le maraîcher arrose ses choux et ses salades dans un périmètre de quelques ares de terre.

Vous n'êtes pas sérieux, me dira-t-on?... Je jure sur l'honneur qu'il y a deux ans, à l'époque du battage des grains, j'ai entendu un mécanicien, ancien ouvrier de Paris, exposer de tels plans et de telles espérances devant les paysans ébahis.

Je me refuse à relater ici beaucoup de questions et

de réponses qui ne permettraient pas à mon livre de pénétrer dans les familles honnêtes. Je laisse le lecteur juge de ces idées insensées et de cette doctrine qu'on retrouve chez tous les grands-prêtres de la religion du progrès, et je termine ce chapitre par cette triple question :

Le mal existe-t-il dans cet enseignement qui est la destruction de la *Religion*, de la *Famille* et de la *Propriété?*

Le mal existe-t-il dans cet enseignement qui est l'autorisation et la sanction de tous les abus de la force et de la passion?

Le mal existe-t-il dans cet enseignement qui est la négation de tous les principes moraux sur lesquels reposent les sociétés civilisées?

Et l'homme d'honneur me répond :

Oui, il existe ! oui, il est là ! oui, le mal est dans cet enseignement.

Il est dans cet enseignement, dites-vous?. Eh bien ! soyez édifié ! cet enseignement jouit de *toute les libertés.*

Je ne puis, en présence de ces abominations, ne pas chercher à relever la dignité de l'homme avili par ces docteurs comédiens.

Qu'est-ce que l'homme s'est demandé la philosophie de l'antiquité? Et Aristote et Platon ont répondu : c'est un *animal raisonnable*, c'est un *être religieux*. Et les vrais philosophes de ce siècle l'ont défini : une *intelligence servie par des organes*, une *intelligence incarnée*. Ces définitions, qui sans doute laissent à désirer, valent assurément bien celle de l'homme-progrès incarné dans M. Littré un mammifère, et dans M. Duruy de la race simienne. Elles valent assurément bien celle de tous nos matérialistes qui n'ont vu, dans la créature humaine, qu'une machine automate, ou qu'un être issu d'une génération spontanée et d'une évolution progressive des espèces.

Qu'est-ce que l'homme? — Et le catéchisme nous répond simplement : L'homme est un être intelligent créé à l'image de Dieu. Et saint Bonaventure le définit : *une âme incarnée et vivifiée par l'Esprit-saint* ; et l'antiquité chrétienne, par la bouche d'un de ses docteurs les plus éminents, dit de l'âme humaine qu'elle est naturellement chrétienne. *Mens humana naturaliter christiana.*

Il me semble que ces définitions chrétiennes sont l'honneur de l'homme et sa gloire, et qu'elles l'investissent à bon droit du titre majestueux de roi de la création. Elles prouvent en effet surabondamment qu'il y a dans l'homme des facultés supérieures qui tendent vers un ordre supérieur et d'origine divine. Elles établissent, entre cette créature faite à l'image divine et le Créateur lui-même, des rapports réels et intimes qui constituent l'ordre religieux et spirituel.

Celui qui a lu avec attention le livre du saint homme Job où il peint si éloquemment dans tous ses détails l'œuvre divine par rapport à l'homme, est pénétré de reconnaissance et demeure saisi d'admiration. Comme il se rappelle alors avec joie ces paroles du poëte :

Pronaque cum spectant animantia cœtera terram
Os homini sublime dedit, cœlumque tueri jussit
Et erectos ad sidera tollere vultus.

Alors que tous les êtres tiennent leur tête penchée vers la terre, l'homme seul porte son regard sans cesse vers les cieux !

Eh quoi ! messieurs les matérialistes, vous comparez l'homme à la brute ! Vous n'avez donc jamais contemplé ce regard de l'homme, de votre enfant où brille le feu de la vie intelligente, ce regard, réflecteur fidèle de son âme, qui possède le don puissant de prier, de parler, de commander et de vaincre ? Vous n'avez donc jamais entendu cette voix magique capable de saisir tous les tons et de prendre tous les accents ? Tantôt, puissante et forte, elle vibrera jusqu'au fond des cœurs ; tantôt elle produira l'émotion jusqu'aux larmes, jusqu'au frisson, jusqu'au délire !

Rien n'est omis dans la description du saint homme Job qui nous montre avec une scrupuleuse exactitude le flot mystérieux de la vie tombant du sein de Dieu sur l'homme sa créature privilégiée. Nous ne pouvons étudier les trois ordres de la nature sans rester dans l'admiration en voyant l'ordre supérieur s'arrêter tout autour de l'homme, et atteindre sa perfection dans l'homme seulement chez qui la matière est dirigée par la raison, la raison par la foi et la foi par la grâce, lien surnaturel qui rattache la créature humaine seule au Créateur.

Vous vous déclarez les fils du hasard et du néant, — nous nous déclarons, nous, les enfants du bon Dieu et les fils de la gloire!

CHAPITRE XIX

LIBERTÉ DU TRAVAIL

Ce titre pourra surprendre le lecteur, je le conçois. Et s'il n'était chrétien, si, comme moi il ne gémissait sur les erreurs de notre époque, qui sont telles qu'on rejette audacieusement de parti pris tout ce qui constitue l'ordre dans la société, j'hésiterais, je l'avoue, à attaquer devant lui cette maudite liberté du travail qui est l'une des bases de la désorganisation sociale. Pourtant, je ne désespère pas que MM. les *libéraux*, que MM. les *libres-penseurs* eux-mêmes ne m'honorent de leur pleine approbation, puisque c'est au nom de la première et de la plus sacrée des libertés que je revendique pour tous la *liberté du travail*.

Ils se proclament sans cesse les grands-prêtres de l'*école libérale* — ce qui est vrai — et les protecteurs de la *liberté* — ce qui est faux! Ils se refusent en effet avec persistance à admettre le repos du dimanche prescrit par toutes les communions, et qui a son équivalent dans la religion judaïque, alors même qu'il est démontré que ce repos est une loi *fondamentale*, une loi de conservation sociale, un principe moral et un besoin pour l'humanité. Ils le savent bien, nos contradicteurs, mais de ce que cette loi émane de la divinité, de ce qu'elle a reçu de l'Eglise une consécration spéciale, ils la rejettent et la repoussent comme une atteinte portée à la *liberté* humaine. Et aussitôt, comme le brigand qui, pour donner le change, crie lui-même au voleur! ils la condamnent et la proscrivent, sans plus amples procédés, au nom même de la fortune générale, et ils crient : Les *cléricaux* condamnent le travail! le clergé par tous les moyens s'efforce d'entraver le commerce pour entraver le *progrès!*

A quoi bon retracer ici la vérité touchant ce point important! Qui ne connaît assez l'histoire pour savoir que le monde ancien avait entouré le travail de mépris, qu'il l'avait condamné et frappé d'une sorte de déchéance servile? Qui ne sait, d'un autre côté, que le christianisme toujours hostile à la noblesse et à l'esclavage l'a entouré d'honneurs? Notre-Seigneur lui-même ne l'a-t-il pas réhabilité? Son Eglise ne l'a-t-elle pas sanctifié?

Il est donc puéril, sinon criminel, de nous accuser de complots contre le progrès, auquel nous applaudissons de bon cœur, quand il est le progrès réel, et contre l'ouvrier que nous aimons quel qu'il soit et que nous aimerons toujours. Nous savons trop bien que le travail est la garantie de la moralité, de la religion et de la vraie *liberté*. Nous savons trop bien, nous qui voyons les hommes de près, que le travail est leur gloire, leur dignité et le principe de leur indépendance légitime. Du reste, nous nous étendrons plus longuement sur ce point dans le volume qui suivra celui-ci. Disons seulement ici que la *liberté illimitée du travail* est, comme toutes les libertés illimitées, la négation de la loi, de l'ordre, de la morale et de la religion. Elle est par conséquent un principe, un élément puissant d'anarchie.

Aussi le souverain régulateur des lois générales a-t-il imposé à l'homme une loi spéciale, réglant, pour tous les temps et pour tous les lieux, son travail et son temps. Cette loi éminemment moralisatrice, qui reçut sa sanction des libéralités du christianisme, est une loi fondamentale, à laquelle ni les hommes en particulier ni les sociétés prises en masse ne peuvent se soustraire sans danger imminent. Attaquer cette loi, c'est attaquer l'autorité, la famille, Dieu lui-même; en un mot, c'est attaquer la liberté religieuse.

Messieurs les libéraux conservateurs, lorsque vous permettez à des pères et mères, à des maîtres et maîtresses, à des patrons de supprimer, de leur autorité privée, le repos du dimanche, et de forcer au travail les enfants, les femmes et les ouvriers en général, vous attaquez dans son essence même la liberté religieuse. « La » liberté de conscience est violée, dit M. de Ségur, » l'âme humaine est opprimée. » Eh quoi! votre loi civile vient corroborer la loi divine, vous le savez, vous la connaissez cette double loi, et vous violez impunément l'une et l'autre!

Nous n'obligeons personne au travail, me direz-vous.

Comment! ce père, cette mère abrutis par un travail exagéré et poussés par une sordide avarice n'obligent pas leurs enfants au travail!..... A l'instant même je rencontre une jeune fille de quatorze ans que j'ai instruite et que depuis longtemps je n'ai pas revue.

— Comment se fait-il, mon enfant, lui dis-je, que vous ne venez plus à l'église, que vous n'assistez plus jamais aux offices?

Pauvre petite, elle s'est mise à pleurer et ses larmes m'ont dit : (ce que je savais bien)

— Je suis une pauvre esclave; j'ai des parents qui sont des maîtres barbares et qui me forcent à un labeur continuel; je dois travailler le dimanche comme les autres jours, et n'entendre comme encouragements que des blasphèmes et des malédictions.....

Cette enfant est-elle libre, je le demande? Et la loi qui a dépouillé le père du droit de vie et de mort sur son enfant, ne pourrait-elle intervenir lorsqu'il s'agit de rendre à l'enfant une *liberté* sacrée, et de l'investir d'un droit qui passe avant tous les droits, du droit d'élever par la prière et de sanctifier par la religion son cœur et son âme?

Prenez bien garde, me dira-t-on, vous attaquez l'autorité paternelle.

J'attaque l'autorité en réclamant la *liberté religieuse* pour cette enfant? Mais qu'est-ce donc que l'autorité paternelle, si ce n'est purement et simplement une délégation divine? Et que devient cette autorité lorsqu'elle est manifestement l'expression de la révolte contre l'autorité supérieure fondamentale, nécessaire, éternelle? Dans ce cas, comme dans toutes les circonstances où elle se trouve en opposition avec une loi positive, cette autorité disparaît.

Lorsque, dans telle entreprise industrielle ou commerciale, vous menacez l'ouvrier de lui retirer son travail s'il se repose le dimanche et les fêtes, cet ouvrier est-il libre? Il pense à sa femme, à ses enfants, à la nécessité du gain qui lui est accordé et il travaille contre sa volonté pour n'être pas renvoyé du chantier, de l'usine ou de l'atelier. Dès lors donc, cette infraction matérielle à la loi dont il se rend coupable, et dont vous êtes formellement responsable, est la négation incontestable de sa *liberté religieuse*, j'oserais dire de la religion; la religion étant pour tous avant tout le culte public, la manifestation vivante des assemblées des chrétiens et de leurs cérémonies augustes. Vous refusez tous ces droits et toutes ces joies à l'ouvrier? Alors convenez que par là même vous détruisez ses principes religieux qui ont besoin d'une vie agissante et vraiment chrétienne.

Combien d'enfants, de femmes et d'hommes qui subissent malgré eux cette cruelle servitude! Le nombre en est grand, vous ne le nierez pas. Combien qui désirent les consolations et les joies si pures de la religion! Vous en faites les esclaves d'une administration. Combien qui s'étiolent et meurent épuisés par la fatigue d'un labeur incessant ! Ils ont été enchaînés avec leur liberté par le despotisme de quelque gros industriel.

Eh quoi ! messieurs, vous accordez à la matière toutes les facilités, vous lui faites toutes les concessions, et vous ne songez même pas à l'esprit, à l'âme ! Que dis-je ? — vous livrez honteusement celle-ci au profit de celle-là ! Avec une audace inouïe qui n'a aucun précédent historique, vous supprimez l'être religieux !..... Ah ! je dois vous en prévenir, que vous le vouliez ou non, que vous soyez spectateur ou acteur dans ce grand drame, vous travaillez au massacre des principes, au désordre des mœurs, à la dissolution de la famille et à la ruine des consciences ! Vous retournez à la barbarie ; car dans l'homme sans religion, je ne puis rencontrer qu'une brute. Si j'y découvre encore l'apparence d'une âme, c'est que les empreintes du saint baptême sont là, ineffaçables. Oui, vous retournez à la barbarie ; jugez vous-mêmes et voyez d'où nous en sommes à cette heure où la société est livrée à l'athéisme et au matérialisme. Voyez la société, voyez-la dans tous ses détails ; étudiez les différents symptômes qui se multiplient toujours et vous direz : C'est vrai ! ce grand corps social est en mouvement et ne voit pas ! ces masses saines, au premier aperçu, sont intérieurement gangrenées et prêtes à tomber en décomposition, en pleine dissolution. — Mais non, *conservateurs libéraux*, vous avez des yeux et vous ne voulez pas voir.

Quoi de plus révoltant que ces abus ! Les uns livrent leurs semblables au travail par égoïsme, par avarice, et par spéculation. Les autres les vouent à cette inflexible rigueur du *progrès* par amour de la *liberté*. Ainsi, telles peuvent être les puissances de l'or et des jouissances que, pour le bon plaisir d'un seul, et pour son bien-être matériel, on sacrifiera le salut et l'âme de plusieurs, souvent d'un grand nombre..... et cela, au nom des exigences du *progrès*. Ainsi, telle peut être l'inconséquence humaine, qu'on veuille pour le travail une *liberté* qui tue *la liberté religieuse*.

Ah ! il faut avoir le courage de le dire, les protecteurs du *désordre moral* demandent la *liberté du travail* pour arriver à l'abrutissement du peuple.

Messieurs, on ne saurait imposer plus longtemps des lois frauduleuses et impies à un peuple religieux qui a conscience de sa valeur morale, et qui frémit d'un saint courroux, en voyant élever des monuments à la licence et à la corruption, au prix de son honneur et de sa foi.

Je l'ai dit : on veut chasser Dieu de la société et des lois qui la régissent, et c'est pourquoi la Révolution revendique le droit et le privilége du gouvernement des âmes et des corps. Aujourd'hui, malheureusement pour notre infortunée patrie, elle est en possession au moins en partie de ce pouvoir immense que Napoléon Ier désirait avec tant d'ardeur, et que Napoléon III s'est efforcé de conquérir par tous les moyens : l'empire sur les âmes ! dont les *républiquets* nient l'existence.

La Révolution, par tous les moyens, poursuit de toute

sa haine *la liberté religieuse*. Le conseil municipal de Paris, en mars 1875, ne s'est-il pas opposé à la construction d'une nouvelle église dans les quartiers écartés et populeux des Batignolles ? Ces conseillers impartiaux se proclament les amis du peuple ! Et le peuple seul, dont les heures sont précieuses, est intéressé à cette création : d'abord parce qu'il y trouverait du travail, et ensuite parce qu'il ne saurait se rendre, sans une perte de temps considérable, dans une église trop éloignée.

Vous avez beau faire, messieurs les *républiquets*, vous n'arracherez pas le sentiment religieux du cœur de l'homme. Toujours il trouvera dans la Religion le soutien et l'allégement de ses labeurs en même temps qu'une consolation puissante contre ses peines, et jamais dans vos doctrines matérialistes qui le découronnent de toute noblesse et le dépouillent de toute espérance.

C'est en vain, croyez-le bien, que vous entraînerez ces populations honnêtes et laborieuses vers les spectacles et les théâtres ; ces récréations souvent coupables l'accablent et le découragent ; l'opulence et la richesse semblent pour elles un poids immense qui les écrase, et vos plaisirs malsains ne peuvent que déposer dans leur cœur des germes de haine et de rancune. A l'église seule, au pied de l'autel du Dieu charité, du Dieu victime et holocauste pour l'humanité, il apprendra le doux secret de la *liberté*, de l'*égalité* et de la *fraternité*.

Vous parlez sans cesse du pauvre peuple, et sous

tous les prétextes vous l'opprimez, et toujours vous vous opposez à ce qu'il désire et surtout à ce qui lui est de première utilité. En vérité on comprendrait pareilles manœuvres de la part de la dictature ou du césarisme, mais non de la démocratie..... si on ne connaissait cette démocratie.

Vous voulez bon gré mal gré étouffer toute liberté religieuse, et vous êtes en bonne voie, cela est incontestable. Depuis que, par l'intermédiaire de quelques professeurs de l'Empire, vous avez la haute main sur l'instruction, quels résultats ! quelles injustices ! quel abaissement moral ! quel abaissement du patriotisme ! quelle haine de tout ce qui est ! quelles grandes ruines sociales !!! N'importe ! vous êtes les hommes de l'époque ! Les gouvernements vous trouvent utiles et nécessaires. Vous pouvez, sans entraves, favoriser le *désordre moral*, et vous efforcer d'écraser la *liberté religieuse*.

RÉPUBLIQUE

I

PLATITUDE RÉPUBLICAINE

J'ai dit quelque part ou pensé souvent que les hommes de notre époque, qui proclamaient bien haut leur indépendance, étaient ceux qui s'aplatissaient le plus volontiers devant la richesse et la puissance, ou même devant certaines perspectives plus ou moins souriantes. Il est évident que, pour tout homme qui réfléchit et qui voit, la plupart de nos républicains se leurrent impitoyablement sur ce point, et se taxent bruyamment d'un titre dont ils n'ont ni la qualité ni la réalité.

Comme la liberté, que MM. les libéraux le sachent bien, l'indépendance prend son essence et a sa raison d'être unique dans l'honneur même, dans le respect des convenances, des usages et des lois. Nous sommes dans un siècle où les caractères sont chose rare en vérité, et où, quoi qu'on en dise, les hommes font complétement défaut. J'insulte le siècle du progrès ? — Pas le moins du monde ; je constate un fait. J'ai beau, à l'exemple du cynique de l'antiquité, chercher des hommes, je ne trouve que des girouettes..... On fera toutes les concessions pour une espérance illusoire, toutes les bassesses pour un succès chimérique, toutes les platitudes pour un triomphe éphémère. On reniera les croyances sacrées de la famille et ses antécédents glorieux, pour gagner l'amitié ou seulement l'opinion de quelques gredins, qui vous promettent un dévouement éternel, et qui le lendemain sont vos ennemis.

Vous exagérez, me dit un honnête homme, qui, comme moi, gémit sur l'abâtardissement des consciences. Grâce à Dieu, ajouta-t-il, nous avons une phalange d'hommes à principes, d'hommes sincères; la lettre du marquis de Franclieu (19 mars 1875) nous rassure et proclame à la face de la France que l'honneur vit encore et circule dans certaines artères du cœur français. — *Adhuc stat honor !*

C'est vrai, je le reconnais. Nous possédons des hommes sérieux, sérieusement attachés et cloués aux principes. Je les admire, je les suis de mes vœux et de mes prières, et j'espère ! Ceux-là du moins ne se confondront jamais dans la masse cupide et vile qui grouille autour des places, des siéges et des décorations. Oui, ceux-là sont des hommes, *Adhuc stat !* l'honneur français n'est pas mort, mais à côté, ici, là, partout, je ne vois que des girouettes.

Je mets en fait que quatre-vingt-dix républicains sur cent, ne sont républicains que d'occasion et non de convictions. Je ne vois dans la bande républicaine que quelques hommes vraiment convaincus. M. Laboulaye, par exemple, cet honnête utopiste qui veut bien se dire catholique. M. Louis Blanc, cet autre pondeur d'idées fausses... et encore M. Louis Blanc, si longtemps grand-prêtre d'une église républicaine de sa façon, a-t-il honteusement transigé sous la pression de M. Gambetta, un débutant, sur le vote de la loi Vallon. Je me fourvoierais évidemment si j'en citais un troisième.

Jules Simon ? — Jules Simon serait avec un portefeuille le plus obséquieux et le plus câlin des sujets devant un monarque.

Jules Favre ? — Jules Favre se laisserait complaisamment prendre aux mêmes gluaux, et surpasserait l'ex-ministre des cultes en condescendance et en platitude.

Thiers ? — Thiers déposerait tous ses jeunes sentiments républicains aux pieds du souverain, fût-il un Bonaparte, si Sa Majesté lui disait :

Soyons ami, Adolphe ! J'ai besoin de toi ! Ta grande expérience, tes vastes connaissances, ta profonde érudition, ton talent *militaire* et parlementaire sont nécessaires à mon gouvernement..... Sois premier ministre ! Je règne — tu gouvernes !!!

Gambetta ? — Mais Gambetta, qu'il en convienne ou non, dévie considérablement. Ce n'est qu'avec trop de justice que ses *frères* se plaignent déjà de ne plus le rencontrer dans les cafés communs du boulevard. — Allez, mes amis, demander celui que vous cherchez à l'hôtel A ou B..... Quand je disais que Léon le cardurcien ferait son chemin, on me répondait : jamais ! « c'est un fou furieux ! » M. Thiers l'a dit et M. Thiers ne se trompe pas.... Jugement téméraire, vous voyez bien. Léon est l'homme utile, nécessaire, indispensable, *conciliant* s'il en fut jamais. Sans lui rien n'est fait ; demain il peut tout démolir. Il est le *centre*, et tous les partis opposés, pour ainsi dire, sont les *rayons*. De lignes parallèles, le naturel du Lot a su faire (chose renversante pour les *vieux* mathématiciens,) une ligne courbe, un arc, quasi une circonférence et des rayons, cela va sans dire. Seulement, je dois en toute franchise le déclarer ici, j'hésiterais à m'appuyer sur le diamètre dont les deux points extrêmes sont la comédie et la trahison. En vérité, cela est fâcheux, car au centre je vois incarnée la complaisance..... ou la ruse — Ah ! M. Gambetta ex-généralissime des armées du gouvernement de la *Défense nationale*, ne mourra pas, non il ne saurait « mourir dans la peau d'un factieux. » Il est trop liant pour cela. Dans dix ans, messieurs les *républiqueux* de Paris ses électeurs, vous le verrez premier ministre de Napoléon IV, affligé des plus beaux appointements, des plus hauts titres et chargé de toutes les décorations du continent.

Tout cela c'est de l'histoire. Voyez plutôt, lecteur de bonne foi qui seriez tenté de mettre en doute mes assertions, voyez M. Emile Ollivier. Longtemps il fut républicain et, comme tel, ennemi déclaré de l'Empire jusqu'au jour où il lui fut donné d'enfourcher le dada ministériel. Dès lors, vous savez ce qui advint M. Emile Ollivier, dépouilla le vieil homme, et fut impérialiste consommé, grand admirateur d'un gouvernement usé et partisan pour toujours (!) d'une dynastie qui ne peut durer vingt ans de suite en France. Quelle contradiction dans les termes mêmes !

Voyez encore, si vous voulez, cet habile candidat de Seine-et-Oise, M. Maurice Richard, qui s'en fut en 1869 faire des réunions politico-républicaines à Rambouillet et ailleurs. Il lança sur les chemins tout ce qui tenait à la franc-maçonnerie — je veux dire au républicanisme, pour les besoins de sa cause. Quelle belle affiche ! Quels généreux sentiments républicains ! Quelle pitié profonde pour le parti impérialiste protecteur de M. Baroche fils ! Il fut élu et porté à la députation par ses *frères* les républicains. Et trois mois après ? Trois mois plus tard, M. Maurice Richard, député republicain, était ministre des beaux-arts, grand partisan du régime impérial qu'il condamnait naguères et le très-humble serviteur de César. Vous le voyez, lecteur, je prends des faits récents dont, comme moi, vous avez été le témoin ébahi.

Ah ! j'ai besoin, en présence de cet ignoble trafic des caractères et des consciences, de citer ici un mot du général de Charette s'adressant à ses zouaves héroïques et chrétiens :

« Lorsqu'on a le bonheur d'avoir comme nous des

» principes et des convictions, et qu'on est bien déter-
» miné à ne faire aucune concession, on est toujours
» sûr de faire son devoir, même dans les temps les plus
» difficiles. » Qu'on me montre le républicain autorisé à en dire autant. Cela ne se peut pas, parce qu'il n'y a pas de républicains sans passions, sans obsessions, sans utopies, sans variations, parce qu'il n'y a pas de républicains qui ne soient prêts à toutes les concessions, si ces concessions sont de nature à favoriser leurs intérêts.

II

CROISEMENTS RÉPUBLICAINS

En prenant les politiques organisateurs de l'état actuel, tels qu'ils se présentent, tels que les faits et écrits nous les montrent, tels que notre exubérante époque en produit chaque jour et à chaque heure du jour, on pourrait facilement et logiquement arriver à vingt-cinq ou trente croisements républicains très-distincts, très-réels; et on resterait en deçà de la vérité, ou au moins en deçà de l'exacte réalité.

La République, puisque nous sommes conduits à en parler, (bien qu'il n'entre nullement dans notre plan de faire de la politique, mais uniquement de la morale et du redressement intellectuel) est un gouvernement condamné à l'impuissance à cause de ses antécédents et surtout à cause des éléments hétérogènes dont il est forgé. En théorie, je l'avoue, rien de mieux! rien de plus beau! Aussi je comprends très-bien l'hallucination de la jeunesse en général. En pratique, rien de plus absurde, rien de plus impossible.

Mais la République existe aux Etats-Unis? C'est vrai; j'ose affirmer qu'elle ne vivra pas longtemps, et que si elle n'était isolée des autres puissances par les deux Océans, elle ne serait déjà plus. Mais elle existe en Suisse? — Singulière République! La France serait-elle tombée et humiliée jusqu'au point de se modeler, pour retrouver sa force et sa grandeur passées, sur un Etat avec lequel les puissances européennes ne daignent pas compter? En vérité il est par trop cynique de donner à un grand pays un semblable spécimen d'organisation, lorsque ce pays est obligé, par sa valeur intrinsèque et par sa configuration, de vivre et de compter avec des monarchies puissantes et séculaires. Et, d'un autre côté, ignorez-vous donc où en est la Suisse de 1875? Hélas! non, vous ne l'ignorez pas; et le désordre, au milieu duquel elle se débat et dont elle profite pour étouffer toute liberté religieuse, ne vous sourit peut-être que trop. Les républicains, quelque nombreux que soient leurs croisements, sortent de la même souche et se ressemblent toujours par quelque côté.

Mais pourquoi la République est-elle absurde?

Parce que les trois quarts des républicains sont des hommes sans principes, auxquels les circonstances, la bêtise commune et le diable ajoutent infailliblement une certaine dose d'honnêtes imbéciles, comme salaison seulement temporaire; car ce sel-là se gâte vite et le tout est condamné à pourrir.

La République est absurde parce que, si les peuples naissent par la force et la nature des choses, sous un gouvernement républicain, ils ne peuvent se perfectionner que sous une monarchie qui, par l'hérédité, garantit contre toute divagation populaire les institutions et le pays. Parce que plus un peuple avance dans la civilisation, plus il a besoin d'un gouvernement homogène et immuable si j'ose ainsi parler, qualités que possède seule la monarchie héréditaire.

La République est absurde, parce que les républicains se trompent mutuellement à la grande satisfaction du diable qui en rit. Vous avez vu, messieurs les républicains, vos aînés de 1793. Ils se sont fait successivement passer sous le couperet de la guillotine..... Puis vous avez vu un général républicain mettre la République sous ses pieds. En 1830, un d'Orléans vous l'a soufflée; et en 1852 un aventurier l'a égorgée. Est-ce de l'histoire? sont-ce des faits? Peut-on y répondre? Et vous croyez que l'avenir, que le présent peut-être n'en produira plus de ces républicains de race? Avouez que vous vous illusionnez. La république Vallon a je crois la faveur de compter parmi ses partisans un des princes d'Orléans. Ce n'est pas selon moi pour elle un certificat d'immortalité, pas même de longue vie.

L'ambition, on le sait par César, on le sait par tout ce qui tient du caractère de l'homme, est la plus terrible des passions; elle passe avant toutes les autres sous tous les climats et sous tous les régimes, et s'il se trouve par hasard un homme de la trempe du maréchal de Mac-Mahon, capable de respecter des conventions, cet homme, qui ne le sait? — n'est pas un républicain, et ne s'est jamais dit républicain.

Savez-vous ce que pense le paysan, tant il est vrai que la République est regardée comme antinationale? Il souhaite que le plus fort fasse un coup d'Etat. Nous serions bien débarrassés de la Révolution, dit-il! Car, dans la droiture de sa raison, le paysan ne distingue pas entre République et Révolution, ni moi non plus je l'affirme. Le cultivateur, ami naturel de la paix, veut un monarque. Il nous faut une tête, dit-il, sans quoi les affaires ne sauraient marcher! Et il est logique, beaucoup plus que tous les fabricateurs de constitutions.

La République est absurde parce que les républicains n'y croient pas eux-mêmes. Toutes ces subtilités constitutionelles, tous ces ministres multicolores, c'est, disent les *purs*, de la flagornerie.

Elle est absurde, parce que République signifie patrimoine national, et qu'un patrimoine, quel qu'il soit, ne saurait être géré par une foule divisée d'opinions, de principes et de passions contraires sans périr.

Elle est absurde parce que, comme dit M. de Bonald, la République est la réunion des médiocrités qui gouvernent en commun, en attendant qu'il se présente un homme qui prenne les rênes de l'Etat et renvoie tous ces gouvernants à leurs affaires.

Elle est absurde parce que, étant le gouvernement des passions démagogiques, elle ne peut être que le gouvernement des incapacités et de la faiblesse.

Elle est absurde parce qu'elle est forcément la proie des ambitieux.

Elle est absurde parce qu'elle est une aggrégation d'erreurs contre un centre de vérités, et un amas de ténèbres et de discordes contre un foyer de lumières et d'union.

En un mot, elle est absurde parce qu'elle est impossible. C'est ce qu'il est facile de démontrer.

La République est impossible parce qu'elle traîne à sa suite des hommes de toute nuance qui ne sauraient servir un gouvernement régulier.

Il y a des mots dont on doit abuser, paraît-il ; et l'abus, règle générale, est d'autant plus grave que le mot est plus sacré. Ainsi des mots *communion*, *communauté*, qui sont essentiellement religieux et fraternels, ou plutôt de leur radical, on a trouvé, aux époques troublées, le moyen, le triste moyen de les transformer en mots révolutionnaires et dangereux tels que *communiste*, *communeux*, *communard*.

Cette remarque me conduit tout naturellement à une observation semblable, sur la dégradation d'un autre mot également sacré, également social et que les Latins appelaient *res publica*, c'est-à-dire la *chose publique*, ou autrement le *bien public*. Aussi tout monarchiste peut-il être un très-bon républicain dans le sens vrai du mot ; et c'est pourquoi nos *modérés*, pour rassurer la France, se sont empressés de s'octroyer le titre pompeux de *républicains conservateurs*. Mais ce grand mot, *respublica*, très-acceptable en soi assurément, a subi toutes les transformations. Quel chemin n'a-t-il pas fait depuis un siècle? Et ne pourrait-on avec justesse en établissant une similitude, et en forgeant de nouveaux mots à l'aide du radical, dire que nos républicains se divisent et se subdivisent en une infinité de catégories. Nous nous arrêterons aux principales et nous dirons: il y a:

1° les *républicains*, gens honnêtes, mais naïfs.

2° Les *républicains athées*, gredins qui en veulent à Dieu et à la Religion.

3° Les *républicains immoraux et antisociaux*, ennemis de la morale et de la famille.

4° Les *républicards*, meneurs ardents et autoritaires qui s'insurgent contre toute autorité.

5° Les *républiqueux*, la plèbe, la démagogie, la masse cupide et ignorante entraînée par les républiquards — sont, à l'occasion, traîtres à la patrie.

6° Les *républiquistes*, spéculateurs qui s'attaquent au capital et à la propriété.

7° Les *républicaux* qui en veulent à tout cela à la fois.

Pour l'homme sans préjugés, ce simple énoncé ne suffit-il pas à démontrer l'impossibilité d'un tel gouvernement? Mais développons quelque peu cependant.

1° Et d'abord les Républicains, gens honnêtes, mais naïfs. Prenons par exemple M. Laboulaye. Il est honnête républicain, mais assurément il est aussi plus que naïf. Comment! me dira-t-on, mais c'est l'homme qui a le plus étudié la question qui vous occupe. C'est possible, et je le crois. Je pourrais alors (tant MM. les professeurs ont de succès) trouver un type dans M. Vallon, mais j'ai un faible pour M. Laboulaye et je le retiens. A part quelques réflexions dont je ne puis me priver, je le citerai purement et simplement, et on verra que le républicain honnête est vraiment naïf.

Qu'on prenne des précautions contre le mal de mer, car M. Laboulaye fait souvent passer la frontière et traverser l'Océan sous une latitude, du reste, toujours supportable. Avec lui on visite l'Angleterre, les Etats-Unis, la Belgique, la Hollande, et même la Suisse.

M. Laboulaye vous dira pour débuter, p. XXV de son introduction (*parti libéral*), « il appartient au gouvernement d'obéir, et au pays de commander. » J'en demande pardon à l'auteur de ce paradoxe, mais en vérité je me crois à Charenton. Voyons! est-ce sérieux cela? Vous voulez donc que les pieds commandent à la tête? Que signifie *gouvernement*? M. Laboulaye n'y a pas songé, sans quoi il eût changé ce mot ennuyeux, vieux comme tous les siècles et que le progrès tolère encore. Mais en admettant que le législateur en question veuille faire du *gouvernement* le serviteur du pays, qu'est-ce donc que le pays? — Mais c'est le peuple..... — Alors c'est le peuple qui commande? — Mais oui! — A qui, s'il vous plaît? — Au *gouvernement*, parbleu! — Et le gouvernement? — Au peuple!!! puisqu'il est de l'essence même du gouvernement de *gouverner*. Vous comprenez, lecteur ? Je vous en défie.

Suivons ! — M. Laboulaye demandait en 1868 à l'Empire « le règne de la démocratie laborieuse et paisible. » Au nom de qui parlez-vous, cher monsieur ? — Au nom de la démocratie laborieuse et paisible. — C'est impossible ! Elle ne vous a pas confié pareille mission. Cette démocratie-là, monsieur, ne demandera jamais à régner. Toujours elle se contentera de sa médiocrité ; jamais elle ne fera de révolution.

« Y a-t-il, dites-vous, une menace de révolution dans » le libéralisme ?

Moi je répondrais carrément : oui ! mais je vous céde la parole.

« Non, dites-vous, pas le moins du monde. Ce que de- » mandent les libéraux, c'est le commun profit de tous. » On peut exécuter leur programme sans effrayer des » intérêts légitimes, sans troubler la paix publique, » sans affaiblir le gouvernement. »

Et l'histoire, et l'expérience, et le passé qu'en faites-vous ? — Moi je vous dis que l'exposé seul de votre programme, je ne parle pas de l'exécution, fait trembler les honnêtes gens.

« La liberté, dit ailleurs M. Laboulaye, (lisez répu- » blique) est comme un festin magnifique où, parmi les » nombreux convives heureux de se trouver ensemble, » chacun peut choisir le plat de son goût. » C'est peu spartiate et très-sardanapaliste ce programme. Hélas !

il y a des délicats... peut-être..... mais il y aura aussi des gourmands. Le seul plat qui pût convenir à tous seraient de gros appointements... Telle est ma très-vulgaire opinion.

M. Laboulaye dit de la démocratie chrétienne : « chaque individu apprendra dès l'enfance à se gouverner soi-même. » Savez-vous, cher monsieur, que cela est fort peu chrétien ? Et que faites-vous des commandements : *Obedite præpositis vestris*, obéissez à vos supérieurs. — *Reddite ergo quæ sunt Cæsaris Cæsari, et quæ sunt Dei Deo.* Rendez à César ce qui est à César, et à Dieu ce qui est à Dieu ? Vous n'y aviez pas songé sans doute.

« Du jour, ajoute-t-il, où nous épouserons franchement la liberté (lisez république) la révolution sera achevée, le monde entier applaudira à la démocratie. » — Et après ? — Après ? le merveilleux le divin, le ciel sur la terre !!!

« Sans la liberté de la presse, dit M. Laboulaye, il n'y a de sécurité pour aucun droit ; l'association est aujourd'hui une faveur, il faut qu'elle devienne un droit comme en Angleterre, aux Etats-Unis, en Belgique, Hollande et Suisse. »

Quelles monstrueuses naïvetés dans ces quatre lignes ! La liberté, la sécurité, la justice distributive sont dans un gouvernement honnête, dans une magistrature honnête et indépendante et dans les lois humaines entées sur la loi divine, mais non dans la presse, ce fouillis de tous les mensonges et de toutes les absurdités. L'association peut être une bonne, utile et sainte chose, mais je crois que, comme la presse, elle a besoin de règlements très-restrictifs.

« Il nous faut l'Eglise libre dans l'Etat libre, comme en Angleterre, aux Etats-Unis, en Belgique, en Hollande, en *Suisse* (!) . . . .

. . . .

Qu'en pense le lecteur?

« En religion comme en politique l'obéissance est volontaire et contractuelle; elle part d'en bas, elle n'est plus imposée d'en haut » comme en Angleterre, etc..... Alors à quoi bon ce précepte : *Obedite præpositis vestris?*

« C'est par la grâce des peuples que gouvernent les » rois. » Depuis assez longtemps les simples croyaient que c'était par la grâce de Dieu.

J'ai pitié du lecteur, et je termine par une dernière citation :

« Croyons-en, dit M. Laboulaye, l'expérience des » Etats-Unis... Une fois libre, l'Eglise ne se mêle » plus de politique ; car la politique n'est pour elle » qu'un moyen d'arriver à l'indépendance par la sou- » veraineté. »

Quand j'affirmais que les théories républicaines sont absurdes, quand j'affirme qu'elles sont impossibles, peut-on, en présence de ce galimatias, mettre en doute mon assertion?

Nota. — M. Laboulaye est président du centre gauche!

2° Les *républicains athées*, c'est-à-dire les ennemis de Dieu et de sa religion.

Ce sont ces hommes qui s'honorant d'avoir à leur tête Garibaldi l'illustre, attaquent indignement Dieu et la religion par des plaisanteries, par des calomnies et par des sarcasmes, pour en inspirer le mépris et pour faire disparaître toute entrave devant les passions, afin d'arriver plus vite et plus efficacement à la perversion ; c'est ainsi qu'ils comprennent le *progrès* et qu'ils travaillent à l'amélioration des masses.

Il est fort rare que l'ennemi de Dieu et de la religion ne tienne pas du bouffon. Garibaldi, rendons-lui cette justice, a surpassé tous ses concurrents dans la carrière. Pour faire ressortir ce grand caractère du XIXe siècle, ce rare génie de notre époque, il serait bon de revoir certaines de ses correspondances. Mais, quel est le lecteur qui n'a pas eu la bonne fortune d'en rencontrer quelques bribes sur le *Siècle* ou le *Rappel*, journaux plus particulièrement destinés à pénétrer partout, sinon par l'abonnement, du moins par l'entremise de l'épicier ou du savetier ? Je me tairai donc sur ce point, pour citer un passage du rapport de M. Pierrot, touchant la guerre à jamais néfaste de 1870. Voici ce que dit l'honorable député, du grand homme ami passionné de la République et du peuple français :

« S'il avait été un général français, la commission » aurait dû renvoyer les pièces soumises à l'Assemblée » au ministre de la guerre, afin d'examiner s'il ne de-

» vait pas être traduit devant un conseil de guerre, pour » y répondre de sa conduite, comme ayant abandonné » à l'ennemi, de propos délibéré et sans combat, les po- » sitions qu'il avait reçu mission de défendre, et avoir » amené par là un désastre militaire, qui n'aurait de » comparable dans l'histoire que celui de Sedan et de » Metz. » Voilà le héros légendaire et les résultats pré- vus de sa haute protection.

Les *républicains athées* ne veulent pas de catholicisme, et ce n'est pas d'aujourd'hui qu'ils nous honorent de leur inimitié rageuse. Pourquoi en effet Louis XVI a-t-il été guillotiné par la Révolution? — Parce qu'il était catholique.

« Tu demandais, ô France, un roi catholique; tu di- » sais que les lois fondamentales du royaume ne per- » mettaient pas de reconnaître un roi qui ne fût pas » catholique; et voilà, maintenant que tu l'avais ce roi » catholique et précisément parce qu'il était catholique, » que tu viens de l'assassiner. » (Paroles de Pie VI.)

O France, m'écrierai-je à mon tour du fond de mon humble retraite, pourquoi, alors que tu sais que les lois fondamentales qui ont fait ta force ne sauraient dispa- raître sans entraîner ta ruine, pourquoi à l'heure ac- tuelle refuses-tu de mettre à ta tête et d'appeler à ton secours Celui qui veut t'arracher saine et sauve et tout entière à la Révolution? Lui seul peut te rendre la paix et reprendre sans combat les fleurons tombés naguère de ta couronne!

Parce qu'il est catholique, oses-tu répondre.....

Insensée! ingrate! Il te faut un monarque *libéral*, un roi de la Révolution, ou un César de passage et d'aventure qui te jette de nouveau sanglante, anéantie et expirante aux vautours de la Révolution.....

O Dieu qui aimez la France, éclairez le pauvre peuple indignement trompé! Eclairez les hommes honnêtes qui hésitent! Eclairez les législateurs qui fléchissent! Eclairez les abords du précipice affreux vers lequel nous courons! Arrêtez cette évolution insensée d'une nation en délire! Eclairez les malheureux qui ne voient pas et faites qu'ils voient! Rendez, ô Dieu, rendez à la France, à la fille aînée de votre divine épouse la piété et l'épée de saint Louis!!! *Regna firmat pietas!*

Pie VI, dont j'ai cité les paroles plus haut, prévoyait des châtiments terribles. Ces châtiments sont venus, et depuis le crime des *républicains athées* de 93, il n'y a pas eu un seul instant de paix véritable. La Révolution de 93 avait décapité l'autorité. La Révolution de 1875 n'a pas d'autre mobile. Mais pour y arriver il faut anéantir Dieu et son Eglise.

A M. Pressensé qui a cru de sa dignité de promener son personnage dans les clubs de 1868 et 1869 citant un jour ce mot de Mirabeau : *Dieu est aussi nécessaire au peuple français que la liberté !* les *républicains athées* répondirent : « Dieu et la liberté? ces deux mots sont antipathiques; nous protestons contre leur alliance; la lumière divine se teinte toujours des sinistres lueurs des auto-da-fé. » Nous n'admettons pas la puissance de Dieu, parce que nous ne voulons ni Dieu ni puissance d'aucune sorte. La religion n'est qu'un moyen d'abrutir les hommes et de les dominer complétement. Nous voulons détruire ce vieux *virus*, qui date depuis qu'on a inventé le bon Dieu. A l'heure qu'il est, nous fondons (1868) une école dans le premier arrondissement dont le premier article est : point de clergé, point de catéchisme ! — La religion, c'est la chaîne la plus forte qui entrave nos libertés. (Quelle vérité !) Ainsi hurlaient les bouledogues d'entre les *républicains athées*.

Priviléges et religion sont synonymes ! criait un misérable roquet.

Et un énergumène, toujours de l'espèce : Si la loi le permettait, je crierais : Guerre aux Jésuites, ou plutôt : Guerre aux dieux !!! Vous salissez la tribune en parlant religion ! Athée et matérialiste, j'écarte de l'éducation toute idée religieuse !.....

Et à l'heure où de telles horreurs se débitaient impunément dans plusieurs quartiers de la capitale de la France, il y avait à Paris un palais, une cour, une suite étincelante, sémillante, et un Empereur qui se frottait joyeusement les mains et qui riait cyniquement dans sa barbe, en apprenant que le *désordre moral* ne pouvait mieux se propager que par ces attaques violentes contre la religion. Il avait l'armée, il comptait une nombreuse police parfaitement organisée, il pouvait se passer de Dieu. Et la vie était gaie!!!

Bals aux Tuileries, chasses à Compiègne, à Fontainebleau, à Saint-Cloud, à Rambouillet. Tout le monde était en mouvement; le luxe était effréné! la troupe entière roulait sur l'or! Un peignoir de bains se payait cent louis comme cent sous! Les courtisans affluaient.... on riait, on dansait, on jouait, mais on jouait, on dansait et on riait à en perdre haleine, en attendant qu'on en perdît la tête.

Non loin de là, dans des salles de bals ou dans des tavernes borgnes, se pressait une foule en haillons, découragée de ne pouvoir trouver enfin sa place dans ce festin permanent. Pour s'en venger, que faisait-elle? Cette foule avide des plus grossières jouissances, envieuse et vile, s'en prenant à Dieu et à la religion, effrayait l'Europe entière par ses blasphèmes et ses sarcasmes..... Et Balthazar ne comprenait pas; et Balthazar ne voyait pas la main qui traçait sur les forteresses de la France ces trois mots effrayants: *Mane, Thecel, Pharès*. Les Prussiens étaient à la frontière, et l'on riait aux Tuileries..... Enfin le canon tonna si fort qu'on passa au sérieux..... Hélas! il était trop tard; la France était livrée!.... la France était violée!!.....

Et les *républicains athées*, trop fidèles imitateurs de leurs ancêtres de 93 pour forligner, mirent à profit ces heures de crise et de mort et s'emparèrent, sous les yeux de l'ennemi vainqueur, des ministres de la religion catholique. Ils en fusillèrent un grand nombre, et si on ne les eût arrêtés dans leur loyale entreprise, ils eussent probablement sauvé la patrie en la débarrassant, jusqu'au dernier, de ces représentants de la Divinité. L'armée, justement indignée, pénétra dans Paris livré aux flammes, au vol, à l'assassinat ; elle tira vengeance des abominations dont le souvenir donne encore le frisson. Mais les *républicains* en titre avaient disparu ; leurs néophytes furent massacrés ou condamnés à la déportation. Insensés ! ne voyez-vous pas que la religion est la première force du monde, et que vous périrez tous dans la lutte satanique que vous lui livrez !

3° Il s'agit maintenant des *républicains* immoraux et antisociaux que je dénonce à l'opinion publique comme les ennemis acharnés de la morale et de la famille.

Pour arriver à la dépravation des mœurs et au débordement de l'immoralité, les *républicains athées*, comme nous venons de le voir, ont ouvert et préparé les voies. En éliminant Dieu en effet, ils ont par là même rejeté, proscrit toute éducation religieuse, et facilité l'œuvre des audacieux qui s'élèvent contre la morale et contre la famille. Et dire qu'on semble ne pas voir le chemin parcouru par ces idées abominables et subversives ; et dire que le flot de l'immoralité monte, monte toujours, sans qu'on songe un instant à élever de puissantes digues. Bien loin de là, on bat en brèche les forteresses mêmes de tous les principes ! Eh bien ! qu'on le sache, la parole de Montesquieu est toujours vraie : « Il y a » de mauvais exemples qui sont pires que des crimes; » et plus d'Etats ont péri parce qu'on a violé les mœurs » que parce qu'on a violé les lois. »

Il est pour ainsi dire impossible d'émettre l'opinion de cette troisième catégorie de républicains, sans froisser la pudeur la moins farouche. L'un déclare impudique et immoral le mariage religieux! L'autre dit: L'union libre, c'est l'accomplissement des lois de la nature : c'est cet accomplissement des lois de la nature que j'appelle la morale ! Un troisième ajoute : Nous ne sommes pas des amis de la société actuelle, nous voulons renverser, non, mais transformer le mariage.

M. Naquet est partisan des unions libres, disait un clubiste analysant le traité du royal et docte député touchant la religion, la famille et la propriété. Certains passages contiennent de telles obscénités, dit M. Vitu, qu'il est impossible de les citer.

Nous ne pouvons nous arrêter longuement à ces idées ridicules, et pourtant nous dirons un mot.

Donc,pour arriver à la dissolution sociale, on rejette toute loi et tout principe, fussent-ils séculaires et éternels. C'est ce but et cette loyale pensée qui ont poussé les plus vicieux à réclamer la dispersion de l'enfant en dehors de la famille,et l'union libre. L'honnête femme, pour ces coupables rêveurs, est une énigme et ils n'y croient pas. Pourtant, comme l'honnête femme a des principes, que ces principes sont sa dignité,sa grandeur morale et sa force, qu'appuyée sur ces principes elle s'impose à l'enfance, à l'homme, à la famille, et qu'elle étend sur la société tout entière son influence moralisatrice, il faut la noyer dans la fange commune, en brisant le sceau sacré de la légitimité et de la sainteté du mariage; il faut en faire un instrument de débauche pour en faire efficacement un instrument de désordre. Or, en rompant tout lien conjugal, on arrivera nécessairement à ce but, puisque, par ce moyen, on détournera la femme de sa fin naturelle et de ses devoirs, qui ne peuvent s'exercer que dans la famille au milieu du père et des enfants. Hors de sa voie, la femme, ardente et impressionnable par nature, sera nécessairement un dissolvant puissant au sein de la société.

Ce système antinational et odieusement criminel détruirait en effet la grande famille sociale en excitant les passions les plus désordonnées et en les autorisant. Et que deviendrait, je le demande, dans ce gâchis général, la pauvre femme arrivée à l'âge mûr et à la vieillesse? Sur qui, sur quoi s'appuierait-elle? Est-elle assez immorale, dans son essence même comme dans ses conséquences, cette loi que vous désirez promulguer?

Vous parlez constamment de liberté, mais savez-vous que la licence est la négation même de la liberté? N'est-elle pas une infraction directe à la loi éternelle? Savez-vous que la licence est l'oppression même du sexe que vous empêchez de remplir sa mission et de parvenir à sa fin naturelle? Savez-vous qu'une fois les liens du mariage rompus, il n'y a plus l'ombre même d'une société organisée? Tout croule, parce que tout tient à la famille dont la femme est l'âme et la vie ?.....

Pourquoi, me dit-on, vous arrêtez-vous à de pareilles absurdités? — D'abord parce que je tiens à faire connaître amplement MM. les *républicains* ennemis de la morale et de la société ; ils me semblent si intéressants et leurs intentions si droites ! Et puis, parce que ces idées se propagent d'autant plus facilement qu'elles sont plus monstrueuses. On les rencontre aujourd'hui non-seulement dans les masses basses et incultes, mais dans certaines classes éclectiques qui me font l'effet de trouver les vieilles lois du bon Dieu bien surannées, et qui volontiers essaieraient du système ingénieux et nouveau des *républicains athées.*

4°. Les *républicards* sont ceux qui rejettent toute autorité. — Ils demandent :

L'Athéisme,
Le Régicide,
La Guerre civile,
L'Assassinat,
La Spoliation,
La Communauté des biens,
L'Abolition de la famille.

Tel est leur vaste programme; on les a vus à l'œuvre ces brillants réformateurs.

Ce sont les meneurs ardents et tyrans. Nous ne voulons, ont-ils dit, et disent-ils à la suite des Marat, des Danton, des Robespierre et des Raoul-Rigault, ni Dieu ni puissance d'aucune sorte ! Nous réclamons la liberté dans l'exercice de nos sens et dans la satisfaction de nos passions ! — Tout le républicanisme repose sur la négation de l'*autorité*. Je défie M. Laboulaye de me démentir. Pour bien comprendre où nous en sommes, que le lecteur se rappelle les opinions émises par bon nombre de députés, opinions dont j'ai parlé au chapitre VIII ; qu'il se rappelle en outre les exécutions de la Commune..... Le général Clément Thomas, le président Bonjean, l'archevêque de Paris représentaient l'autorité militaire, civile et religieuse, et c'est pourquoi les républicards les ont assassinés. Ce que nous avons dit des républicains de diverses nuances prouve surabondamment notre assertion.

Les républicards vont plus loin s'il est possible. Aucun homme n'a reçu de la nature le droit de commander à son semblable, disent-ils ; la liberté serait lésée et la liberté est le premier privilége de l'homme ! Nous l'avons dit, que les *novateurs* radicaux le sachent bien, il y a deux préceptes formels émanant de l'oracle divin : *obedite*, etc., obéissez à vos supérieurs, — *reddite*... etc. Rendez à César ce qui est à César et à Dieu ce qui est à Dieu. — Donc il y a une *autorité* constituée. Nous avons prouvé du reste que la liberté illimitée est le désordre moral et matériel, et par conséquent nous maintenons qu'il y a, qu'il doit y avoir, qu'il ne peut pas ne pas y avoir d'*autorité*.

Nous avons démontré en outre que, sans Dieu, la société allait aux abîmes, que sans *autorité* religieuse l'humanité civilisée retournait à la barbarie, et enfin que sans l'*autorité* paternelle la famille disparaissait pour faire place à la licence et au désordre. Tous nos ennemis sont des branches sorties du même tronc, et toutes doivent produire des fruits merveilleux. Pourquoi l'*autorité* vient-elle en altérer l'exubérante sève ? L'*autorité !* n'est-ce pas une vieillerie, une abstraction ? Ah ! je comprends bien les sentiments du progrès à son égard... Messieurs, cette vieillerie est « toujours ancienne et toujours nouvelle » et vous serez éternellement impuissants à en ternir la splendeur.

L'*autorité* est nécessaire à l'homme parce que l'homme est créé pour la société qui ne peut exister ni subsister sans subordination d'un côté et sans *autorité* de l'autre. Dieu a dit à la femme : *Tu seras sous la puissance de ton mari.* (Genèse.) Voilà l'autorité domestique. — Puis : *Il a placé à la tête de chaque nation un souverain.* (Eccl.) Voilà l'autorité civile et politique. — Enfin il a défendu à ce souverain d'opprimer son peuple ; défense qui établit victorieusement que cette *autorité* vient de Dieu. *Omnis potestas a Deo.* Voilà l'*autorité* divine et religieuse. Messieurs les révolutionnaires le savent bien ; et c'est pourquoi ils commencent toujours par attaquer cette *autorité* fondamentale, cause et principe de toute *autorité*.

Mais, nous dit-on, l'*autorité* entraîne l'esclavage. Pardon ! ce qui engendre l'esclavage c'est le matérialisme, c'est l'irréligion, c'est la liberté illimitée, c'est, en un mot, l'absence d'*autorité*. Ici encore jetez de nouveau un coup d'œil rétrospectif sur Rome, sur Athènes, et voyez les nombreux esclaves qui gisent dans ces deux grandes cités. Qui a rendu à l'esclave sa liberté ? — c'est le christianisme. — Qui a relevé la femme ? c'est le christianisme, comme nous l'avons prouvé plus haut, du reste. Saint Paul n'a-t-il pas dit aux nations : *Vous êtes tous un seul corps en Jésus-Christ ?* (Galates.) *Vous avez dans le ciel un Seigneur qui est votre maître et pour lequel il n'y a aucune acception de personne.* (Ephésiens.) Dans le travail de la liberté, dans cette noble et sainte entreprise montrez-moi l'œuvre du philosophisme..... Il n'a rien fait ! Prenez bien garde, l'esclavage que vous redoutez n'attend que l'écrasement de l'*autorité* pour refleurir parmi les nations asservies.

5°. Les *républiqueux*, est-il besoin de le dire, sont ces hommes qui appellent le désordre, parce que le désordre est la ruine de la *patrie* et l'occasion pour eux de jeter les bases d'une fortune criminelle. Combien n'en connaît-on pas qui, par tous les moyens, travaillent avec l'Allemagne, avec l'Empire, avec la Révolution, quelle qu'elle soit, pour détruire et saper les fondements mêmes de la *patrie !* Combien qui, avec les Raoul-Rigault et sa bande, ont incendié Paris, assassiné les plus honorables citoyens, dépouillé les paisibles propriétaires et maintenu, autant qu'ils en ont eu la possibilité, la guerre civile la plus effroyable et la plus coupable alors que l'ennemi vainqueur était spectateur ravi et satisfait de telles folies. Pour eux la *patrie ?* c'est le succès et la possession de la fortune et des honneurs.

Ah ! la société actuelle, je ne puis le taire, est tellement troublée, que tout semble devoir crouler sous les assauts du matérialisme. Les choses les plus saintes, comme les mots les plus sacrés, n'apportent à l'esprit du plus grand nombre qu'un sens vague et souvent banal. La patrie !!! Oui, ce mot lui-même, puissant et magique, n'est plus compris ni tenu à sa juste hauteur.

La *patrie*, vous diront les hommes de l'époque, mais c'est le sol qui nous a donné le jour. — Sans doute, leur répondrai-je, la *patrie* c'est le sol qui vous a donné le jour, mais le sol avec ses mœurs, ses usages, ses lois, son gouvernement, son histoire, son passé, ses gloires nationales, ses espérances, et ce qui est le bien et la consécration de toutes ces choses avec sa foi ! «..... La » patrie est le lieu où l'on aima sa mère, où l'on connut » son Dieu. » Et quoi qu'on en dise, elle se composera toujours de ces trois éléments : le trône, la famille, et l'autel, admirable faisceau qui doit fournir le principe et les éléments de la constitution d'un grand peuple.

Ce simple exposé dit assez si MM. les *républiqueux* existent, et s'ils sont l'un des anneaux de cette chaîne diabolique qui tient captifs tant d'hommes dont la liberté serait assurément le salut de la *patrie*. Nous avons hautement condamné et flétri ces rêveurs de *patrie* sans passé, sans famille, sans organisation, sans autorité et sans Dieu. Mais ici, en face de la constitution nécessaire de la *patrie*, ne voyons-nous pas qu'ils en sont les pires ennemis. Abolition de la famille, abolition des lois, abolition de la fortune individuelle, destruction de tout ce qui existe, tel est le plan de MM. les *républiqueux*. Il y a des nuances sur bien des points, mais sur celui qui nous occupe, *Robespierristes Hébertistes, Dantonistes* sont toujours d'accord. Prêcher la guerre civile, et semer des germes de mort dans le champ de la grande famille sociale, voilà leur spécialité ! Que leur importe la *patrie?*

Mais, me dira-t-on, ils sont entraînés ces hommes, ils aiment leur *patrie*.... seulement ils se trompent de voie pour arriver au succès et à la prospérité rêvée.

Je n'admettrai jamais cette excuse et je déclare que l'amour de la *patrie*, s'il n'est réglé par la justice, est une illusion dangereuse qui devient presque infailliblement un vice monstrueux. Or, ces hommes que je désigne sous le nom de *républiqueux* rejettent tout principe de justice, toute morale, toute loi, et toute sanction. Ils sont les ennemis irréconciliables de la *patrie !* Et pourtant de mauvaises langues prétendent qu'il serait facile de les réconcilier avec la *patrie*, en les élevant aux charges lucratives, au partage du pouvoir et aux honneurs...

Quelle monstruosité ! quelle indigne spéculation ! quel révoltant calcul ! Où sont-ils ces héros désintéressés et brûlant du patriotisme le plus pur qu'honorent les Romains et les Grecs ? Qui n'a relu cent fois l'histoire de Léonidas pour avoir le plaisir de rencontrer ces paroles immortelles : *Passant, va dire à Lacédémone notre patrie que nous sommes morts ici pour obéir à ses lois ! ! !* Où sont-ils les Francs innombrables dont les noms brillent en lettres d'or dans les fastes de l'histoire ? *O siècle du progrès*, livré à la matière, qu'as-tu fait du patriotisme ? avec ta foi l'aurais-tu livré ? Mais non, car malgré les colères et la rage de la Révolution, le flambeau de la foi n'est pas éteint en France. Combattants des bords du Rhin, Forbach, Freschvilliers, Gravelotte et Reischoffen, je vous salue avec respect, vous êtes des héros ! ! ! Dans votre glorieux chef je contemple un nouveau Bayard.

Et vous, zouaves de l'intrépide Charette, qui avez combattu si vaillamment partout où vous avez trouvé l'ennemi, je demande à Dieu de vous bénir, et à la France de vous honorer.

O France, m'écrierai-je, inspiré par une pensée du roi psalmiste, ô ma patrie, si jamais l'égoïsme ou l'ambition me font faiblir dans l'amour que je te dois et que je te porte, que ma volonté soit anéantie, que mon être tout entier périsse !

O France, ô ma patrie, si je t'oublie jamais, que ma main se dessèche aussitôt ! que ma langue s'attache à mon palais, si je cesse un seul instant de défendre les principes qui sont ta force et ta gloire!

O France, ô ma patrie, si je ne me ressouviens pas de toi dans toutes mes actions, si je ne te mets pas à la tête de tout ce qui peut faire ma joie, mon bonheur et mon espérance, que le Ciel refuse à mes yeux la lumière et à mon cœur les saintes voluptés de ton amour!

O Dieu, qui voyez ces résolutions, souvenez-vous des ennemis de la France! Vous les avez entendus au jour du malheur de nos foyers, témoins désolés de tant de sacriléges, ces ennemis intérieurs qui criaient : Qu'elle disparaisse, qu'elle périsse, qu'elle soit détruite jusque dans ses fondements! Nous voulons une patrie sans souvenirs historiques, brûlons ses monuments ; une patrie sans magistrature, assassinons ses juges ; une patrie sans religion, massacrons ses prêtres, une patrie sans drapeau, combattons son armée ; une patrie sans morale, honorons l'infamie ; une patrie sans gouvernement, proclamons l'anarchie! O Dieu, vous les avez vus à l'œuvre ces ouvriers de Satan! que votre miséricorde suive son cours, mais que votre bras maintienne ces puissances infernales dont nous ne saurions nous préserver si votre protection nous faisait défaut un seul instant.

6° Les *républiquistes*, c'est-à-dire ceux qui attaquent le capital et la propriété.

Ceux-là sont innombrables. Ils comptent les plus chauds partisans et leurs apôtres les plus éclairés siégent à l'Assemblée nationale. Est-il besoin de les nommer? qui ne les connaît? Exposons en quelques lignes leurs propos et leurs plans.

La terre a été donnée gratuitement à l'homme ; celui qui s'en est emparé l'a dérobée à la collectivité et pour ainsi dire volée. Il faut, ajoutent-ils, par tous les moyens la reprendre, car nul n'a le droit d'avoir du superflu quand il y en a qui manquent du nécessaire..... Nous voulons supprimer la *haute pègre* qui nous dévore comme un cancer..... Pour arriver à l'accomplissement de toutes les réformes sociales, il est un moyen infaillible : l'expropriation générale.

Citoyens, disait un *républiquiste* en 1868, la propriété c'est le vol ! Le terrain acheté par le riche appartient tout autant à l'ouvrier.

Écoutons M. Tolain, député :

« Que si, oublieuse de ses vrais principes et de ce qu'ont » fait ses pères en 89, la bourgeoisie ne veut pas ré- » former les abus de la propriété, il ne faut pas croire » que la réforme n'aura pas lieu. *Seulement elle pourra* » *devenir terrible alors et fatale*, car elle sera amenée par » la force des choses. Et déjà les symptômes s'en pro- » duisent assez pour que tout le monde puisse la pré- » dire, cette réforme, sinon à jour fixe, du moins pour » un temps prochain. La bourgeoisie porte donc au- » jourd'hui la responsabilité de la plus terrible liqui- » dation sociale qui se sera jamais vue. Qu'elle n'ou- » blie pas que nous seuls, les socialistes, nous pourrons

» alors, à l'aide de nos principes de mutualité, recon-
» struire la société et la conduire de nouveau dans la
» voie de la prospérité. »

» Ce qu'on désire, dit un clubiste, c'est l'anéantisse-
» ment total, radical de la propriété ! »

M. Bouillé, d'accord avec M. Langlois, dit : La légitimité de l'intérêt n'est qu'un vol continuel !

Voilà en abrégé les idées et le programme de MM. les *républiquistes*. Les malheureux ignorent ces paroles du livre des Proverbes : *Vir qui festinat ditari et aliis invidet, ignorat quod egestas superveniet ei.* L'homme qui saisit l'occasion de s'enrichir, et qui porte envie aux autres, ne sait pas qu'il se trouvera surpris tout d'un coup par la pauvreté. Nous avons, dans un chapitre précédent, combattu le communisme et ses propagateurs, et nous n'insistons pas davantage. Pourtant nous adresserons un mot à MM. les propriétaires et bourgeois conservateurs.

La grosse erreur de la bourgeoisie, c'est de croire que ces idées absurdes au fond, n'ont pas d'application possible sur un pied général, ou de penser que les prêtres et les richissimes seuls, le cas échéant, seraient victimes de ces spoliations criminelles. Confiants dans cette espérance charitable, ils chassent et repoussent comme importune l'idée seule qu'un jour ils pourraient être tourmentés dans leur vie paisible ; et alors ils favorisent à leur manière le désordre moral qui jette un voile sur leurs honnêtes débauches et sur leurs chastes désinvoltures.

Le paysan est moins maladroit. Moins passionné, il voit mieux. Propriétaire, il entend l'ouvrier dire à l'occasion : Moi je ne crains rien, ma maison ne brûlera pas ! — ou bien : Ces voleurs de propriétaires ne travaillent pas, ne se refusent rien, et ne s'étudient qu'à commander ! — Observateur par nature et par caractère, il sent bouillonner le flot écumant de l'envie et de la jalousie, et il redoute avec raison un événement dont il est impossible de calculer les suites désastreuses. Il sait très-bien qu'il faudra des victimes, et que les nobles faisant défaut, ce sera son tour. Alors, dans sa logique et dans son bon sens naturels, il appelle de toute la puissance de ses désirs et de ses vœux secrets le retour d'Henri V, mais il se garde bien de faire connaître son opinion. Que dis-je ? le malheureux, afin échapper au soupçon, vote pour quelque vaurien aux opinions subversives, aux théories déraisonnables et vertigineuses.

Voilà le secret des élections à l'heure actuelle. On craint pour soi, pour les siens, pour sa maison et ses propriétés..... et on tend la main au brigandage qu'on élève lorsqu'on devrait l'étouffer jusque dans son germe. On a cru jeter de la poudre aux yeux du paysan en lui rappelant les mots de corvée, de dîme, de servage, etc., etc., et on n'a pas perdu complétement son temps, car il y a toujours des simples et des *naïfs* prêts à mordre à l'hameçon des *habiles*. Mais, règle générale, le cultivateur sait très-bien que la corvée peut encore exister si elle est une convention, et qu'elle n'est autre chose que le résultat d'un contrat réglé et accepté de part et d'autre ; contrat par lequel le maître accorde certaines jouissances acceptées par le fermier moyennant certaines redevances. Le cultivateur sait très-bien encore que la dîme est une convention et qu'elle est aujourd'hui, pour celui qui emprunte, remplacée par l'intérêt de l'argent placé, ou bien l'effet d'une clause stipulée dans un bail qu'il est toujours libre de ne pas signer. Il sait très-bien, quoi qu'en disent les révolutionnaires, que ce qu'il a est bien à lui, et qu'aucun gouvernement *régulier* ne songera à l'en déposséder. Il sait très-bien aussi que l'égalité devant la loi est un fait (il y a toujours eu des faveurs, des faiblesses et des influences et il y en aura malheureusement tant que le monde sera monde) et que tout citoyen honnête et capable peut avoir accès aux charges et aux honneurs. De plus, il sait encore fort bien que la République signifie la *révolution*, que l'Empire signifie la *guerre*, et il n'oublie pas que le comte de Paris a fait sa soumission à Monseigneur le comte de Chambord et qu'il l'a ostensiblement reconnu comme le chef de la maison des Bourbons, et comme le seul héritier légitime de la couronne. Aussi désire-t-il ardemment en principe le retour du glorieux descendant de saint Louis, qui ne demande qu'à se dévouer pour arracher la France au révolutionarisme et pour la conduire dans les voies de la paix et de la prospérité. Il se rappelle aussi le voyage de maître Thiers auprès des puissances européennes pendant la guerre, et il voit l'isolement et le vide qui se font et se maintiennent autour de notre gouvernement. Alors, jetant un coup d'œil sur la France des siècles passés, sur sa souveraine prépondérance, et se reportant à 1815, il reconnaît que la force intrinsèque du pays tient réellement au principe monarchique qui l'a fait puissant et glorieux, et il se dit : Henri V, ce serait évidemment la résurrection sans secousse, la paix sans les horreurs mortelles de la guerre, et les alliances de toutes les cours paisibles et puissantes de l'Europe ! ce serait, sans la guerre, la restauration des principes qui s'en vont et la réintégration des provinces perdues dans le périmètre fortifié du territoire français ! Ce serait un souverain puissant, entouré d'une cour pleine d'avenir et digne de respect.

Pourquoi alors, me direz-vous, vote-t-il pour la République et pour l'Empire ? Parce que, je le répète, il craint d'être dès maintenant, inscrit au grand livre des exécutions ou des proscriptions. Il n'a oublié ni 1852 ni 1793, et il n'ignore pas que si la Révolution de 93 massacra 2,000 nobles et 1,500 prêtres, elle égorgea ou noya 30,000 cultivateurs ou artisans. Il sait tout cela et il cherche, dans son aveuglement, à échapper au danger.

De plus, je dois l'avouer, il vote très-souvent par opposition systématique, croyant faire sortir le bien du mal. Et puis il en est un assez grand nombre aujourd'hui qui redoutent un gouvernement ayant pour devise :

Le droit pour base!
L'*honnêteté* pour moyen!
La grandeur morale pour but!

On marchait à ciel ouvert et sans obstacles dans les sentiers de la fraude, et il en est qui aiment d'affection profonde leurs vieux péchés. Ils sont plus riches, et ils ne sont pas plus heureux. L'ouvrier lui-même fait plus de dettes aujourd'hui qu'il gagne quatre et cinq francs par jour que lorsqu'il travaillait pour un franc cinquante. Et tous sont mécontents, et tous sont tyrannisés : l'ouvrier par l'orgueil qui lui dit : n'obéis pas! le laboureur par la crainte qui lui crie : ta fortune croulera!!! Pourquoi tous ces désordres? parce que, pour m'appuyer sur le grand Apôtre, les meurtres, les vols, les ivrogneries, les débauches, etc.... sont attisés par la haine, par la jalousie et par l'envie contre la charité, la joie, la patience, l'humanité, la bonté, la douceur, la foi, la modestie et la chasteté. On en est arrivé, là où la religion es méprisée toujours davantage, à mériter l'avertissement de saint Paul aux Galates : *quod si invicem mordetis et comeditis, videte ne ab invicem consumamini.* Que si vous vous mordez et vous dévorez les uns les autres, prenez garde que vous ne vous consumiez les uns les autres. »

7° Les *républicaux* se composent de la fine fleur du radicalisme. Ceux-là s'en vont au père Lachaise « quand » les pompes extérieures, quand les cérémonies ordi- » naires ont été légitimement et civiquement écartées. » Suivis de *républicards* et de *républiqueux* qui débitent des *oremus* plus ou moins rances, de fabrication plus ou moins récente, ils peuvent compter sur une avalanche d'absurdités et sur le mot final, digne couronnement d'une telle démonstration : *que la terre te soit légère !*

En vérité c'est bien le moins ; car les infortunés doivent en avoir assez des énigmes de V. Hugo l'*insubstantiel*, des éloges de M. Laboulaye, représentant du collége de France, et des périodes de M. Gambetta. Ce dernier, dans ces grandes circonstances, où la tourbe esbaudie et bavassière forme auditoire, se gorgiace et fait le basteleur, sûr à l'avance d'embuffler les plus outrecuidés et les mieux goderonés... Pourtant, il est dur d'inspiration, M. Gambetta, et personne n'en disconviendra. En vérité, il a des phrases qu'un montagnard seul peut débiter sans perdre haleine, et des tournures qu'on ne saurait trouver académiques.

N'importe ! ici comme au *balcon*, comme à l'*estaminet* (la tribune parlementaire n'est pas son élément), il transporte son public, et les frères et amis font retentir les échos quels qu'ils soient des plus bruyants applaudissements. Gambetta compte déjà, quoique fort jeune, de bien beaux triomphes dans sa vie de tribun. On nie la puissance de la foi qui ébranle et transporte les montagnes. Ah ! la foi des badauds est bien autrement extraordinaire ; d'un argoulet elle ferait un Dieu.

Donc Léon a été fort heureux de saisir la circonstance pour rassurer les braves du parti communard. « Il veut, a-t-il dit, d'une voix éternellement monotone et d'un geste simpiternellement identique, l'avénement (de lui-même sans doute ?) de la démocratie en général, son installation définitive, complète et pacifique. » Messieurs les ducs, faites vos malles.

Faisant l'éloge de ce pauvre Quinet qui a le triste mérite d'appartenir à la secte des Michelet et au culte des Sainte-Beuve, Gambetta continue : « Quinet dans » une brochure pousse le vrai cri (quelle éloquence !) » celui qui restera le cri de ralliement de la démo- » cratie. » Il dit : *pour sauver ce pays du danger intérieur et extérieur qui le menace, instruisez le peuple conformément à son génie ; donnez-lui l'instruction laïque et obligatoire.* Tout est là ! dans ces trois mots je trouve l'étoffe de mon républical.

Ainsi plus de Dieu ! plus de religion ! — Instruction laïque, le laïcisme seul possédant la voie, la vérité et la vie ! Le progrès ne saurait se servir de maîtres religieux imbus des vieux principes. Il faut, pour l'*esprit moderne*, des hommes à la hauteur de l'époque, c'est-à-dire des professeurs qui ne croient ni à Dieu ni à la religion, ni aux droits ni aux devoirs, ni à l'âme humaine, ni à la morale, ni à l'histoire ; des hommes en un mot capables de faire de l'enfant un singe perfectionné.

Instruction laïque, c'est-à-dire la doctrine grossière d'un Etat athée ayant pour système d'éducation les dogmes nouveaux, et pour base de l'ordre social, les droits de l'homme et la liberté illimitée..... excepté toutefois pour les croyants qui n'auraient pas même le droit de cité, pas même le droit de vie.

Instruction laïque et obligatoire, ou mieux instruction imposée par l'Etat. Le père ne sera plus libre de donner à son enfant un précepteur ou un instituteur religieux, ni une éducation religieuse. L'enfant deviendra la chose de l'Etat. Le père devra se déposséder de ses droits les plus sacrés pour en investir l'Etat, seul juge en cette matière.

Ainsi plus de Dieu, la laïcité n'en veut pas ! plus de religion ! le dogmatisme nouveau l'exclut entièrement ; et par conséquent, car il y a les conséquences, plus d'autorité paternelle ; *la laïcité et l'obligation* sont l'élimination de la divinité, et sa négation. Plus de morale ; la religion et l'autorité écartées, il n'y a pas à y songer. Plus de patriotisme ; le patriotisme ne pouvant avoir d'élément réel que dans la religion. En un mot, plus rien ! ! !

Est-il besoin de demander au passé ce qu'on doit attendre de la République, lorsqu'on est Français et que l'on connaît l'histoire de son pays. Le Dante qui, comme chacun le sait, était dans sa jeunesse partisan du républicanisme, en arriva à l'âge mûr par la force de la logique à proclamer la nécessité de la monarchie. Qu'on lise son traité *de Monarchia*, et l'on verra qu'il demande un sceptre puissant, capable de contenir le libéralisme et d'arracher la nation au despotisme. Son amour passionné de la liberté et l'étude qu'il fit du gouvernement français l'amena à cette conclusion, qu'il est impossible de maintenir l'ordre et la liberté sous la République.

Et Cicéron, après avoir étudié avec son vaste génie la forme du gouvernement républicain, conclut également à la monarchie. La République, selon lui, ne saurait donner un état de choses sérieux. Il craint les errements inévitables de la démocratie turbulente par nature; il redoute sa domination, et lorsqu'il parle du suffrage universel il ajoute cette clause significative : *Nec plurimi valeant plurimum*. Que le nombre ne l'emporte jamais sur la qualité.

Qui ne le sait? Lorsque la démocratie déborde, c'est toujours l'avénement de la tyrannie ou de la dictature — Voyez 89 — 93 — 99 — 1848 — 1852 et 1871..... Dictature, anarchie, tyrannie, ou césarisme, voilà les conséquences forcées des prémisses républicaines. Jamais il ne jaillira du foyer républicain un éclair, une étincelle de liberté. Aussi Lasalle, *un girondin*, messieurs les conservateurs libéraux, écrivait-il avant de monter à l'échafaud : *la Montagne a tué la liberté et fondé le despotisme.*

RÉPONSE

A UN CONSERVATEUR PRUDENT

Après avoir pris connaissance de certains passages de ce livre que j'ai soumis à votre appréciation, vous êtes venu me dire : vos opinions sont légitimes ; votre parole est vaillante ; vous frappez de taille et d'estoc ; vous êtes dans le vrai c'est incontestable, mais..... vous ne craignez donc rien ? — Rien du tout, je le déclare, « si ce n'est que le ciel ne tombe sur ma tête. » — Très-bien ! et il ajoute, mais..... sérieusement, puisque voulez avec une énergie si rare le triomphe du droit, le règne de Dieu, l'anéantissement de la *presse anti-chrétienne* et de l'*école libérale*, pourquoi froissez-vous les opinions... les préjugés..... les idées du jour..... l'esprit moderne ? Ne craignez-vous pas d'augmenter le mal et d'aggraver la situation au lieu d'améliorer celle-ci et d'écarter celui-là ? Vous êtes dur, impitoyable à l'endroit des *libéraux*, ils sont votre point de mire, et Dieu sait si vous les visez ! Mais..... avec ce système, vous n'arriverez à aucune conciliation..... Il me semble que vous devriez faire certaines concessions qu'exige l'esprit nouveau. . . . .

Voyons, ami lecteur, je vous choisis pour juge. Dois-je, oui ou non, si j'établis victorieusement que les *libéraux*, que la *presse*, sont les ennemis de la foi fondamentale et divine, ménager des adversaires qui, tous les jours, par tous les moyens, s'efforcent d'amoindrir le droit et la vérité ? Dois-je laisser faire sans crier au crime ? Mon silence n'équivaudra-t-il pas à une odieuse complicité ? L'ennemi est là, ardent et infatigable, vous n'en pouvez disconvenir. Il nous menace ; il ruine de sang-froid et de parti pris notre pauvre et infortunée patrie dont il accepterait la mort plutôt que le sacrifice de ses rancunes et de ses basses espérances.

Je le dis, je crois l'avoir prouvé, ces partis mixtes, qu'on désigne sous les divers noms de *modérés*, de *libéraux*, de *conservateurs libéraux*, de *catholiques libéraux*, sont mille fois plus dangereux que le parti avancé. Ce sont eux qu'il faut surtout combattre à l'heure actuelle.

Les *libéraux* de toute nuance ne sont-ils pas la cause directe de l'éloignement de la monarchie ? ne sont-ils pas les membres, le corps et l'âme même des partis révolutionnaires ?..... Et vous voulez qu'on prenne des circonlocutions pour parler à ces messieurs ? Et vous voulez qu'on procède et qu'on agisse avec mansuétude à l'égard de ces hommes à double face ?... Sont-ce bien les ennemis du droit ceux-là qui le rejettent par tous les moyens et au nom des *compromissions* les plus inexplicables? Sont-ce bien les ennemis de la France, ceux-là qui, dans l'organisation d'un gouvernement, suivent les conseils de M. de Bismarck?..... Sont-ce bien les ennemis de la patrie ceux-là qui transigent sur tout ce qui touche d'un côté au droit, de l'autre au devoir! et qui prêtent leur concours et l'autorité de leur nom parfois, hélas! aux doctrines les plus dangereuses en politique comme en religion?

Vous êtes intolérant, me dira-t-on? Je l'avoue, j'en suis fier, et je resterai tel tant qu'il s'agira des principes. — Le principe national chrétien est attaqué, je le défends en ma qualité de catholique et de Français. — Je suis dans mon rôle. — Mon jugement repose sur les décisions souveraines de Pie IX. Je n'ai rien à craindre, je n'ai rien à désavouer.

Une objection

Mais, dit-on, pourquoi, vous prêtre, vous occupez-vous de politique?

On conviendra qu'ici la politique n'est qu'accessoire, et que les questions de morale et de religion sont inséparables de certaines données politiques. Qui ne sait du reste qu'il est impossible de faire un pas dans ces diverses études sans y rencontrer l'une et l'autre. Elles sont connexes et plus que jamais unies.

De plus, l'écrivain quel qu'il soit, n'a-t-il pas, dans son indépendance, fut-ce sous un César, le droit ainsi que le devoir de protester du sein d'un tel désordre contre les fauteurs de ce désordre? Eh quoi! on attaque la liberté religieuse de toutes parts, on diminue son influence; on détruit son action; (certains conseils municipaux vont plus loin) on s'en prend à son essence même, la loi éternelle, et nous garderions le silence? Nous ne saurions consentir à être, même tacitement, les complices des *libéraux*, et nous les dénonçons à l'honneur national et à la foi séculaire.

CONCLUSION

Je crois l'avoir démontré, le *libéralisme* est le procès inique intenté par l'*esprit moderne* à l'autorité ; ou mieux la guerre acharnée du parti révolutionnaire contre les grands et éternels principes sociaux. Guerre à Dieu ! guerre à la famille ! guerre à la loi !!! Qui ne suit avec terreur et désolation ce mouvement d'impiété profonde, cette évolution insensée de l'époque vers le *désordre moral ?* Que celui qui, sans préventions, cherche la vérité, jette autour de lui un regard attentif, et il sanctionnera dans son esprit chacune de mes assertions. Avec moi il dira : le mal existe dans la *fausse liberté* servie par une *presse* matérialiste. Le mal existe, grave, immense, effrayant, dans cette doctrine qu'on appelle le *libéralisme*, et qui, chaque jour, prend des développements et atteint des proportions considérables. Le mal existe, imminent, dans ces principes négatifs qui rejettent les droits de Dieu, ses lois et les lois humaines, et qui, par là même, ébranlent les assises séculaires des nations les mieux constituées.

Aujourd'hui, assurément, chacun voit le mal et son extension. Chacun se dit avec une juste préoccupation : le danger général, l'ennemi commun, c'est la *presse !* Mais chacun se le dit tout bas et laisse faire. Or, qu'on le sache bien, celui qui ne proteste pas contre le mal, celui qui ne dénonce pas sa tactique et ses plans est bien près d'en être le hardi champion et peut-être l'apôtre fanatique.

Le *libéralisme*, cela est prouvé, tue l'autorité divine, *fondamentale*, et, par suite, l'autorité paternelle, civile et politique.

Voulez-vous que Dieu, ainsi que tout sentiment religieux, disparaisse de notre société ? Voulez-vous l'extinction totale de tout élément moralisateur et de toute morale ? Favorisez le *libéralisme !*

Le *libéralisme* tue la famille et la société.

Voulez-vous l'abolition de la famille, la rupture de tout lien du sang et la destruction radicale de la société ? Favorisez le *libéralisme !*

Le *libéralisme* est le contre-pied de la loi humaine entée sur la loi éternelle.

Voulez-vous la guerre civile, le vol, l'assassinat et l'incendie ?..... — (Je vous place en face de l'exacte vérité, et j'expose les faits dans toute leur crudité) — Favorisez le *libéralisme*.

Voulez-vous, au contraire, défendre Dieu et protéger

la religion? Voulez-vous ces sentiments élevés qui sont la force vitale du corps social? Voulez-vous maintenir dans la société des principes moraux capables d'élever les âmes? Voulez-vous la paix dans la famille et la prospérité dans la patrie? Condamnez énergiquement le *libéralisme* et secondez l'autorité! Ah! j'en appelle ici encore une fois à la conscience publique et au bon sens; j'en appelle à la prévoyance maternelle et à l'autorité des pères de famille; j'en appelle au patriotisme des gens d'honneur!

Et le moyen, me dira-t-on.

Le bien, je le sais, est souvent difficile, mais non dans le cas présent.

Favorisons l'extension des livres sincèrement catholiques; fortifions ainsi notre esprit et notre foi, et venons en même temps au secours de quelque bonne œuvre. En achetant un ouvrage aux opinions nouvelles et erronées, savez-vous ce que vous faites? vous encouragez l'auteur, vous l'absolvez de sa culpabilité, et vous lui donnez des ressources pour produire peut-être d'autres œuvres également malsaines. Voilà ce qu'on oublie constamment; voilà ce qu'on ne veut pas comprendre. — Hélas! je dois le dire, c'est un signe des temps.

Ne lisez jamais de journaux aux idées interlopes, aux opinions mixtes, où la religion et la politique, la piété et les plaisirs, l'Eglise et les spectacles se coudoient et se tutoient. Les écrivains légers et souvent immoraux qui les rédigent ne peuvent rien vous apprendre, *nemo dat quod non habet*. Ils ne sauront que vous induire en erreur et vous corrompre. Vous aurez beau faire, vous n'échapperez point à l'influence *libérale* qu'ils exercent forcément sur leurs abonnés. Et puis, en les payant, je le répète, vous entretenez le mal, le mal moral, le désordre et la ruine de tout principe. Avec votre argent, avec l'autorité de votre nom, peut-être, ils entreprendront d'autres feuilles ou étendront celle que vous recevez, et s'en iront ainsi partout corrompre les cœurs, fausser les intelligences, exalter les imaginations et perdre les âmes. Vous ne vous croyez pas coupable? — Je vous plains; en vérité, c'est plus qu'une teinte de *libéralisme*.

Abonnez-vous à un journal sérieux, à un journal à principes, gardien fidèle et défenseur hardi de la saine politique et de la saine morale. Venez-lui en aide; parlez pour la bonne cause, favorisez l'extension des bonnes doctrines, et vous travaillerez à l'œuvre capitale qui est l'œuvre du bien.

Aujourd'hui, il faut un journal à feuilletons plus ou moins crus, plus ou moins hardis où, si rien ne froisse directement la morale, tout tend à blesser les sentiments religieux devenus l'objet d'une perpétuelle moquerie. Il faut un journal à nouvelles, à esclandres, à scandales, à opinions prolixes et libérales. Qu'arrive-t-il? — Ce journal inculque de la défiance, sinon du mépris pour l'oracle infaillible du Vatican, pour les principes monarchiques et pour tout ce qui tient à la vraie et saine doctrine..... On ne sait plus rien prendre au sérieux et dès lors on n'est pas très-éloigné de passer dans le camp des *libéraux*.

Gardez-vous de ces revues vides de toute pensée utile, de ces productions à la mode où il n'y a rien, absolument rien. Demandez-vous sincèrement ce que vous avez trouvé dans ce volume que vous venez de terminer et qui est signé G. Sand, V. Hugo ou A. Dumas, et voyez ce qui vous en reste. Vous serez effrayé de la réalité. Vous vous avouerez qu'il n'en reste rien, et que vous n'avez pu y découvrir une pensée digne d'être insérée dans le petit carnet où, à l'imitation de l'édifiante abeille, vous déposez chaque jour le suc d'une lecture vraiment substantielle et profitable.

Encore une fois, faites l'acquisition de bons ouvrages, lisez-les, prêtez-les, donnez-les, et soyez assurés que cette action essentiellement morale et chrétienne vous sera comptée. Venez au secours de toutes ces entreprises qui souvent ne peuvent atteindre leur but faute de ressources pécuniaires. Il y a la société des bons livres; il y a la société de la propagation de la foi; il y a celle des cercles catholiques et mille autres. Réservez quelque chose pour ces œuvres, ô vous qui disposez de dix ou vingt louis chaque année pour vos lectures; lisez de bons ouvrages, lisez de bons journaux et propagez les uns et les autres. Soyez de toutes les bonnes œuvres et combattez le *libéralisme*, c'est-à-dire le mal par le bien, par l'amour de la loi et par tous les moyens honnêtes.

Nous sommes en présence d'un combat de géants. Le bien et le mal sont aux prises... Dans une bataille, — qui ne le sait? — les plus utiles ne sont pas toujours ceux qui combattent au sein de la mêlée; souvent le triomphe est dû à la vigilance et au courage de quelque sentinelle éloignée et blottie dans la montagne. Elle pousse le cri d'alarme, elle dénonce les mouvements de l'ennemi; elle sauve l'armée, elle remporte la victoire!

Cette modeste sentinelle isolée, c'est vous lecteur, c'est tout homme de bien qui veut de toute la puissance du patriotisme chrétien la défaite du mal. Vous n'êtes point appelé peut-être à frapper de taille et d'estoc au premier rang. Vous laissez ce soin et cet honneur aux hommes politiques et religieux qui doivent ou vaincre ou mourir les armes à la main, et que Dieu a placés à notre tête; vous avez raison. Mais vous pouvez et vous devez vous battre derrière eux, avec eux, et leur servir d'éclaireurs dans ces montagnes où le mal ourdit ses trames et arrête ses plans d'attaque. Par mille moyens vous pouvez venir en aide au grand parti du bien et lui assurer la victoire. Dénoncez sans crainte un ennemi dangereux, si vous ne voulez être traître à la patrie. Ne vous absolvez jamais d'une inertie et d'une abstention qui ne peuvent être que coupables. Si vous êtes pour le bien, soyez résolûment contre le mal. Pas d'hésitation, pas de transaction, pas de milieu!!!

Nous avons à cette heure en France une œuvre dont il est permis d'attendre le salut de la société; je veux parler des *cercles catholiques* qui sont bien déterminés à tenir campagne contre le *libéralisme* d'où qu'il vienne. La jeunesse française n'est pas morte. Nous pouvons tous sentir battre son grand cœur au contact des grandes choses Quel amour sincère pour Pie IX qui les bénit ! quelle foi dans la Providence ! quel dévouement au sacré Cœur ! quelle haine vigoureuse pour toutes les doctrines ridicules dont nous avons parlé !

Espérance de la patrie et de l'avenir, restez, jeunes gens, restez fidèles à Dieu et à la religion ! Soyez prêts à les défendre contre les attaques incessantes du *parti libéral !* Vous savez ce qu'il vous demande aujourd'hui..... des concessions ! Plus tard il exigerait le sacrifice de votre honneur et de votre foi. Méprisez ses promesses fallacieuses et insensées, n'écoutez point ses sophismes et ses utopies, demeurez les défenseurs intrépides et fidèles de la vérité. Ne sympathisez nullement avec le mal, car le matin son esclave, vous seriez le soir sa victime..... Félicitez-vous des attaques de la *République française* qui vous craint et vous dénonce, au nom de la *liberté* sans doute, au gouvernement qu'elle patronne. Son aversion pour vous est un brevet de patriotisme et de vertu !

Il y a devant vous une armée de sophistes, d'incrédules et d'impies ; elle vous menace parce que vous êtes catholiques. Ne craignez rien ! Soyez des hommes d'ordre, soyez en tout et partout les serviteurs dévoués de l'autorité, soyez des hommes de foi et vous serez puissants et vous vaincrez ! A vous à sauver l'honneur et la fortune de la France !!! *Vincit vim virtus!*

Et vous, chrétiens timides, je vous appelle aussi sous les armes. Ne craignez rien, vous dirai-je avec le Maître, c'est à vous qu'appartient la puissance ! Oui, vous pouvez tout par la prière qui transforme les nations et par la foi qui transporte les montagnes. A l'œuvre donc, à l'œuvre ! soyez, je vous en supplie, de l'armée active. Vous vaincrez, car vos combats sont pour la vraie doctrine, pour la saine morale et pour les plus légitimes espérances. *Legitime certantibus.*

En un mot, en face de l'imminence et de l'étendue du péril, je fais un pressant appel général : aux riches qui peuvent tant par leurs ressources; aux pauvres et aux ouvriers qui peuvent beaucoup par leur respect de la loi et leur soumission chrétienne à la Providence; aux jeunes gens l'espoir et l'avenir de la nation; aux pères et mères qui, par une réforme sérieuse dans l'éducation, peuvent régénérer la société. A tous je rappelle cette devise énergique d'un archiduc d'Autriche : *Militemus!* Combattons! pas de repos! *Amat victoria curam!* La victoire est l'ennemie déclarée de la mollesse. Et lorsque nous fléchissons sous l'infirmité de notre caractère, répétons avec foi la parole de nos saints livres : *Contra hostes tuos da mihi virtutem!* — Mon Dieu, donnez-nous le courage de lutter constamment contre vos ennemis !

Archimède demandait un point d'appui pour soulever la masse terrestre... Catholiques et Français, nous possédons ce point d'appui. La majesté royale, forte de quatorze siècles de grandeur est là immuable, invincible! Elle défie la Révolution qui n'a d'autre fondement que le sol mouvant du *libéralisme*. Rome est là, inexpugnable! Pie IX est le colosse qui broiera sous ses pieds les géants et les pygmées de l'armée révolutionnaire! L'Eglise indestructible est notre rempart et notre point d'appui! Nous pouvons soulever le monde des révolutions! L'autorité ne périra pas! Les clartés de la foi ne sauraient pâlir! Nos saints évêques sont les mille étincelles de cette lumière inextinguible qui, abondante et douce, jaillit sur nous des hauteurs du Vatican. Ne fermons point les yeux à cette bienfaisante lumière, et ne cessons jamais de nous appuyer sur cette pierre angulaire que le *libéralisme* ne saurait ébranler.

FIN

TABLE DES MATIÈRES

AVANT-PROPOS. — Liberté, égalité, fraternité !!! 1
CHAP. I. — Origine de la liberté 3
Qu'est-ce que la liberté 10
— II. — Catholicisme libéral 23
— III. — Liberté de conscience 33
— IV. — Séparation de l'Église et de l'État. 41
— V. — Aperçu général sur la presse moderne . . 59
— VI. — Liberté de la presse. 64
— VII. — Le modérantisme 87
— VIII. — Éducation libérale. 103
— IX. — Puissance des idées fausses et des mots nouveaux. 126
— X. — Éducation du fils 132
— XI. — Esprit moderne. 140
— XII. — Prétextes de messieurs les libéraux 150
— XIII. — Déraison 156
Le progrès. 168
— XIV. — La province 176
— XV. — L'ouvrier des campagnes 191
— XVI. — L'émeute et le gouvernement révolutionnaire et pseudo-libéral 197

— XVII. — Philosophie et démocratie pseudo-libérales 225
— XVIII — Catéchisme philosophique et démocratique 239
— XIX. — Liberté du travail 251
RÉPUBLIQUE. — I. Platitude républicaine. 261
— II. Croisements républicains. 267
Réponse à un conservateur prudent 303
CONCLUSION 307

FIN DE LA TABLE DES MATIÈRES

CHATILLON-SUR-SEINE. — IMPRIMERIE E. CORNILLAC

www.ingramcontent.com/pod-product-compliance
Ingram Content Group UK Ltd.
Pitfield, Milton Keynes, MK11 3LW, UK
UKHW012012240726
13965UKWH00002B/322

9 782013 349512